U0688181

职业生涯与就业指导研究

晁彩林　著

中国原子能出版社
·北京·

图书在版编目（CIP）数据

职业生涯与就业指导研究/晁彩林著.—北京：
中国原子能出版社，2020.11（2023.1重印）

ISBN 978-7-5221-1133-9

Ⅰ.①职…　Ⅱ.①晁…　Ⅲ.①大学生-职业选择-研究
Ⅳ.①G647.38

中国版本图书馆 CIP 数据核字（2020）第 238344 号

职业生涯与就业指导研究

出版发行	中国原子能出版社（北京市海淀区阜成路 43 号　100048）
责任编辑	刘东鹏
责任印刷	赵　明
印　　刷	河北宝昌佳彩印刷有限公司
经　　销	全国新华书店
开　　本	787 mm×1092 mm　1/16
印　　张	12.875
字　　数	320 千字
版　　次	2020 年 11 月第 1 版　　2023 年 1 月第 2 次印刷
书　　号	ISBN 978-7-5221-1133-9
定　　价	72.00 元

出版社网址：http：//www.aep.com.cn

前 言

　　同学们开始接受全新的职业教育的学习，三年后就将升学、择业和就业。如何清晰地认识和了解自我、从事什么工作、未来的人生道路该怎样走等一系列问题也同时摆在面前。

　　解决好以上问题，对每个毕业生都十分重要。通过学习和开展职业生涯规划，可以很好地帮助同学们释疑解惑，对自己一生职业发展的道路进行科学合理地设想和谋划，克服不足，发挥长处，强化专业技能学习，提高职业素养，在激烈的就业竞争中脱颖而出，成就幸福人生。

　　但长期以来，由于多方面的原因，我国职业生涯规划教育相对滞后。这种教育的缺失，使许多孩子从小就缺乏奋斗目标，长大后才开始考虑职业、考虑人生，仓促培养就业技能。表现在高等职业教育上，就是学生在校期间普遍缺乏学习动力和激情，盲目从众，金钱至上，目标模糊……

　　本书作为高职学校的德育课教材，旨在对学生进行职业生涯教育和职业理想教育，引导学生树立正确的职业观念和职业理想，学会根据自身特点和社会需要确定目标，进行职业生涯规划，并以此规范和调整自己的行为，为顺利就业、创业创造条件。

　　由于写作时间有限，作者水平有限，书中的疏漏和不足之处在所难免，望相关专家和广大读者不吝赐教指正。

编者

目　录

第一章　提出生涯与规划 唤醒职业理想

　　职业是参与社会分工，利用专门的知识和技能，为社会创造物质财富和精神财富，获取合理报酬，作为物质生活来源，并满足精神需求的工作。每个人都与职业有着不解之缘，职业不仅是个人谋生的手段和个人价值的证明，也是一个社会发展与进步的体现。选择了一种职业，就是选择了一种生活方式和人生态度。

　　对于刚进入高职学校的所有新生来说，大家都是处在同一起跑线上，而在毕业的一年后却出现了不同的局面：有的同学仍然"闲置在家"，而有的同学则在职场上"如鱼得水"。为什么当时站在同一起跑点上的人，却面临不同的境况呢？

　　本章引入职业生涯的概念，让学生进一步地了解职业并明确职业生涯规划的价值与意义，进而分析影响职业生涯的因素，旨在帮助学生唤醒职业生涯规划意识，在生活中有意识地做好职业准备。

第一节 未雨绸缪—学习与职业理想

案例分享

[案例 1]

三个工人在砌一堵墙。有人过来问："你们在干什么？"第一个人没好气地说："没看见吗？砌墙。"第二个人抬头笑了笑，说："我们在盖一幢高楼。"第三个人边干边哼着歌曲，他的笑容很灿烂："我们正在建设一座新城市。"十年后，第一个人在另一个工地上砌墙；第二个人坐在办公室中画图纸，他成了工程师；第三个人呢，是前两个人的老板。

点评启示：这三个工人由于对自己从事的工作的认知不同，导致三人的职业最终产生了本质的区别。第三个工人正是由于执着着自己的职业理想，最后成为前两个工人的老板。因此，正确的职业定位，足以改变人的一生。

[案例 2]

一对兄弟家住在80层。他们旅行回来，却发现大楼停电了！兄弟俩背着大包小裹非常发愁，两人商量决定无论如何也得回家，于是开始爬楼。

爬到20层时，他们觉得累了。哥哥说："包太重了，不如就放在这里，等来电后坐电梯来拿。"于是，他们把行李放下，轻松些，继续向上爬。但好景不长，到了40层，两人实在太累了。想到只爬了一半，两人开始互相埋怨，指责对方不注意大楼的停电公告，才会落得如此下场。他们边吵边爬楼，就这样一路爬到了60层。

到了60层，他们累得连吵架的力气也没有了。弟弟对哥哥说："我们不要吵了，爬完它吧。"于是他们继续默默爬楼，终于到了家门口。站在80层的楼梯口，兄弟俩互相望了望，想起了一件事：钥匙还在背包里，忘在了20层

点评启示：这个故事其实反映了我们的人生。

20岁之前，我们活在家人、老师的期望之下，背负着很多的压力、包袱，自己也不够成熟、能力不足，因此步履难免不稳。

20岁之后，离开了众人的压力，卸下了包袱，开始全力以赴地追求自己的梦想，就这样愉快地过了20年。

到了40岁，发现青春已逝，不免产生许多遗憾和追悔，于是开始遗憾这个、惋惜那个、抱怨这个、嫉恨那个，就这样在抱怨中度过了20年。

到了60岁，发现人生已所剩不多，于是告诉自己不要再抱怨了，就珍惜剩下的日子吧！于是默默地走完了自己的余年。

到了生命的尽头，才想起自己好像有什么事情没有完成。原来，我们所有的梦想都留在青春岁月。

知识链接

一、适应职业学校生活

进入学校，我们面临着一个全新的生活环境、学习环境和人际环境。如何积极地适应新的环境，快乐地度过这一时期呢？

1. 消除对新环境的不安全感

进入高职，周围的新环境对我们来说是陌生的，有的同学会出现不安和恐惧感。因此，我们要尽快熟悉学校的环境，包括物理环境和人际环境。首先，通过查阅资料或请教老师来了解学校的历史、领导结构、师资力量和学校的声望等，尤其要尽快地了解自己的任课教师和班主任的情况，慢慢熟悉他们的性格特点，消除对他们的陌生感和恐惧感；其次，要了解学校各班的教室、图书馆、实训室、食堂、医务室、老师办公室、心理咨询室等的位置，做到心中有数。

2. 正确地评价自己和别人

很多同学进入高职后会有一种感受，那就是感觉身边的同学都有自己的个性特点，同学们之间关系和初中时期同学们之间的关系也有很大变化，于是有的同学心里很敏感，常常闹别扭；还有的同学发现有的同学在舞蹈、钢琴、声乐、计算机等多方面有特长，就觉得不如别人，会产生一定的自卑感，个别的还会有妒忌心理。其实，"尺有所短，寸有所长"，你能来到这个个性鲜明的群体，证明你同样拥有自己的优势和潜力。找到自己的优势并给予发扬，找到不足而努力补上，就是一种进步和发展。

3. 和谐地与老师和同学相处

首先，确立恰当的人际关系目标，避免对他人有过高的期望。在高职阶段，我们处理人际关系的目标是与老师以及大多数的同学和谐相处，同时交到一两个知心的朋友。

其次，善于有效地与同学沟通。善于运用沟通中的语言艺术，俗话说：良言一句三冬暖，恶语伤人六月寒。不论何种情况下，都要努力用温和的语言将自己的观点清楚地表达出来，避免误解，当两人发生误解时，注意多用换位思考，设身处地地站在他人的立场上考虑问题。

最后，真诚地赞美你的朋友。赞美可以让对方感到自信、愉快和轻松，同时赢得别人对你的好感，因为在人的内心深处都渴望成为一个重要人物，并受到别人的赞美。赞美时，要抓住时机，针对某一具体事件或别人的良好表现，由衷地赞美对方。不要只用"你真棒""你真美""你真好"等空洞笼统的话语，可以用些诸如"你穿上这件衣服显得很漂亮""你的讲解让我增长了不少知识，谢谢你""这次球赛你的表现真出色"之类的语句。

4. 找到适合自己学习方法

高职阶段的学习科目和初中有了很大不同，专业课、实训课占较大份量。仅靠初中时的单纯记忆法难以适应新的学习环境，应该积极探索适合自己的学习方法。如有的同学早晨记忆效率高，而有的晚上记忆效率高。各人的特点有所不同，不要强求和别人一样。学习方法很多，可以向老师或成绩好的同学请教，关键要结合自己的情况，找出适合自己的学习方法。

5. 尽快确立新的目标

学习目标分为长期、中期和短期目标。长期目标有点近似理想，它指明前进的方向。中期目标是一学期或一到三年的目标，如一年中文化课成绩平均要达到多少，在哪门专业课上有所突破等。短期目标包括日常的计划和近期目标。中、长期目标的实现依赖于短期目标的实现。制订学习目标计划要注意以下几点。

（1）目标计划要详细、具体。比如，可以这样制定英语学习计划：每天早上读30分钟英语，晚上做30分钟英语题。每天记忆单词20个，阅读一篇英语文章等。

（2）目标计划要突出重点。如在每天预习、听课和作业的时间安排中，自己相对较差的科目要作为重点。

（3）计划一旦确立，要严格执行。刚开始可能会有困难，要坚持，如发现有不妥的地方，要及时修改。

二、高职生活我们的人生带来什么？

高职究竟能给我们带来什么？这是一个很值得考虑的问题。事实上，很多人就是长期处在"不知为何要上高职？"这个问题的矛盾、困惑中。如何度过三年高职生活？初入校门的同学如果能够认真思考这个问题，会受益颇深，至少在以后几年的高职生活中会有一个比较明确的奋斗方向。套用西方的一句谚语："一艘没有航向的船，任何风都不会是顺风。"

下面与同学们分享一些对于这个问题的思考，供大家参考。

1. 一个新起点、一种新的视野

高职是一个新起点、一种新的视野。这是因为，进入高职，你终于放下中考的重担，第一次开始追逐自己的理想、兴趣；这是你离开家庭生活，第一次独立参与团体和社会生活；这是你不再单纯地学习或背诵书本上的理论知识，第一次有机会在学习理论的同时亲身实践；这是你第一次不再由父母安排生活和学习中的一切，而是有足够的自由处置生活和学习中遇到的各类问题，支配所有属于自己的时间。

在这个人生的关键阶段里，所有高职生都应当认真把握每一个"第一次"，让它们成为未来人生道路的基石；在这个阶段里，所有高职生也要珍惜每一个"最后一次"，不要让自己在不远的将来追悔莫及。在三年高职生活里，大家应该努力为自己编织生活梦想，明确奋斗方向，奠定事业基础。

2．一个大平台、一种新的生活

高职为我们继续获取知识、训练技能、发挥潜能、展示才华提供了更大的平台。

高职是一个全新的学习平台：高职学习和中学学习有很大的不同，高职的学习更主动、更独立、更开放、更注重学习能力和创造潜能的开发，以及为人处世、人格修养和生活能力的提高；中学学习以各门学科的基础知识为主要内容，而高职学习则更突出专业性和实践性，为走向社会、服务社会做必要的准备。

高职是一个全新的生活舞台：我们进了高职，新的学习环境、新的生活环境、新的人际环境，为我们奠定了充满希望和挑战的全新的生活。

（1）高职是迈入真实社会前的彩排

有的同学毕业后可能直接进入社会工作，但不管怎样，高职时代都会是你迈入真实社会前的一个彩排。高职也是一个小社会，里边也有很多接触社会的机会，关键是看你怎么想、怎么做。高职生活的经验是很重要的，它可以帮助你提高包括竞争力、适应力、操作力、创造力、自控力、交往力、表达力、自学力等诸多方面的实践能力。为了提高这方方面面的能力，高职里的竞争是相当激烈的，比如你高中时代可能并不热衷于什么学生会、社团，但是高职确实人人都想锻炼锻炼，预演一下我们即将进入的社会，边做边学，积累宝贵的人生经验，学到必需的生存技能。

（2）学生社团是学会独立、适应社会和展现自己的舞台

自立是一门重要的学科，特别是独生子女，进入高职要和来自不同地域、不同习惯、不同文化的同学一起相处，更要学会自立行事。而学生社团是高职里自我修炼的最佳舞台。学生社团是高职生依据自己的兴趣和爱好而自愿组成、按照章程自主开展活动的群众性组织，是高职生自我教育、自我管理、自我服务的重要阵地。学生社团凭借其"社团精神"和丰富多彩的社团活动，越来越受到师生的喜爱，成为校园文化亮丽的风景。同学们通过有选择性地参加一些社团组织，不仅可以得到一种具体的参照—在此参照下更好地认识自己、判断自己，而且，还可以通过参与、组织和策划各类社团活动锻炼和提高自己各方面的素质，促进自己的成长。通过参与社团活动，可以学到一些沟通能力，而且社团更像一个微型的社会，该怎么周旋？该怎么适应？其间要学会怎么正视别人的白眼，学会怎么调节好自己的利益和别人的利益之间的关系……如此种种，社团都提供了正式踏入社会前一个很好的彩排机会。

另外，担任学校学生干部也是快速提高自身各方面素质的一个非常有效的途径，但记住，不要奢望回报太多，不要仅以"当官"和获取"就业资本"为目的，否则会迷失自我。

（3）广交朋友，构建人脉，走向社会的舞台

有人把成功的过程比喻成织网，随着社交圈越来越大，朋友越来越多，就越接近成功。这话不无道理，成功学家认为，成功 =20% 个人奋斗 +80% 人脉（人际关系）。现在社会分工越来越细，工作压力越来越大，一个人若想单打独斗取得成功越来越难，如果有一群能够帮助你、支持你的朋友，就方便多了。良好的人际关系是走向成功的必需要素，人际关

系也是一种资源，会利用这种资源的人才会取得成功。

高职是各类技能高手的聚集地，除此之外，也汇聚了富有激情、敢于挑战、思想活跃、来自五湖四海的同学。在这里可以建立起自己最初的人脉关系—往往在高职期间所建立起来的良好师生关系和同学关系，也会成为今后职业发展中的重要资源——人脉。因此，高职期间要广交朋友，不要把自己封闭在宿舍的小圈圈里；也不要只和你一样的人交往，认为有共同语言，其实更重要的是和其他类型的人交往，了解他们的经历、思维习惯、爱好，学习他们处理问题的模式，了解社会各个角落的现象和问题，这是以后发展的巨大本钱。

高职将是生命里美好的时光。可以拥有美好的友情、多彩的活动、晚上深夜里的卧谈会、睿智的老师、可爱的同学……当然最重要的是，终于可以在这里学习想要接触的科目，在这里能够触摸到自己的梦想，感受激情，为自己树一立一个目标，并且为之前行！

三、什么是职业

（一）职业的基本概念

1．职业的概念

在职业生涯规划中，职业是指人们从事相对稳定的、有收入的、有专门类别的社会劳动，是一个人的社会地位的一般性表现，也是一个人的权利、义务、职责。职业由三个基本要素构成：一是相对稳定的劳动；二是获得相应的报酬；三是得到社会的承认。

2．职业的基本特性

主要表现在以下五个方面：

（1）经济性。经济性是指人们通过从事职业活动取得一定的经济收入。职业与人们的生存需要直接相关。从毕业到就业是学生独立生存的开始，是以"社会人"身份进入社会的开始，而选择职业、从事职业活动将为新的生活奠定必要的经济基础。

（2）价值性。职业活动既是个人生存的需要，也是对他人有利的活动，两者密不可分，对他人、组织、社会有利，就是职业的价值性。利己首先要利他，服务他人、服务组织、服务社会的能力越强，个人的价值就越大。

（3）社会性。职业是一种正式、稳定的社会结合方式，也是除家庭之外最重要的社会结合方式。一个人从事职业活动必然要与他人相互联系，包括同事、领导、下级、客户等。因此，必须建立合作意识、团体意识、组织意识，以自我为中心和个人至上的心态要不得。

（4）专门性。职业是社会分工的必然结果和具体表现。职业的专门性一方面形成了不同职业的职业技能，需要人们学习和掌握；另一方面形成了不同职业的道德规范和行为规范，要求人们必须遵守。

（5）时代性。随着社会生产力的发展，产业结构不断发生变化，新的职业会不断产生，原有职业或因获得新的时代内容继续存在，或因跟不上时代的发展、不适应社会的需要而消失。有些职业存在的历史久远，如一些手工制作活动、农业种植活动等；有些职业存在的历史比较短暂，如传呼员；有些职业是新近形成的，如网络编辑、动漫设计等。

（二）职业的分类方法

1. 国际职业分类

世界各国国情不同，其划分职业的标准有所区别。根据西方国家的一些学者提出的理论，在国外一般将职业分为三种类型：

（1）按脑力劳动和体力劳动的性质、层次进行分类。这种分类方法把工作人员划分为白领工作人员和蓝领工作人员两大类。白领工作人员包括：专业性和技术性的工作，如农场以外的经理和行政管理人员、销售人员、办公室人员。蓝领工作人员包括：手工艺及类似的工人、非运输性的技工、运输装置机工人、农场以外的工人、服务性行业工人。这种分类方法明显地表现出职业的等级性。

（2）按心理的个别差异进行分类。这种分类方法是根据美国著名的心理学专家和职业指导专家约翰·霍兰德创立的"人格—职业"类型匹配理论，认为职业兴趣与人格之间存在很高的相关性。他把人格类型划分为六种，即现实型（R）、研究型（I）、艺术型（A）、社会型（S）、企业型（E）和常规型（C）（见图1-1）。与其相对应的是六种职业类型。

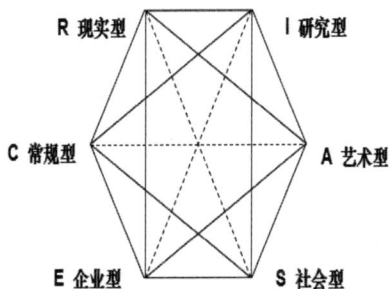

图 1-1　霍兰德"人格-职业类型匹配"

（3）依据各个职业的主要职责或"从事的工作"进行分类。这种分类方法较为普遍，以两种代表示例。其一是国际标准职业分类。国际标准职业分类把职业由粗至细分为4个层次，即8个大类、83个小类、284个细类、1506个职业项目，总共列出职业1881个。其中8个大类是：①专家、技术人员及有关工作者；②政府官员和企业经理；③事务工作者和有关工作者；④销售工作者；⑤服务工作者；⑥农业、牧业、林业工作者及渔民、猎人；⑦生产和有关工作者、运输设备操作者和劳动者；⑧不能按职业分类的劳动者。这种分类方法便于提高国际间职业统计资料的可比性和国际交流。其二是加拿大《职业岗位分类词典》的分类。它把分属于国民经济中主要行业的职业划分为23个主类，主类下分81个子类，489个细类，7200多个职业。此种分类对每种职业都有定义，逐一说明了各种职业的内容及从业人员在普通教育程度、职业培训、能力倾向、兴趣、性格以及体质等方面的要求，有较大的参考价值。

2. 中国职业分类

正式颁布的《中华人民共和国企业分类大典》将我国职业归为8个大类，66个中类，413

个小类,1838 个细类（职业）。每个大类的名称，所含中类、小类和细类（职业）数量如下表所示：

表 1-1《中华人民共和国企业分类大典》对职业的分类

大类	中类	小类	职业（细类）
第一大类 国家机关、党群组织、企业、事业负责人	5	16	25
第二大类 专业技术人员	14	115	379
第三大类 办事人员和有关人员	4	12	45
第四大类 商业、服务人员	8	43	147
第五大类 农业、林业从业人员	6	30	121
第六大类 生产、运输设备操作人员及有关人员	27	195	1119
第七大类 军人	1	1	1
第八大类 不便分类的其他从业人员	1	1	1

资料来源：《中华人民共和国职业分类大典》

我国 2002 年修订的《国民经济行业分类》对行业门类、大类、中类和小类进行了调整。新行业分类标准为 20 个门类，95 个大类，396 个中类，913 个小类。主要分类如下：

A. 农、林、牧、渔业

B. 采矿业

C. 制造业

D. 电力、燃气及水的生产和供应业

E. 建筑业

F. 交通运输、仓储和邮政业

G. 信息传输、计算机服务和软件业

H. 批发和零售业

I. 住宿和餐饮业

J. 金融业

K. 房地产业

L. 租赁和商务服务业

M. 科学研究、技术服务和地质勘查业

N. 水利、环境和公共设施管理业

O. 居民服务和其他服务业

P. 教育

Q. 卫生、社会保障和社会福利业

R. 文化、体育和娱乐业

S.公共管理和社会组织

T.国际组织

而对于各类职业，也有了如下几种形象的描述：

1.曙光职业：如职业生涯培训师、职业生涯咨询辅导师等。

2.朝阳职业：如商务策划师、电子商务师、理财规划师等。

3.如日中天的职业：如建筑设计师、公务员等。

4.夕阳职业：如公交车售票员等。

5.黄昏职业：如送煤工、钢笔修理工、相片着色工等。

6.恒星职业：如教师、厨师、医生等。

7.流星职业：如传呼员等。

8.昨日星辰职业：如打字员等。

今天，随着经济的不断发展，相继诞生了新的职业，仅人力资源和社会保障部等部门近两年公布的新职业数量就达六七十种，如育婴师、花艺环境设计师、手机美容师、营养师、心理健康指导师、康复保健师、证券投资分析师等。专家认为：今后社会更需要的就是沟通人与人之间情感，促进社区、邻里、家庭和谐的社会工作者，专家预测这项工作将成为从业上百万的新兴产业。

据统计，中国十大最热门行业依次是互联网服务行业、健康管理行业、智能家居、汽车制造业、新零售业、设计产业、医药行业、现代物流业、金融行业、信息安全分析行业。

四、什么是职业生涯

（一）职业生涯的概念

1.生涯

英语是"career"，"生涯"一词，有人生经历、生活道路和职业、专业、事业的含义。生涯作为一个人终其一生所扮演角色的整个过程，由三个层面构成：（1）时间，即个人的年龄或生命的过程；（2）经历，即一个人一生所扮演各种不同的角色；（3）为个人所扮演的各种角色投入的程度。

2.职业生涯

职业生涯就是一个人的职业经历，它是指一个人一生中所有与职业相联系的行为与活动，以及相关的态度、价值观、愿望等连续性经历的过程，也是一个人一生职业、职位的变迁及工作、理想的实现过程。人们一生的职业历程，有着种种不同的可能：有的人从事这种职业，有的人从事那种职业；有的人一生变换多种职业，有的人终身位于一个岗位上；有的人不断追求事业成功；有的人穷困潦倒、无所作为；有的人以职业为荣，有的人以职业为耻。

3.如何理解职业生涯

学者们对职业生涯的认识与研究由来已久，从不同角度得出不同概念。从起始的角度看，职业生涯始于工作之前的专门职业学习和训练，终于完全结束或退出职业工作。从经济学的观点来看，职业生涯就是个人在人生中所经历的一系列职位和角色，它们和个人的职业过程相联系，是个人接受培训教育以及职业发展所形成的结果。从社会学、心理学角度来看，职业生涯是以心理开发、生理开发、智力开发、技能开发、伦理开发等人的潜能开发为基础，以工作内容为确定或变化，以工作业绩为评价，工资待遇、职称、职务的变动为标准，以满足需求为目标的工作经历和内心体验的经历。总之，职业生涯是人一生中最重要的历程，对人生价值起着决定性作用。不论职位高低，不论成功与否，每个工作着的人都有自己的职业生涯。

因此，职业生涯是一个有着具体职业内容的动态概念。它是一种个体行为，而非群体或组织的行为，具有个体差异性。理解职业生涯的含义，要注意以下四个方面。

第一，职业生涯只是表示一个人一生中在各种职业岗位上的整个经历的成功与否，与进步快慢没有关系。

第二，职业生涯涉及一个人的价值观、态度、需要、动机、气质、能力、发展取向等因素。

第三，职业生涯受各方面客观因素的影响。社会环境、家庭等都可能成为影响职业生涯的因素。

第四，职业生涯是一个过程，是一个人一生中所有的与工作相关的连续经历，而不仅仅是指一个工作阶段。

学生学习期间正处在职业生涯的准备阶段，虽然没有多少职业经历，但如果学生在读书期间认真进行职业生涯规划，将对个人将来的生活方式、社会地位、经济效益以及个人价值的实现产生积极的影响。

（二）职业生涯的分类

1. 内职业生涯（对个人而言）

内职业生涯是指从事一种职业时的知识、观念、经验、能力、心理素质、内心感受等因素的组合及其变化过程。它是别人无法替代和窃取的人生财富。内职业生涯的因素由自己探索、获得，并且不随外职业生涯因素的改变而丧失。内职业生涯略超前时舒心，超前较多时烦心，超前太大时就要变心。

2. 外职业生涯（对组织而言）

外职业生涯是指从事职业时的工作单位、工作时间、工作地点、工作内容、工作职务与职称、工作环境、工资待遇等因素的组合及其变化过程。它是依赖于内职业生涯的发展而增长的。外职业生涯的因素通常由别人决定、给予，也容易被别人否定、剥夺；外职业生涯略超前时有动力，超前较多时有压力，超前太大时有毁灭力。

3. 内职业生涯与外职业生涯是统一的

一方面，内职业生涯发展是外职业生涯发展的前提，内职业生涯带动外职业生涯的发展，它在人的职业生涯成功乃至人生成功中起着关键性作用。因此，在职业生涯的各个阶段，都应该重视内职业生涯的发展。另一方面，外职业生涯对内职业生涯具有巨大反作用，只有外职业生涯而没有内职业生涯，也是难以为继的，因而规划者也必须重视外职业生涯。

五、职业生涯发展阶段理论

职业生涯可以分成不同的人生阶段，每个人不同的阶段有不同的人生追求。正确把握职业生涯的发展规律，有利于制定有效可行的职业生涯规划。

国外很多学者都对职业生涯发展阶段的划分有自己的见解，概括起来主要有以下几种。

（一）萨珀生涯发展阶段理论

职业生涯是一个人长期的发展过程，在不同的发展阶段，个人有着不同的职业需求和人生追求。职业生涯发展阶段的划分是职业生涯规划研究的一个重要内容。对于具体阶段的划分，不同的专家学者有不同的观点，我们最常见的、也是应用得最广泛的，则是萨珀的生涯发展阶段理论。

生涯发展大师萨珀（Super）集差异心理学、发展心理学、职业社会学及人格发展理论之大成，通过长期的研究，系统地提出了有关职业生涯发展的观点。1953年，他根据自己"生涯发展型态研究"的结果，将人生职业生涯发展划分为成长、探索、建立、维持和衰退五个阶段（见图1-2）。

1. 成长阶段（0～14岁）

成长阶段属于认知阶段。在这个阶段，孩童开始发展自我概念，学会以各种不同的方式来表达自己的需要，并且经过对现实世界不断地尝试，修饰自己的角色。这个阶段发展的任务是：发展自我形象，发展对工作世界的正确态度，并了解工作的意义。这个阶段共包括三个时期：

一是幻想期（4～10岁），它以"需要"为主要考虑因素，在这个时期幻想中的角色扮演很重要；

二是兴趣期（11～12岁），它以"喜好"为主要考虑因素，喜好是个体抱负与活动的主要决定因素；

三是能力期（13～14岁），它以"能力"为主要考虑因素，能力逐渐具有重要作用。

2. 探索阶段（15～24岁）

探索段属于学习打基础的阶段。该阶段的青少年，通过学校的活动、社团休闲活动、打零工等机会，对自我能力及角色、职业做了一番探索，因此选择职业时有较大弹性。这个阶段发展的任务是：使职业偏好逐渐具体化、特定化并实现职业偏好。这阶段包括三个时期：

一是试探期（15～17岁），考虑需要、兴趣、能力及机会，做暂时的决定，并在幻想、讨论、课业及工作中加以尝试；

二是过渡期（18～21岁），进入就业市场或专业训练，更重视现实，并力图实现自我观念，将一般性的选择转为特定的选择；

三是试验承诺期（22～24岁），生涯初步确定并试验其成为长期职业生活的可能性，若不适合则可能再经历上述各时期以确定方向。

3.建立阶段（25～44岁）

建立阶段属于选择、安置阶段。由于经过上一阶段的尝试，不合适者会谋求变迁或做其他探索，因此该阶段较能确定在整个事业生涯中属于自己的职位，并在31～40岁，开始考虑如何保住该职位并固定下来。这个阶段发展的任务是统整、稳固并求上进。这个阶段细分又可包括两个时期：

一是尝试期（25～30岁），个体寻求安定，也可能因生活或工作上的若干变动而尚未感到满意；

二是稳定期（31～44岁），个体致力于工作上的稳固，大部分人处于最具创意时期，由于资深往往业绩优良。

4.维持阶段（45～65岁）

维持阶段属于升迁和专精阶段。个体仍希望继续维持属于他的工作职位，同时会面对新的人员的挑战。这一阶段发展的任务是维持既有成就与地位。

5.衰退阶段（65岁以上）

衰退阶段属于退休阶段。由于生理及心理机能日渐衰退，个体不得不面对现实，从积极参与到隐退。这一阶段往往注重发展新的角色，寻求不同方式以替代和满足需求。

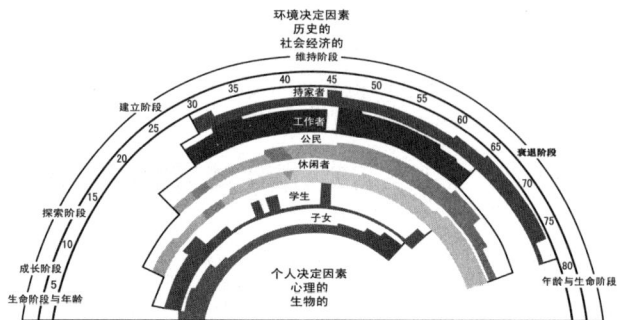

图1-2 萨珀的生涯彩虹图

（二）施恩九阶段职业生涯发展理论

美国的施恩教授立足于人生不同年龄段面临的问题和职业工作主要任务，将职业生涯分为9个阶段。

1.成长、幻想、探索阶段（0～21岁）

主要任务：

（1）发展和发现自己的需要和兴趣，发展和发现自己的能力和才干，为进行实际的职业选择打好基础；

（2）学习职业方面的知识，寻找现实的角色模式，获取丰富信息，发展和发现自己的价值观、动机和抱负，做出合理的受教育决策，将幼年的职业幻想变为可操作的现实；

（3）接受教育和培训，开发工作世界中所需要的基本习惯和技能。在这一阶段所充当的角色是学生、职业工作的候选人、申请者。

2．查看工作世界（16～25岁）

（1）查看劳动力市场，谋取可能成为一种职业基础的第一项工作；

（2）个人和雇主之间达成正式可行的契约，个人成为一个组织或一种职业的成员，充当的角色是应聘者、新学员。

3．基础培训（16～25岁）

与上一正在查看职业工作或组织阶段不同，这一阶段要担当实习生、新手的角色。也就是说，已经迈进职业或组织的大门。

此时的主要任务：

（1）了解、熟悉组织，接受组织文化，融入工作群体，尽快取得组织成员资格，成为一名有效的成员；

（2）适应日常的操作程序，应对工作。

4．早期职业的正式成员资格（17～30岁）

主要任务：

（1）承担责任，成功地履行与第一次工作分配有关的任务；

（2）发展和展示自己的技能和专长，为提升或查看其他领域的横向职业成长打基础；

（3）根据自身才干和价值观，根据组织中的机会和约束，重估当初追求的职业，决定是否留在这个组织或职业中，或者在自己的需要、组织约束和机会之间寻找一种更好的配合。

5．职业中期（25岁以上）

主要任务：

（1）选定一项专业或查看管理部门；

（2）保持技术竞争力，在自己选择的专业或管理领域内继续学习，力争成为一名专家或职业能手；

（3）承担较大责任，确立自己的地位；

（4）开发个人的长期职业计划。

6．职业中期危险阶段（35～45岁）

主要任务：

（1）现实地估价自己的进步、职业抱负及个人前途；

（2）就接受现状或者争取看得见的前途做出具体选择；

（3）建立与他人的良师关系。

7．职业后期（40岁至退休）

此时的职业状况或任务：

（1）成为一名良师，学会发挥影响，指导、指挥别人，对他人承担责任；

（2）扩大、发展、深化技能，或者提高才干，以担负更大范围、更重大的责任；

（3）如果求安稳，就此停滞，则要接受和正视自己影响力和挑战能力的下降。

8．衰退和离职阶段（40岁至退休）

主要的职业任务

（1）学会接受权力、责任、地位的下降；

（2）基于竞争力和进取心下降，要学会接受和发展新的角色；

（3）评估自己的职业生涯，着手退休。

9．离开组织或职业（退休）

在失去工作或组织角色之后，面临两大问题和任务：

（1）保持一种认同感，适应角色、生活方式和生活标准的急剧变化；

（2）保持一种自我价值观，运用自己积累的经验和智慧，使用各种资源变化不同角色，对他人进行"传帮带"。

需要指出的是，施恩虽然基本依照年龄增长顺序划分职业发展阶段，但并未囿于此，其阶段划分更多的根据职业状态、任务、职业行为的重要性。正如施恩教授划分职业周期阶段是依据职业状态和职业行为和发展过程的重要性，又因为每人经历某一职业阶段的年龄有别，所以，他只给出了大致的年龄跨度，并在为职业阶段上所示的年龄有所交叉。

（三）格林豪斯职业生涯发展阶段理论

格林豪斯研究人生不同年龄段职业发展的主要任务，并以此将职业生涯划分为5个阶段。

1．职业准备阶段

这个阶段的（0～18岁）主要任务：发展职业想象力，对职业进行评估和选择，接受必须的职业教育。

这个阶段可以理解为找工作前的所有准备，在年龄上也较为符合中国的情况，即高中或高等职业学院毕业之后。此时的主要任务就是了解社会上的各种职业，并且在理论和实践上对职业进行体验、评估，结合个人偏好或目标进行大致的职业选择，同时为了达到职业入门的要求，就要接受用人单位、学校等方面的教育，以取得相应的从业证书并获得基本的职业能力。

2．查看组织阶段

这个阶段的（18～25岁）主要任务是在一个理想的组织中获得一份工作，在获取足量信息的基础上，尽量选择一项合适的、较为满意的职业。

这个阶段可以理解为"找工作—找到工作—找到适合的工作"的过程，同时此理论提出一个概念：企业化或组织化，即在了解各类雇主中确定个人所适应的企业类型，在适应企业文化中与组织达到同步发展，这是与企业达成心理契约、获得同步发展的关键时期，也是避免职场新人过于频繁跳槽的有力方式，就是说我们现在过多地关注内在的职业倾向和外在的职业信息，而忽略了给我们提供工作平台的雇主，导致个人对组织有一点不满意就跳槽，这十分不利于个人的发展，要知道个人在职业生涯的发展程度很大限度取决于组织，在组织中较久地工作，与组织共同发展，这样对个人的锻炼和提升才是最大的，尤其是这对于职场新人尤为重要。

一般来说，在 25 岁之前是很难找到适合自身的工作的，大多数人都是在临近毕业时找工作，经过一段时间找到工作，由于对职业与企业不了解，很多时候是适应和学习，如果不适应就会离职换工作，对于很多人来说，25 岁甚至 30 岁之前都是职业体验期，即通过做更多的工作来了解自己的职业兴趣、评估各类职业。

3．职业生涯初期

这个阶段的（25～40 岁）主要任务：学习职业技术，提高工作能力；了解和学习组织纪律和规范，逐步适应职业工作，适应并融入组织；为未来的职业成功做好准备。

有的人一辈子都在做着自己不喜欢的工作，但因为"路径依赖"导致转换成本过高，所以只能盼着退休，从这个层面来讲，只有当一个人找到了自己的"天职"时才真正地开始自己的职业生涯，当然，对职业生涯的通俗理解就是只要开始工作了就是开始了职业生涯。

此外，职场新人必须融入职业、融入企业，才能把握当下。这也是个人加薪晋升的两个必要条件。同时，还要为职业的下一步做好必要的准备，或转换职业，或跳槽。

4．职业生涯中期

这个阶段的（40～55 岁）主要任务：需要对早期职业生涯重新评估，强化或改变自己的职业理想；选定职业，努力工作，有所成就。

大多数人经过十几年的工作之后，也有了寻找"天职"的念头，以前是为生存工作，现在开始考虑为内心工作，因此有了重新评估和选择的想法，这个最好还是在初期就有所准备，不容转换职业与组织。

5．职业生涯后期

这个阶段的（55 岁～退休）主要任务：快退休，不犯错，维持原有辉煌成就是很不容易的事，发挥最后的余热，同时规划退休后的生活。年轻时的爱好、朋友、理想在此时都会是打发时间的较好选择。

格林豪斯的职业生涯发展阶段理论从人的工作角度来看很通俗，在逻辑上也很清晰，可以概括人的整个职业生涯，但未免过于简单，不能细分职业生涯的阶段与问题。

（四）国内的职业发展阶段理论

古人很早就有职业规划的思想。我国伟大的思想家孔子就说过："吾十有五而志于学，三十而立，四十而不惑，五十而知天命，六十而耳顺，七十而从心所欲，不逾矩。"

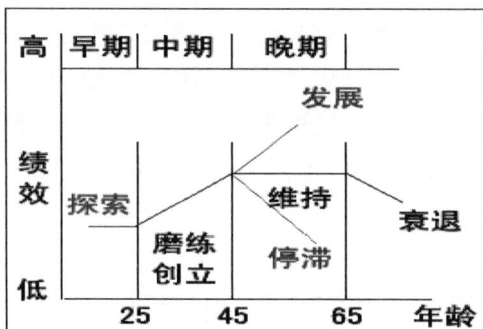

图1-3　职业发展"三阶段"理论

由于国内的职业发展阶段理论研究起步较晚，因此受西方理论影响较深，基本没有跳出以上国外研究者的理论框架。当然也有部分国内学者意识到这些西方理论在中国的适应问题，对职业生涯发展阶段理论进行本土化研究，结合中国的实际国情提出了阶段划分理论。

如有的学者提出职业发展"三阶段"理论模型，即职业发展早期、职业发展中期、职业发展后期，在不同阶段任务也截然不同。

1．职业发展早期

（1）做出初步的职业选择。

（2）形成可行的职业发展目标。

（3）调整心态。

（4）进入劳动力市场，获取职业工作。

2．职业发展中期

（1）保持一种积极成长取向。

（2）面临角色选择决策。

（3）担负起言传身教的责任。

（4）在参与工作、家庭和自我发展中取得一种适当的均衡。

3．职业发展后期

（1）学会接受权力、责任和中心地位的下降。

（2）基本竞争力和进取心的下降，学会接受和发展新角色。

（3）学会如何应付"空巢"。

（4）评估自己的整个职业生涯，着手退休。

这种理论结合了中国的具体国情，自然比前面几种西方理论更适合中国人的应用。但始终是以西方的理论为模型，没能跳出西方文化中特有的思维。

结合国情，根据我国国民教育的规律，我们认为可以把职业生涯阶段发展理论概括为以下六个阶段：

（1）基础教育阶段（0～18岁前完成）

（2）明确职业角色定位阶段（18～22岁）

从18～22岁正是求学的时光，由于现代职业竞争的特殊性，要求从业人员提前进入职业规划。22岁之前，职业角色定位阶段主要的目标是在社会众多职业选择中圈定几个可能适合自身的职业，最大限度地对自己的职业偏好、职业价值观、职业能力、职业理想有一定的认识。

（3）找到职业发展空间阶段（22～30岁）

这是进入职场的第一阶段，在有效的专业和职业心态的准备中寻求与个人匹配度最佳的工作，而不是漫无目的、没有针对性的求职。这一阶段要对职场主客观情况有一个全面的了解，其目的一是了解雇主，二是体验个人在不同类型企业中的适应程度，三是对职业选择过程有一个全方位的认识。这个阶段的主要目的就是体验职业、体验企业。

（4）力求职场重大突破（30～50岁）

这一阶段是个人天赋与行业融合的关键时期。个人天赋是在实际工作或活动中发现与发展的，一定要通过做几份工作来体验和验证。要发现自己和所选行业、职业、企业的最佳融合点，目的是融入职业、融入职场，从而使自己的能力得到最大限度的发挥。同时要注意企业化问题，适应并融入企业是个人获得事业发展的关键，没有组织就没有合适的位置，从而也就没有了发挥的平台。

（5）争取职业稳中求进（50～55岁）

这一阶段是职业化的成熟期，此时要在争取事业稳定的同时有新的进步。

（6）实现平稳退休（55岁后直到退休）

这一阶段的主要任务是继续保持已有职业成就，维护尊严，准备引退。

六、影响职业生涯发展的因素

卢梭说过："选择职业是人生大事，因为职业决定一个人的未来。"一个人从职业学习开始到职业劳动最后结束的这一个生命旅程就是职业生涯。对每个人而言，职业生涯将贯穿人的一生，个人或处于职业准备阶段，或处于职业选择阶段，或处于职业工作阶段，或处于职业结束阶段。在这不同的阶段，每个人的职业生涯受各种不同因素的影响会发生各种截然不同的结果。影响学生个人职业生涯的因素主要包括社会因素、教育背景、家庭影响、终极目标、兴趣与意志、机遇等六个方面。这六大因素是互相关联、互相依靠的，任何因素的改变都可能影响职业生涯发展。

（一）社会因素

社会是人才得以活动及发挥才干的舞台，也是影响人们成长与成功的重要条件和因素。社会的政治经济形势、涉及人们职业权利方面的管理体制、社会文化与习俗、职业的社会体系等社会因素决定着社会职业岗位的数量与结构，决定着社会职业岗位出现的随机性与波动性，从而决定了人们对不同职业的认定和步入职业生涯、调整职业生涯的决策。用人单位对员工的培养、员工自身的亲戚朋友交际网、在职业发展过程中所能获得的帮助、提高素质所需的学习机会和图书资料、与职业生涯发展方面有关的制度与政策等，也会对社会职业结构的变迁、人的职业生涯变动的规律性产生影响。

（二）教育背景

教育是赋予个人才能、塑造个人人格、促进个人发展的社会活动，它奠定了一个人的基本素质，对人生有着巨大的影响。有时候，一个企业会拒绝未达到某一教育水准的人。因此需要树立终身学习的观念。一个人的专业、职业种类，对于其职业生涯有着重大的影响，往往成为其职业生涯的前中部分以至一生的职业类别，个人即使转换职业，也往往与其所学专业有一定联系。因此，教育是一项工具，能够帮助个体突出于庸碌的群体之上。

（三）家庭影响

家庭是个人生活的重要场所，家庭也是造就一个人的素质以至于影响其生涯的主要因素之一。父母所从事的职业是人们观察社会工作职业的开始，父母对自己的职业的认同与否，对子女将来是否愿意从事这种职业有很大的影响。此外，家庭经济条件好，会使人们在将来所受教育的程度更高，职业选择方面空间更大；家庭经济条件差，会使人们所受教育培训的机会减少，而且会使人们感到肩上承担沉重的家庭责任，导致个人在是否读书深造、工作单位离家远近及效益好坏方面思虑颇多。

（四）终极目标

人生终极目标，是一个人终生所追求的固定的目标。终极目标能激发人们的热情和活力，会给人们带来长久的幸福、安宁和富裕，它是一项人们注定会去做的事情。职业是帮助人们实现终极目标的工具。人们通常去选择与自己生活目标相一致的职业。终极目标越高，人们的动力就越大，眼界越高，考虑问题越全面；终极目标越低，人们越易于安于现状、产生惰性，对职业选择也是如此。

（五）兴趣与意志

兴趣是职业生涯选择的重要依据，当一个人对某种职业发生兴趣时，他就能发挥整个身心的积极性，就能积极地感知和关注该职业的知识动态。兴趣可以调动人的全部精力，以敏锐的观察力、高度的注意力、深刻的思维和丰富的想象力投入工作，进而大大提高工作效率。在其他条件相似的情况下，从事自己感兴趣的职业不但让人感到满意，而且能够让用人单位感到满意，并由此导致工作的长期性和稳定性。此外，多方面的兴趣可以使自己善于应付多变的环境，如果变换工作，只要自己感兴趣，就能够在新的岗位上很快地熟悉和适应新的工作。

意志是一个人自觉地确定目标，支配与调节自己的行动，克服各种困难，从而达到预期目标的心理状态。职业生涯规划的自觉性、进行职业抉择的果敢性、为实现长期职业目标而努力的坚韧性、职业规划和决策中的自制性、为完善职业生涯规划做出大量努力的勤奋性等方面都有益于达到职业生涯规划的科学性和合理性。可以说，意志强弱对于一个人的职业生涯规划有着重大的影响作用。

（六）机遇

一个人一生当中会遇到许多偶然的机会，有利的偶然机会就是机遇。如果社会上出现了给一个人提供个人发展、向上流动的职业环境，对于职业发展而言，那就是出现了机遇，这对一个人的职业生涯规划有积极的推动作用。如果漠视机遇，那这种人只能是英雄无用武之地，找不到职业发展的方向。因此，抓住机遇是关键。机遇对于任何人都是平等的，又总是降临于素质高、有准备的人的身上，谁素质高、准备充分，谁就能够抓住机遇，获得机会。只有抓住了机遇，才能施展才华、快速成长。

态度改变

学生应该尽早树立职业生涯规划的意识。

学生职业生涯规划是以职业要求为目标的目标管理，通过让每一个同学明确其预期的目标，使之自觉地按预期目标的要求开发潜能，提高综合素质。学生尽早树立职业生涯规划的意识，有利于学生更好地了解自己，进行自我定位；有利于学生更好地了解专业，了解社会环境；有利于学生个人明确未来的切实可行的奋斗目标，提升应对竞争的能力；有利于人才在市场上的合理配置，职业生涯规划让每位同学直接参与自己人生目标的设计，也使同学对相关教育资源的利用更加自觉和更加充分。由"要我学"变成"我要学"。

一、制定职业规划，确定职业发展的目标

有了明确的目标，才会激励人们去努力奋斗，并积极去创造条件实现目标。人们进行职业生涯规划时，会对自己进行分析、了解自己的长处与兴趣所在，发现自己的短处与差距在哪里，同时观察社会的发展变化状况和各种职业的特点，从而确定出一个知己之长短、知环境之利弊、扬长避短的职业发展目标，这种职业发展目标是客观的、可行的，符合个人实际情况的。一个人如果不进行职业生涯规划，是很难明确自己的职业发展目标的，那样，就会浪费宝贵的时光，不能走好自己的人生道路，进而导致事业上的失败。有了职业生涯规划，人们便能正确设定职业发展目标，发挥自己的才能，选择适合自己的职业，化解人生发展中的危机与陷阱，使事业获得成功。

二、制定规划，鞭策个人努力工作

职业生涯规划制定出来之后，人们对自己的未来就有了一个明确的认识，为了把职业发展目标变为现实，人们便开始制定行动计划，分析在行动过程中会出现的各种困难，为目标的早日实现而努力。每个人都有理想，对未来充满着憧憬。一般来说，职业发展目标是有吸引力、令人向往的。人们都知道要完成职业生涯规划，不能靠别人，只有靠自己脚

踏实地、一步一步、扎扎实实去创造条件。为此，人们便在学习和工作中珍惜时间，不断地去完善自我，朝着自己的目标迈进。在现实生活中，我们不难发现那些在学习和工作中勤奋的人，都是有远大理想和职业发展目标的人，那些学习和工作懒散的人，都是胸无大志和没有前进目标的人。职业生涯规划像动力机，催促着人们奋进。

三、制定规划，有助于个人抓住重点

人们每天要做的事可分为必须做的、可做可不做的、不能做的三种，但不是每一个人都能将这些分清。不少人将不能做的事当成了必须做的事，不少人经常做可做可不做的事而忽视了必须要做的事。制定职业生涯规划有助于人们安排日常学习和工作的轻重缓急，集中精力去做必须做的事，必须做的事就是有助于职业发展目标实现的事。有了职业生涯规划，人们便感到每天很充实，能理清头绪，抓住重点，一步一步地靠近职业发展的目标。没有职业生涯规划，人们便感到很空虚，不知道哪些是重要的事，容易陷进日常小事当中去，成为琐事的奴隶，空余时间还易于受社会上一些不良风气的诱惑，走向成功之路的反面。通过规划，能使人们紧紧抓住生活和学习的重点，提高效率，增加成功的可能性。

四、制定规划，引导个人发挥潜能

每一个正常的人，都有自己的潜力和能力，也都有惰性。潜力和能力大多数时候人们自己都不知道甚至不相信，而惰性时时表现在生活的方方面面。有了职业生涯规划，人们便看到了美好的未来，有一种强烈的实现愿望在心中涌起，一股巨大的力量促使着人们去创造条件，吸引力、向心力会转变成压力，使人们的潜能在信念的鼓励下激发出来，克服困难，取得令人瞩目的成绩。没有职业生涯规划，人们便一天到晚无所事事、无精打采，久而久之，人们的上进心就会荡然无存，原有的潜能被埋没。有了职业生涯规划，即使是资质不是很好的人，也能笨鸟先飞，充分调动潜能，取得不错的成绩。资质很好的人，发掘潜能那就是如虎添翼，很快成才，早日实现自己的职业发展目标。发挥潜能能使人们全神贯注于自己规划的事情，使自己的优势得到进一步的发展，有所作为。

五、制定规划，评估目前的学习和工作成绩

评价人们学习和工作成绩的状况，必须要有一个参照物，有了职业生涯规划，人们对自己目前学习和工作的好坏便有了一个评估的标准。如果你的规划是客观的、具体的，步骤是清晰的，实施结果是量化的，你就可以根据规划的进程来评价你目前学习和工作状态，评估出成绩的好坏。当你目前的学习和工作成绩和规划的时间、要求是一致时，你便可以明确规划出下一阶段要完成的任务，明确努力的方向，增加成功的信心。

当你目前的学习和工作成绩与规划的时间、要求有差距时，你便要有紧迫感，尽快找出没有及时达到规划要求的原因，赶快想办法把成绩搞上去。若是规划设计时有不切实际的地方，尽快调整。失败者面临的共同问题，就是他们极少评估自己所取得的进展，他们大多数人要么不明白自我评估的重要性，要么无法度量取得的进步。

总之，学生职业生涯规划的意义在于学生寻找适合自身发展需要的职业，实现个体与职业的匹配，实现个体价值的最大化。

实训策略

练一练 1 ：填写你的"十年愿景书"

想象十年后，有个杂志要写一篇关于你的特别报道，请你选择一种杂志，并写出这篇报道的概要，特别是你希望它突出的内容。

内容可以涉及你的职业、家庭、社会地位、财务状况、物质生活、个人价值、社会关系等方面。

你选择的杂志是 _____

选择这本杂志的原因是 _____

这本杂志的读者群是 _____

这篇文章描述你的哪些方面 _____

文章具体如何描述你 _____

练一练 2 ：做一份职业调查报告

对自己感兴趣的一份职业进行调查，形成报告。

调查内容：行业背景知识、工作环境、职业前景、职业的任职要求、工作内容、薪酬等。

第二节　人生航标—做好职业前准备

案例分享

[案例1]

美国哈佛曾做过一个非常著名的调查，以一批智力、学历、环境等条件相差不多的毕业生为对象，了解他们是否有明确的人生目标。调查结果为：27%的人没有目标，60%的人目标模糊，10%的人有清晰但比较短期的目标，只有3%的人有清晰而长远的目标。25年后，哈佛对这批学生进行了跟踪调查，结果显示：占3%的有清晰而长远目标的人几乎都成为了社会各界的成功人士；占10%的人，大都生活在社会的中上层；占60%的目标模糊的人，生活稳定，但没什么成绩；剩下的27%，工作与生活很不如意。他们之间的根本差别就是在于25年前是否规划了职业发展的目标。

点评启示：职业生涯规划对于社会发展具有重要的意义，有助于实现社会人力资源的优化配置，有助于促进和谐社会的构建。而职业生涯规划对于学生来说，就像动力机，催促着学生不断奋进。它有助于学生紧紧抓住生活和学习的重点，提高效率，增加成功的可能性；有助于学生明确人生的发展方向，自觉提高综合素质，主动适应社会需要，从而实现自己的人生价值。因此，制定职业生涯规划，就犹如一股巨大的力量促使着学生去创造条件，变压力为动力，克服困难，取得令人瞩目的成就。

[案例2]

小卫是某××高中学校的学生，第二次高考没有考进理想的本科学校考进了××高等职业学院。新生入学时因分数偏低，虽然被录取了，但是被调剂到了植物学专业。在上完第一年的基础课以及第二年的专业课后，发现自己对这个专业一点也不感兴趣，了解了就业方向更是失望。如果毕业以后去从事专业工作，那么自己将要一辈子忍受下去。如果不从事专业工作，那么自己到底要去做什么工作呢？在剩余的一年多里，他不知道该顺其自然还是应该做些其他准备。

小安学的是工商管理专业，专业知识多而杂，缺乏准确就业方向。小安当时想法只是想当管理层，但是听毕业了的学长学姐们说的多了，知道刚毕业的学生不可能一工作就做管理层，必须要从基层做起。但是这个基层范围太广，很多人做了多个基层岗位工作还是升不到管理层。自己现在已经大三了，一眨眼就毕业，很多同学都开始找实习单位了。那么自己该怎么选择呢？自己现在学的知识出去后能帮自己就业吗？现在该做些什么事情呢？很迷茫！

点评启示：很多在校学生认为只有走出校园，开始工作了，才需要职业规划。其实职业生涯规划人人进入校园那一刻开始就必须着手了。这比起快要踏入职场或是已经成为职业人才开始做规划，要提早很多，这样也能够把握时间，确保自己少走弯路。

图1-4　职场选择

知识链接

一、什么是职业生涯规划

职业生涯规划是指通过个人和组织相结合，对个人职业生涯的主客观条件进行测定、分析、总结、研究，尤其是对其兴趣、爱好、个性、能力、价值观、特长、经历以及存在的不足等各方面进行综合分析的基础上，确定其最佳的职业奋斗目标，并为实现这一目标做出行之有效的安排。比如，做出个人职业的近期和远景规划、职业定位、阶段目标、路径设计、评估与行动方案等一系列计划与行动。可以用下面这个公式来表示：

职业生涯规划 = 知己 + 知彼 + 抉择 + 规划

（一）职业生涯规划的特征

一般说来，职业生涯规划具有四大基本特征。

1. 可行性

职业生涯规划必须依据个人及其所处环境的现实来制定，才能成为能够实现和落实的计划方案，而不是没有依据或不着边际的幻想。学生进行职业生涯规划，要考虑所学的专业或今后从事的职业需要的知识和能力。如果所学非所用，或者不具备理想职业所要求的能力，职业生涯规划就不可行。

2. 适时性

职业生涯规划是对未来的职业生涯目标和未来职业行动的预测。因此，各项活动的实施及完成，都应该有时间和顺序上的安排，以便作为检查行动的依据。

3．灵活性

规划未来的职业生涯目标与行动，涉及很多不确定因素，因此，规划必须有弹性。随着外界环境和自身条件的变化，个人应及时调整自己的职业生涯规划方案，以增加其适应性。

4．持续性

职业生涯目标是人生追求的重要目标，职业生涯规划应贯穿人生发展的每个阶段，通过不断的调整和持续的职业活动安排，最终实现职业生涯目标。

（二）职业生涯规划的分类

职业生涯规划按照实施主体分，可以分为个人职业生涯规划和组织职业生涯规划。本书中主要介绍个人职业生涯规划。个人职业生涯规划按照时间的长短来分，可分为短期规划、中期规划、长期规划与人生规划四种类型。

1．短期规划

2 年以内的规划，主要是确定近期目标，规划近期完成的任务。如对专业知识的学习，2 年内掌握哪些业务知识，等等。

2．中期规划

一般为 2～5 年内的目标与任务。如规划到不同业务部门做经理，规划从大型公司部门经理到小公司做总经理，等等。

3．长期规划

5～10 年的规划，主要设定较长远的目标。如规划 30 岁时成为一家中型公司的部门经理，规划 40 岁时成为一家大型公司副总经理，等等。

4．人生规划

整个职业生涯的规划，时间长至 40 年左右，设定整个人生的发展目标和阶梯。如规划成为一个有数亿资产的公司董事。

个人在进行职业生涯规划时必须合理安排时间。时间跨度太长容易由于环境、自身变数等而难以把握，而时间跨度太短又对个人职业生涯指导的意义太小。所以，一般而言，学生的个人职业生涯规划掌握在 3～7 年较好。这样既便于根据实际情况设定可行目标，又便于随时根据现实的变化而调整规划。

二、学生职业生涯规划的意义

（一）立志成才——帮助学生树立正确的人生观、价值观和就业观

高职学校毕业生是国家宝贵的人才资源，是实现中华民族伟大复兴的生力军。学生应该以科学的方法来正确地、全面地认识自我，了解社会对人才的需要，将个人理想和追求同国家的需要紧密结合起来，树立正确的世界观、人生观、价值观和就业观，确定自己的

发展方向与目标。

（二）实现理想——促进学生明确职业发展目标

美国成功学家拿破仑·希尔在《一生致富》一书中说道："所有成功都必须确立一个明确的目标，当对目标的追求成为一种执着时，所有的行动都会朝这个目标奋进。"一个人追求的目标越高，他的才能发展得越快。职业生涯规划有助于学生通过对自己的综合优势与劣势进行分析，通过对外部职业环境和社会发展形势的了解，通过评估个人目标与现状之间的距离，学会运用科学的方法，设定明确的职业发展目标，采取切实可行的计划和步骤，不断提高自己的综合素质，从而实现自己的理想。

（三）建功立业——帮助学生充分发掘潜能

做好职业生涯规划可以帮助学生正确地认识自我，客观地分析自己的专业特长、兴趣爱好、个性特征、已有的优势和潜在的能力，以便对自己的职业发展进行合理定位，知道自己更适合从事什么样的工作，自己将来有可能在哪些方面获得成功。从而把自己确定在一个最能发挥自己长处的位置，最大限度地发挥潜能，到最适合自己发展的地方去建功立业。

（四）勇于竞争——提高学生的就业能力

目前，就业形势日益严峻，劳动力市场的总量矛盾和结构性矛盾日益突出，学生要想实现充分就业，在竞争激烈的社会中脱颖而出并立于不败之地，就必须提高就业能力。学生必须分析就业形势，了解就业政策，熟悉就业程序，自觉学习和掌握就业知识和就业技能，才能不断提高就业能力，做到主动就业，勇于面对竞争，最终成功就业。

三、学生职业生涯规划的原则

学生在思考自己的职业生涯规划时，应该把个体和社会结合起来，把个体发展与组织发展结合起来，把现在与未来结合起来进行思考。正确的职业生涯规划能使一个人走向成功之路，不正确的职业生涯规划可能使一个人误入歧途。为了正确制定职业生涯规划，学生必须遵循以下原则。

（一）择世所需

择世所需的原则是指学生在确定职业目标时，要把社会需要作为出发点和归宿点，以社会对自己的要求为准绳去观察和认识问题，进而确定自己的职业岗位。在进行职业生涯规划时，一定要分析社会需求，择世之所需。如果漠视社会需求，强调主观的想象，闭门造车，那一定会自食苦果，不能实现职业发展的目标。当前，国家号召学生到祖国最需要的地方去建功立业，也是个人需要服从社会需要的一个体现。

（二）择己所长

择己所长的原则是指学生在选择职业岗位时，要综合自身素质情况，根据自身的特长和优势选择职业岗位，以利于今后在职业岗位上顺利地、出色地完成本职工作。根据自己能力及特长来选择职业岗位，既是胜任工作的需要，又是发挥个人的最大潜力和进行创造性劳动的需要。如果不坚持发挥个人优势的原则去择业，那只会事与愿违，功不成、业不就，贻误自己的前程。学生在发挥自己特长的同时，还要充分认识、主动去适应职业岗位的需要，若是因身体原因、性别原因受限，则不能勉强。

（三）择己所利

职业对每个人而言，是一种谋生的手段，是谋取人生幸福的途径。每个人在规划职业生涯时必将考虑自己的预期收益，这种预期收益要求你实现最大化的幸福，也就是使收益最大化。个人预期收益在于使这些由低到高的需求得到最大的满足，而衡量其满足程度的指标表现在收入、社会地位、职业生涯稳定感与挑战性等方面。不考虑个人利益的职业生涯规划是不合理和不现实的。但是，择己所利必须在履行个人对社会的义务，遵守国家社会法规的前提下来考虑。

（四）独立性

独立性原则是指学生在规划职业生涯时要有自己的主见，能根据自己的志向和判断独立做出选择。每个人在规划职业生涯时，他人及一些社会现象和信息会对自己产生一定的影响。独立性原则就是要求学生头脑清醒，在了解社会现状及发展趋势的情况下，多看书，多浏览网站，多向父母、老师、同学、老乡、亲戚请教，虚心听取别人的意见，最后自己做出正确的决策。人云亦云、随大流的人是没有多大作为的。

（五）主动性

主动性原则是指学生在职业生涯规划实施过程中，要主动出击，积极参与。学生要主动地完善自我，提高自己的素质，在就业前掌握一定的职业技能，为此后在职业竞争中获得成功打下基础。具体表现在主动地了解人才供求信息和规格要求，主动参加各种职业技能培训，主动与用人单位进行联系，主动寻求父母兄长、同学老师、同事朋友的各种帮助，主动开拓就业岗位、自谋职业、自主创业。凡是有主动性的人，是具有积极生活态度的人，容易赢得更多的机会，从而易于取得一定的成就，尽快地实现自己的职业发展目标。

（六）分清主次

面临择业时，摆在学生面前的职业或用人单位是多样的，其工作性质、工作条件、生活待遇、发展方向等不尽相同，且各有各的优劣之处。不可能有十全十美的职业或用人单位，只能权衡利弊、分清主次。过于追求完美，那样只会丧失很多机会而难于就业。学生在规划职业生涯时，一定要搞明白哪是主、哪是次，不能本末倒置，抓住了本该忽视的、与自己关系不大的方面而忘记本应该重视的、与自己紧密相关的方面，错过了真正的好职业，没有达到应该达到的发展程度。

（七）长期性

职业生涯规划一定要从长远来考虑，只有这样才能给人生设定一个大方向，使你集中力量紧紧围绕这个方面做出努力。规划一定要明确，一个个可以实行的行动，各项主要活动何时实施、何时完成，都要有时间和顺序上的妥善安排。同时，人生每个发展阶段的规划应保持连贯性，各具体规划与人生总体规划保持一致，若摇摆不定，前后矛盾，则会浪费各发展阶段的人力资本积累。此外，规划要有弹性，到了一定的时间要视具体情况予以修正，确保规划是可行的、有效的，最终促进学生走向成功。

四、学生职业生涯规划现状

（一）高职学校方面

1. 学生职业生涯规划的理念普及不广

目前，虽然学生职业生涯规划的问题越来越受到各高职学校的重视，但实际普及面还不广。多数学生希望在校期间获得有关职业生涯规划的服务，可是大多数学生对学校开展的职业生涯规划教育感到不满意或仅仅是一般满意。高职学校对学生在校期间关于学生职业生涯规划方面的知识教育不够普及和深入，造成学生虽然对职业生涯规划方面的知识很渴求，但是并没有机会系统地学习相关知识。

2. 时间安排不够合理

职业生涯规划不是一蹴而就的事情，而目前学生职业生涯规划普遍存在于在校期间偶尔开展此类教育课程或讲座，而且大多是针对毕业班学生的。调查结果显示，当前，从第一年就开始经常开展职业生涯规划方面的教育的高职学校还较少。时间安排的不合理，使得职业生涯规划形同虚设，根本不能对学生产生积极的影响。

3. 缺乏专业的指导人员

目前，许多高职学校就业指导中心还没有专门的职业规划师，一般是由做学生工作的老师或思想政治辅导员指导，而这些指导者往往缺乏相应的专业知识和技能。阶段对于学生来说是确定职业取向的关键时期，专业指导人员的缺乏对学生的职业生涯规划影响较大。

（二）个人方面

学生自身也存在一定的问题。如对自身了解不够，职业准备不足，职业价值观模糊。具体表现在以下几方面。

1. 学生职业理想的形成普遍较晚

职业理想是一个人在其世界观、人生观和价值观的指导下，对自己未来从事的职业和发展目标做出的想象和设计，它直接影响个人的职业生涯规划和未来的职业发展。当前许多学生缺乏明确的职业目标。

图1-5 职业规划

2. 学生受"学而优则仕"的官本位观念影响依然较深

学生找工作的前两项选择分别是到政府机关和事业单位工作。政府机关人员特殊的社会地位成为学生"官本位"倾向的重要内在根源，而父母的愿望成为"官本位"观念得以存在和传承的重要外在影响，导致学生在择业时往往眼高手低。

3. 学生对经济待遇的看法出现新变化

当代学生一方面受传统"官本位"观念的影响，另一方面又有其对经济待遇全新的看法。学生在选择职业时，首先注重职业收入，其次注重工作地区。有的学生甚至觉得只要工作单位待遇好，即使不是自己感兴趣的工作也会干。学生虽然非常关注经济待遇，但也逐步形成了人生价值并非一定要通过收入来体现的观念，体现了学生价值取向多元化的特点。

五、学生职业生涯规划中应注意的问题与误区

学生在规划职业生涯的过程中，在自我认识、环境评估、职业定位、计划执行和评估反馈等环节都暴露出一些问题。学生职业生涯规划存在以下几个误区。

（一）忽视职业生涯规划

根据网易的问卷调查，对"你是否对自己的职业生涯有过规划"一问，回答"有规划"的只占被调查者的20%。说明在校学生缺乏职业生涯规划意识的现象比较普遍。缺乏职业生涯规划意识，导致很多人忽视职业生涯规划，对职业生涯规划的重要性认识不够，甚至错误地认为计划赶不上变化，做职业生涯规划无用或用处不大。

（二）把职业生涯规划等同于职业选择

职业生涯规划是一个周而复始的连续过程，其程序包括确定志向、自我评估、生涯机会评估、职业选择、职业生涯路线选择、确定目标、制订行动计划、评估与反馈等。而职业选择，单纯地讲，就是找一份工作，实际上也是根据自身兴趣、爱好、能力等因素选择符合自己工作的一个过程，因而是职业生涯规划中的一个重要环节，但它显然不是职业生涯规划的全部。

（三）急功近利

由于近年来就业压力越来越大，很多学生一进校就准备升学或忙着参加各种考证学习，所以上课和放假期间大部分时间都在学习，较少考虑工作的事情，社会活动也不想参加，怕影响学习；部分学生不根据自己的实际情况盲目考证或参加各种培训；更有见异思迁者，看到这种职业收入高，就想从事这种职业，看到那种职业收入高，又想从事那种职业，而把职业规划抛之脑后。

（四）职业发展期望过高，职业路径设计不合理

不少人只盯住"三大"（大城市、大企业、大机关）和"三高"（高收入、高福利、高地位）单位，很少有人愿意去经济发展相对落后、自然条件相对较差的地区。不少学生选择以考取学位和证书作为发展主路径，作为职业生涯设计的职业目标。还有些人"为保险起见"，准备了四条以上的发展路径，但这些路径的结果差距较大，路径之间也缺乏内在联系，发展方向和路径的模糊不清势必导致在实际选择中的犹豫不决，不利于核心职业目标的实现。

（五）社会实践的方向不够明晰

为了增加"工作经验"，不少人选择了在校兼职，如做家教、促销员和业务员等；为了提高就业竞争力，不少人选择考证来增加"筹码"，整天忙着各种考试；还有人花费大量时间参加各种文体活动，只是为了向用人单位证明其兴趣广泛。总之，学生社会实践缺乏职业方向性，遍地开花，注重量的积累而忽视质的要求，不仅使其疲于奔命，而且增大了盲目性和风险性。

（六）过于追求所谓的"最佳规划"

有些人对经济学讲的"最小成本、最大收益"津津乐道，花费大量时间和精力寻找"最佳规划"，希望"一次规划，终身受益"，在做规划时面面俱到，不愿舍弃，在行动中也不愿从小事做起，碰到困难就不知所措，不会灵活采取调整措施。实际上，由于诸多因素的限制，一个人几乎无法做出十全十美的职业生涯规划，况且，由于外部环境变化和自身认识、能力的提高，职业生涯规划也需要不断调整、与时俱进。

实训策略

练一练：生涯联想

在你的心目中，什么是"生涯"？什么是"生涯发展"？什么是"生涯规划"？请分别画下或写下你对"生涯""生涯发展""生涯规划"的联想，然后与你的伙伴分享你的看法。

第三节　运筹帷幄　提升职业素养

案例分享

[案例1]

英国有一位青年在当装订书报的工人时,听了当时誉满欧洲的化学家戴维的报告之后,把所有的报告整理抄清,装上羊皮封皮,一起邮给戴维。戴维大为感动,就请他来面谈。

这位青年很想在戴维的实验室找份工作,戴维却拒绝了,说:"你年纪也不小了,什么教育都没有受过,还是回到装订车间去吧!"若是一般人,被人拒绝到这种地步,还有什么可说的呢。这位青年则不然,一计不成又生一计。他向戴维请求:"不能当实验员,就让我当勤杂工吧!"

就这样,这位青年就从普通的勤杂工干起,一步一步终于当上了实验室助手,并因此有了一系列的创造发明,他被后人尊称为"电学之父",而且最终的成就还超过了戴维!这位从小事干起并成就大业的人就是大名鼎鼎的法拉第!

点评启示:法拉第给自己创造学习的机会,排解困难,哪怕从小事做起,也坚定自己的方向,通过努力进步,成就了自己。

[案例2]

西安某17届计算机网络专业蔡某伦同学非常热爱动漫事业,熟悉动漫人物,也喜欢品尝美食,还时常自己动手烹饪。综合两个兴趣爱好,他打算"合二为一"——开一家动漫主题餐厅。

他的"职业生涯"在学习期间已经开始了,他把它称作"成长阶段"。期间他半工半读,去餐厅打工学习餐厅管理,熟悉餐厅操作流程,积累经验;也进行了市场调研,初步确定目标市场。通过网络调查法、访问调查法、观察调查法,预期目标市场为17～30岁的动漫爱好者,因为他们有一定的消费能力,年轻又追求新鲜时尚,"顾客"的兴趣爱好比较相似,容易产生共鸣,有利于客源稳定。

学习后期及毕业后1年,是他的"探索阶段",制定了处理资金筹集、餐厅选址、合作伙伴、确定风格等几项要务。他的初步想法是,餐厅的启动资金在15万～20万元;餐厅位置以学生区为第一选择;餐厅以供应西餐为主,加入中式小吃;餐厅布置是主题餐厅的重头,有鲜明的动漫风格,集餐饮、阅览为一体。其实,早在高一时期,他就在杭州网播报了自己的一些设想：服务员 COSPLAY 打扮，不定期变换主题；店内极具动漫氛围，优美的动漫歌曲环绕在你的周围，释放你的压力；菜单中多为精致味美的小点，价格平民而又不失典雅；店内密布各类动漫玩具，看到喜欢的就可以买回去收藏。网友们的热情顶帖，让他更加坚定了理想。

在"发展阶段"，主要任务是做强营销，培养稳定的顾客群，他的预期是年收益为投资额的 30%～50%。在餐厅具有一定口碑声誉后，考虑把餐厅转让套现，进行二次创业，转而从事自己向往的动漫传播业。因为他真正的目标是通过开动漫主题餐厅活动取得第一桶金，积累工作经验和社会阅历，培养人脉资源，为继续从事喜爱的动漫事业打基础。

点评启示："有梦就有将来"，蔡某伦同学从喜欢美食，酷爱动漫，萌发了在"动漫之都"的杭州开一家有特色的"动漫主题餐厅"，这是一个很有创意的创业梦想。在这个梦想中，他明确了职业方向，知道自己将来要做什么，现在该怎么努力，并坚持不懈地朝着梦想努力。

知识链接

一、什么是职业素质

（一）职业素质的概念

简单地说，职业素质是劳动者对社会职业了解与适应能力的一种综合体现，其主要表现在职业兴趣、职业能力、职业个性及职业情况等方面。影响和制约职业素质的因素很多，主要包括：受教育程度、实践经验、社会环境、工作经历以及自身的一些基本情况（如身体状况等）。一般说来，劳动者能否顺利就业并取得成就，在很大程度上取决于本人的职业素质，职业素质越高的人，获得成功的机会就越多。

（二）职业素质的影响因素

影响和制约职业素质的因素很多，主要包括：受教育程度、实践经验、社会环境、工作经历以及自身的一些基本情况（如身体状况等）。一般说来，劳动者能否顺利就业并取得成就，在很大程度上取决于本人的职业素质，职业素质越高的人，获得成功的机会就越多。职业素质是人才选用的第一标准，是职场致胜、事业成功的第一法宝。

（三）职业素质的主要特征

职业素质具有职业性、稳定性、内在性、整体性、发展性等特征。

1. 职业性

不同的职业，职业素质是不同的。对建筑工人的职业素质要求，不同于对护士的职业素质要求；对商业服务人员的职业素质要求，不同于对教师职业的素质要求。

2. 稳定性

一个人的职业素质是在长期执业时间中日积月累形成的。它一旦形成，便产生相对的稳定性。比如，一位教师，经过三年五载的教学生涯，就逐渐形成了怎样备课、怎样讲课、怎样热爱自己的学生、怎样为人师表等一系列教师职业素质，于是，便保持相对的稳定。当然，随着他继续学习、工作和环境的影响，这种素质还可继续提高。

3. 内在性

职业从业人员在长期的职业活动中，经过自己学习、认识和亲身体验，知道怎样做是对的，怎样做是不对的。这样有意识地内化、积淀和升华的这一心理品质，就是职业素质的内在性。我们常说，"把这件事交给小张师傅去做，有把握，请放心"。人们之所以放心他，就是因为他的内在素质好。

4. 整体性

一个从业人员的职业素质是和他整个素质有关的。我们说某同志职业素质好，不仅指他的思想政治素质、职业道德素质好，还包括他的科学文化素质、专业技能素质好，甚至还包括身体心理素质好。一个从业人员，虽然思想道德素质好，但科学文化素质、专业技能素质差，就不能说这个人整体素质好。相反，一个从业人员科学文化素质、专业技能素质都不错，但思想道德素质比较差，同样我们也不能说这个人整体素质好。所以，职业素质的一个很重要的特点就是整体性。

5. 发展性

一个人的素质是通过教育、自身社会实践和社会影响逐步形成的，它具有相对性和稳定性。但是，随着社会发展对人们不断提出的要求，人们为了更好地适应、满足、促进社会的发展的需要，总是不断地提高自己的素质，所以，素质具有发展性。

二、 你该具备哪些职业素质

学生无论从事何种职业，都必须具备一定的职业素质。不同职业对素质的要求是不同的。对职业的适应与不适应，主要取决于人的职业素质是否达到了职业的要求，不同的职业对人的要求就是对其职业素质的特殊要求。如果缺乏良好的职业素质，即使职业岗位提供的条件再好也无济于事。学生应该具备以下几项基本职业素质。

（一）身体素质

指体质和健康（主要指生理）方面的素质。身体在人发展的每个阶段都是重要的，要时时保持健康的身体。有很多学生因为身体原因而丧失了工作机会，也有些学生因身体健康状况不佳，不能适应现代社会的工作节奏，影响了工作和个人发展。

（二）心理素质

指认知、感知、记忆、想象、情感、意志、态度、个性特征（兴趣、能力、气质、性格、习惯）等方面的素质。部分学生自我心理调节能力相对滞后，在择业就业过程中出现精神焦虑、无所适从的状况，这也是不能主动积极地适应社会的表现。因此，学生在校期间就要加强体育锻炼，增强体质，提高认知能力，保持身心健康，提高就业竞争力。

（三）政治素质

指政治立场、政治观点、政治信念与信仰等方面的素质。

（四）思想素质

指思想认识、思想觉悟、思想方法、价值观念等方面的素质。思想素质受客观环境等因素影响，例如家庭、社会、环境等。思想品质是基础，是根基。一个人无论从事何种职业，首先要学会做人，学会尊敬别人，尊重别人的劳动，有社会公德、职业道德、家庭美德和个人品德。确立正确的世界观、人生观和价值观，养成良好的思想品质，是职业素质中的首要素质。

（五）道德素质

指道德认识、道德情感、道德意志、道德行为、道德修养、组织纪律观念方面的素质，也就是通常所说的要有职业道德感。

（六）科技文化素质

指科学知识、技术知识、文化知识、文化修养方面的素质。

（七）审美素质

指美感、审美意识、审美观、审美情趣、审美能力方面的素质。当前，很多学生缺乏审美观，对美的理解比较狭隘，不能通过审美陶冶情操，提升品位。审美素质是一种发现美、体验美的主观感受。审美素质的培养应着重培养美感、审美意识、审美观、审美情趣和审美能力等五个方面的培养。

（八）专业素质

指专业知识、专业理论、专业技能、必要的组织管理能力等。高职高专学校的人才培养目标就是培养高技能专业人才，学生在校期间要努力学习专业本领，在就业竞争中才能突显出自己的专业优势。专业素质的培养着重专业知识、专业理论、专业技能、必要的组织管理能力等。

（九）社会交往和适应素质

主要是语言表达能力、社交活动能力、社会适应能力等。社交适应是后天培养的个人能力，职业素质的另一核心之一，侧面反映个人能力。"人脉"是就业的重要基础，也是事业成功的重要保证和依据。学生应与比自己优秀的人交往，这样才会学到更多的知识及人际交往艺术，自己才会进步。社会交往和适应素质的培养应着眼于语言表达、社交、社会适应能力三方面。

（十）学习和创新方面的素质

主要是学习能力、信息能力、创新意识、创新精神、创新能力、创业意识与创业能力等。学习和创新是个人价值的另一种形式，能体现个人的发展潜力以及对企业的价值。学习是一个终身的任务，创新意识和能力来源于不断的学习过程。当今科技发展日新月异，要想不落后于时代，走在时代的前列，就必须终身学习。因此，学生一定要培养和提高自身的学习能力和创新能力，才能适应社会快速发展的需要。

三、正确规划职业生涯

正确规划职业生涯，需要做到"三定"，即"定向""定点""定位"。

（一）"定向"

方向定错了，距离目标会越来越远，还要重新走回头路，付出较大的代价。在通常情况下，职业方向由本人所学的专业确定。但现实的情况是，很多人毕业后，并不能完全按照自己所学的专业来选择工作，"学非所用"的情况比比皆是。在这种情况下，就需要认真考虑，选择适合自己的职业岗位。有些学子在学校里读了双学位，拿了多种职业等级证书，就业时就比别人多了一些机会。

（二）"定点"

所谓"定点"，就是定职业发展的地点。比如有些人毕业后选择去大城市，有些选择到中小城市发展，有的则选择去边疆、西北地区，这都无可厚非。但应该综合多方面因素考虑，不可凭一时冲动。比如有的人毕业留在大城市，认为那里经济发达，薪资水平较高，但忽略了竞争激烈、观念差异、心理承受能力，甚至气候、水土等因素，结果不久后又要跳槽。频繁更换地点，今天在这里，明天到那里，对职业生涯的发展弊多利少。

（三）"定位"

择业前要对自己的水平、能力、薪资期望、心理承受力等进行全面分析，做出较准确的定位。不可悲观，给自己定位过低；更不要高估自己，导致期望值过高。不要过分在意公司的名气，薪资的高低。只要这家公司、这项岗位适合自己，是自己所向往和追求的，就应该去试一试，争取被录用。确立从基础做起，逐步积累经验，循序渐进，谋求发展的思想理念。这样对你的职业生涯会有好处。

其实最重要的一"定"，就是"定心"。心神不定，朝三暮四，怎能准确地"定向、定点、定位"呢？因此，无论做什么，都需要"定心"。"三定"就是解决职业生涯设计中"干什么""何处干""怎么干"这三个最基本的问题。

图1-6 职业定位

态度改变

如何解决学生职业生涯规划的问题。

一、理念上的更新和统一

首先,高职学校自身要认识到职业生涯规划对学生发展、学校发展、社会发展的重要性,并把它作为实实在在的工作来开展,而不是流于形式或者为了完成任务。其次是高职学校就业指导中心要做好宣传和教育的工作,让学生主动地、热情地、负责地参与到自己的职业生涯规划活动中来。再次是要做好学校与学校之间、地区与地区之间的沟通和交流工作,互相吸取经验,借鉴方法,更好地促进学生职业生涯规划在全国的各所高职学校中开展起来。

二、合理安排时间

从目前学生职业生涯规划的时间安排来看,解决的关键是有针对性地进行。应针对不同年级确立不同的目标,并开展不同的指导。例如,一年级时使学生认识到职业生涯规划的重要性,初步了解职业内容,了解自我。可以在新生入学教育中强调职业的发展应从学生入校开始,带领新生参观高年级学生的实习基地,了解未来工作的基本条件,组织新生与高年级学生座谈,听取高年级学生在学习和就业方面的建议和经验,邀请专家,举办学生职业生涯规划必要性方面的讲座,鼓励学生参加学生社团活动。学年末,建议学生写自我总结,剖析对个人能力和未来职业等方面的认识和体会。二、三年级时,力争使学生了解社会需求情况,掌握一定的求职技巧,利用多种渠道收集与就业相关的信息,初步确定自己长期发展的目标,可用的途径有:开设职业生涯规划辅导课、邀请社会上不同行业的人士来介绍本行业的发展趋势和对人才的要求等。四年级时,通过各种职业生涯规划的教育指导,使学生顺利就业或继续深造,可以督促学生对前三年的准备做总结,检验已确立的职业目标是否明确，准备是否充分，组织学生参加招聘辅导班，帮助学生完善求职材料，举办就业政策、就业程序的讲座，组织学生毕业实习，等等。

三、开发一套适合学生的职业生涯规划系统

学生群体的特殊性决定了他们进行职业生涯规划的特殊性。因此，高职学校就业指导中心有必要选择专业化的评价工具，或者凭借内部专业人员的力量进行开发，或者联合外部的测评机构共同开发。学生职业生涯规划系统工具的开发是一项具有重大实际意义的工作，需要开发者从学生自身的特点出发，注重专业性、实践性和经济性的结合。

四、建立高素质的专业指导队伍

一方面，加强对就业指导中心教师的专业技能培训，使他们掌握职业生涯规划的知识和程序，往专业化的方向发展。另一方面，通过引进专业人士来加强师资队伍建设。如引进心理学专业人员或从事职业研究的相关人员，他们一般都具备职业生涯规划的知识，不仅能够对学生进行指导，而且还能为他们进行实际的规划。

五、加强对学生的思想道德教育、就业形势教育和素质教育

引导学生转变择业观念，树立科学的就业观念和成才观念。高职学校从 1999 年扩招以后，我国职业教育迅速走向大众化阶段，学生的就业市场由过去的"卖方市场"走向"买方市场"，学生的就业也由过去的"精英"走向"大众"。这样，一部分学生会走向社会的精英岗位，另一部分学生将从事与大众化相适应的"蓝领工作"，成为高级蓝领。因此，我们教育工作者应教育引导学生深入社会、了解社会、服务社会，自觉地将个人的奋斗目标与祖国和民族的命运紧密相连。根据社会需求、所学专业、个人兴趣与能力特长进行职业生涯规划，合理确定择业目标，克服盲目高攀、急于求成、眼高手低、择业观念淡漠、"等靠要"思想等错误观念，树立大众化的就业观念，引导学生从认知、知识、能力、心理等方面做好充分的就业准备，尤其要提高自身的能力和素质，增强自己的核心竞争力。

实训策略

练一练 1：制作"我的规划书"

根据自己的实际情况填写下表，并在每个学期填写一次，然后对比自己生涯规划的修订状况和实现程度。

表1-2 我的规划书

姓名		性别	
我的特长			
我的人生偶像			
我的人生理想			
我的理想职业			

就业成本积累		学业目标	
		素质完善目标	
		活动或工作	
X X X X 学 期	自我人格完善	个人特殊能力发展	
		养成一个好习惯	
		克服一个毛病	
		本学期自勉的话	
其他目标			

练一练2：填写职业生涯规划简表

1. 如果用一句话描述我的个性或特质，我是 _____。

2. 我所具备的能力或专长是 _____。

3. 我最重视的价值观或最看重的是 _____。

4. 到目前为止，我生活中最大的成就是 _____（三项）。

5. 到目前为止，我生活中最大的挫折是 _____（三项）。

6. 我最理想的工作是 _____。

7. 我最理想的生活形态是 _____。

8. 我最理想的工作与我最理想的生活形态结合成 _____工作。

9. 我的长期目标是 _____。

10. 我的中期目标是 _____。

11. 我的短期目标是 _____。

12. 这些目标从我目前的状况看来，实现的可能性如何 _____。

13. 我目前暂时决定要做的事情是 _____，理由是 _____。

第二章 清楚认识自我 树立职业目标

"认识你自己!"据说这是镌刻在古希腊宗教中心戴尔菲阿波罗神庙墙上的一句箴言,又据说古希腊哲学家苏格拉底曾对这句话进行过论证和解说,更据说,这句箴言是古希腊哲学中一个重要的命题,深深地影响了人类两千多年来的思辨和认识。而职业生涯规划,重在认识你自己。

本章主要介绍职业生涯规划中与自我认知有关的概念,帮助学生从兴趣、需要、性格、价值观、能力、气质等方面做出清晰的自我认知和正确的自我评价,从而帮助学生认清自我,发现优势,实现人职匹配。

第一节 职业价值观与自我定位

案例分享

[案例1]

为所爱专业退学

重庆男孩刘某第一次参加高考，由于他的入学成绩低于他所填报专业的要求，他被调剂到化工系。在高职的几年中，虽然不喜欢该专业，但刘某一直努力使自己适应专业的学习，成绩也一直很好。2017年，刘某毕业了，并专升本了××大学化学反应工程专业，直接攻读本科。随着学习的不断深入，他逐渐认识到"化工"并不适合自己。他仔细地分析了自己，在所有的科目中，他的数学一直是弱项；但形象思维很强，小时候学习书法、画画，都获过国家级奖项。"我觉得一直萦绕脑际的那个想法开始清晰，我应该学那种和工科、文科、文学、艺术、绘画结合的学科，我是那样的料！"。

2018年3月，刘某经过深思熟虑，毅然退学，希望能重新选择自己喜欢的专业。他随后参加了2018年的高考，高考志愿表只填了"建筑"一个专业，而且不服从调剂。最终他以644分的成绩考取了××大学建筑系，开始了第二次本科生涯……在接受记者采访时，刘某说："我的选择在别人眼中可能会很特别，但是对我来说这是一个比较合理的选择。这决定了自己以后究竟是在一个自己不感兴趣的专业里痛苦地挣扎，还是在一个喜欢的专业里很快乐地做事。我花5年的时间能够找到自己比较感兴趣的专业，我想我还是比较幸运的。"

对于刘某的选择，有些人表示理解和支持。有些人则认为刘某的选择有些草率。毕竟，用5年的时间来换取一个专业成本太大了，而且认为他的这种行为是对教育资源的浪费。喜欢一个专业，完全可以以其他形式，比如选修、自学等方式来学习，不一定非要再从本科读起。23岁的学生同十八九岁的学生相比，在学习上并没有优势，毕业之后在就业上也没有优势。

点评启示：刘某的案例虽然是个别事件，但是他所面临的问题却是普遍存在的。在许多可选择的道路面前，怎样的选择才是好的。刘某用五年的时间发现自己的专业兴趣方向、自己的潜能、自己的价值观，做出一个出于他意愿的、能够给他带来快乐感的选择。这对于其他人来讲是一种启示：科学、正确、及时的自我认知对于做出正确的选择具有重要的意义。

[案例2]

晓光，2016年7月毕业于上海某机电专业，在校期间曾担任学生会干部，参与组织过多种活动，英语口语流利，对电脑软件和系统有一定的钻研。毕业后在某集团担任机械设计工程师，工作相对稳定，但机械设计工作的性质及发展前途与其价值观以及兴趣特长等存在较大的差异。晓光评价自己的工作是"虽然能把里面学到的知识运用到工作中，但感觉自己最擅长的英语口语和金融方面的知识并没有得到发挥"。他当前最大的困扰是：适合做什么工作？怎样才能让自己热爱工作？怎么做才能得到更好的发展？职业定位究竟是什么？

通过现场一对一沟通，职业规划专家发现，晓光的学习、组织协调、沟通和社会活动等方面的能力非常强，自我成就动机强烈，对自己有极高的要求和期望，这是他非常重要的核心竞争优势。他在现有的工作中找不到工作激情和成就感，能力与潜质无法得到展现与释放，对目前的组织气氛不太认同，表现出一定的跳槽意愿，最重要的是他认为目前的发展机会极为渺茫，工作价值感很低。

点评启示：晓光的职业倾向偏社会型，目前除与工作中各类人员打交道外，他几乎很少有与外界接触的机会，这无疑在很大程度上限制了他的潜质。因此，必须对他的职业性格、兴趣、能力进行分析。最适合他的职业路线为：技术+管理/咨询/培训，前期主要是技术知识和经验的积累，后期再向管理、咨询、培训方向发展。适合的职业范畴是某行业专业的咨询顾问或讲师，如金融行业的投资顾问、个人理财顾问，或专业的教育咨询机构中的管理顾问、教育顾问，另外也可以在外资企业担任培训讲师。但实现这些中长期发展目标的前提是，他需要精通某行业某项职能领域的知识、业务流程和管理模式。

知识链接

一、职业生涯规划中的自我认知

（一）什么是自我认知

自我认知（self-cognition）也叫自我意识，是个体对自己存在的觉察，包括对自己的行为和心理状态的认知。自我认知是对自己的洞察和理解，包括自我观察和自我评价。其中自我观察是指对自己的感知、思维和意向等方面的觉察；自我评价是指对自己的想法、期望、行为及人格特征的判断与评估。

清晰的自我认知对做好职业生涯规划有着重要的影响。恰当地认识自我，实事求是地评价自己，是自我调节和人格完善的重要前提。良好的自我认识对一个人在职业生涯中能否成功，占有关键性的地位。一个人如果觉得自己是个有价值的人，就会变成有价值的人，做有价值的事，而且拥有一些有价值的事物。反之，倘若觉得自己一文不值，在行动上就容易消极懈怠。

（二）自我认知有哪些方法

自我认知的方法主要分为两大类，一类是非正式方法，另一类是正式测评法。

1．职业生涯规划中的自我认知非正式方法

（1）自我观察、自我内省。一方面，可以从我与事的关系认识自我，即我从做事的经验中了解自己。另一方面，从我与己关系中认识自我，即"自己眼中的我"。个人实际观察到客观的我，包括身体、容貌、性别、年龄、职业、性格、气质、能力等。此外，还可以反省"自己心中的我"，也指自己对自己的期许，即"理想我"。

（2）他人反馈。即"别人眼中的我"，与别人交往时，由别人对你的态度，情感反映而觉知的我。不同关系的人对自己的反应和评价不同，它是个人从多数人对自己的反应中归纳出的统觉。

2．职业生涯规划中的自我认知正式测评方法

自我认知的正式测评法，是指借助专门的测评工具进行自我测试，通过自己回答有关问题来认识自己、了解自己的一种方法，比较简单方便。自我测试的内容包括：性格测试、气质测试、记忆力测试、创造力测试、智能测试、分析能力测试、人际关系测试、团队凝聚力测试、沟通能力测试、管理能力测试、职业兴趣测验、智力测验、情商测验等。测试可以采用问卷测试和计算机测试的方式。常用的标准化测评工具有：职业能力倾向测验的一般能力倾向测验（GATB）、瑞文推理测验（SPM）、行政职业能力倾向测验（AAT）等。

二、职业规划中自我认知的维度

（一）价值观与职业

需要是个体对内外环境的客观需求在脑中的反映，人有物质需要和精神需要两个方面。它既是一种主观状态，也是一种客观需求的反应。它常以一种"缺乏感"体验着，以意向、愿望的形式表现出来，最终导致为推动人进行活动的动机。

马斯洛需求层次理论（Maslow's hierarchy of needs），亦称"基本需求层次理论"，是行为科学的理论之一，由美国心理学家亚伯拉罕·马斯洛于1943年在《人类激励理论》论文中所提出。该理论将需求分为五种，像阶梯一样从低到高，按层次逐级递升，分别为：生理需求、安全需求、情感和归属的需求、自我尊重的需求、自我实现的需求。另外两种需要：求知需要和审美需要。这两种需要未被列入他的需求层次排列中，他认为这二者应居于尊重需求与自我实现需求之间。还讨论了需要层次理论的价值与应用等。只有当低层次的需求基本满足以后，个人才有可能关注并致力于下一层次需求的满足。这些需求体现在我们的生活中，就成为我们的价值观。

价值观是指个人对客观事物（包括人、物、事）及对自己的行为结果的意义、作用、效果和重要性的总体评价，是对什么是好的、是应该的总看法，是推动并指引一个人采取

决定和行动的原则、标准，是个性心理结构的核心因素之一。

职业价值观是指人生目标和人生态度在职业选择方面的具体表现，也就是一个人对职业的认识和态度以及他对职业目标的追求和向往。理想、信念、世界观对于职业的影响，集中体现在职业价值观上。

职业专家通过大量的调查，把职业价值观分为九大类，并将个人适合的职业类型与之相对应。

1. 自由型（非工资生活者型）

该类型职业价值观的人不受别人指使，凭自己的能力拥有自己的小"城堡"，不愿受人干涉，想充分施展本领。适合此职业类型的职业有室内装饰专家、摄影师、音乐教师、作曲家、编剧、雕刻家、漫画家等艺术性职业。

2. 小康型

该类型职业价值观的人优越感很强。渴望能有社会地位和名誉，希望常常受到众人尊敬。欲望得不到满足时，由于过分强烈的自我意识，有时反而很自卑。适合此职业类型的职业有记账员、会计、银行出纳、法庭速记员、成本估算员、税务员、核算员、打字员、办公室职员、计算机操作员、统计员、秘书等。

3. 支配型（权力型）

该类型职业价值观的人妄想做"一把手"，无视他人的想法，且视此为无比快乐。适合此职业类型的职业有推销员、进货员、商品批发员、旅馆经理、饭店经理、广告宣传员、调度员、律师、政治家、零售商等。

4. 自我实现型

该类型职业价值观的人一心一意想发挥个性，追求真理。不考虑收入地位及他人对自己的看法，尽力挖掘自己的潜力，施展自己的本领，并视此为有意义的生活。适合此职业类型的职业有气象学家、生物学家、天文学家、药剂师、动物学者、化学家、报刊编辑、地质学者、物理学者、数学家、实验员、科研人员、科技工作者等。

5. 志愿型

该类型职业价值观的人富于同情心，把他人的痛苦视为自己的痛苦，把默默地帮助不幸的人视为无比快乐。适合此职业类型的职业有社会学家、福利机构工作者、导游、咨询人员、社会工作者、社会科学教师、护士等。

6. 技术型

该类型职业价值观的人认为立足社会的根本在于一技之长。因此，钻研一门技术，认为靠本事吃饭既可靠，又稳当。适合此职业类型的职业有木匠、农民、工程师、飞机机械师、自动化技师、野生动物专家、机械工、电工、司机、机械制图等。

7. 经济型（经理型）

该类型职业价值观的人认为世界上的各种关系都建立在金钱的基础上，包括人与人之间的关系，甚至父母与子女之间的爱也带有金钱的烙印。这种类型的人确信，金钱可以买到世界上所有的幸福。各种职业中都有这种类型的人，商人为甚。

8. 合作型

该类型职业价值观的人人际关系较好，认为朋友是最大的财富。适合此职业类型的职业有公关人员、推销人员、秘书等。

9. 享受型

该类型职业价值观的人喜欢安逸的生活，不愿从事任何挑战性的工作。无固定职业类型。

由于个人的身心条件、年龄阅历、教育状况、家庭影响、兴趣爱好等方面的不同，人们对各种职业有着不同的主观评价。各类职业在人们心目中的声望地位便也有好坏高低之见，这些评价都形成了人的职业价值观，并影响着人们对就业方向和具体职业岗位的选择。职业价值观决定了人们的职业期望，影响着人们对职业方向和职业目标的选择，决定着人们就业后的工作态度和劳动绩效水平，从而决定了人们的职业发展情况。

当代学生职业价值观具有以下特点：一是职业价值观念趋于理想化、模糊化、现实化；二是在职业价值目标上过分强调自我价值而忽视社会价值；三是职业价值取向的自主性与矛盾性并存；四是职业价值实现手段多元化。

总之，职业发展成功还是失败的判别标准是职业所带来的生活方式是否符合价值观。如果在职业生活中找到了自己的价值观，那么工作变得有意义、有目的，工作会是一种乐趣。

（二）气质与职业

气质是指一个人心理活动动力特点的总和。早在公元前5世纪，古希腊医生希波克拉底就提出了气质的概念。他认为人体内有四种体液，根据人体内占优势的体液不同，他将气质概括为四种类型：胆汁质、多血质、粘液质、抑郁质。这一分类尽管缺乏科学的根据，但在日常生活中确实能看到这四种类型的典型代表。

后来，苏联生理学家巴甫洛夫关于高级神经活动学说为气质分类提供了科学基础。巴甫洛夫揭示神经系统有三种特性，即兴奋和抑制的强度、兴奋和抑制的平衡性、兴奋和抑制相互转换的灵活性。这三种神经活动的特性，形成四种最典型的结合，即高级神经活动的四种基本类型：兴奋型、活泼型、安静型、抑制型。这四种基本类型与气质的分类是相应的，每种气质分属不同的神经类型并伴随特定的行为特征。

1. 胆汁质

胆汁质的人的神经类型属于兴奋型，即具有强烈的兴奋过程和比较弱的抑制过程。在情绪活动中，一般表现出脾气暴躁、热情开朗、刚强直率、果敢决断，但往往易于激动，不能自制。在行动方面胆汁质的人表现出精力旺盛、反应迅速、行动敏捷、动作有力，对工作有一股烈火般的热情，能以极大的热情投身于自己所从事的事业，能够同艰难困苦作勇敢坚决的斗争。但这种人的工作特点带有周期性，当精力消耗殆尽时，便会失去信心，由狂热转为沮丧，甚至半途而废、前功尽弃。在思维方面，胆汁质的人接受能力强，对知识理解得快，但粗心大意，考虑问题往往不够细致。一般来说，胆汁质的人大多是热情而性急的人。

2. 多血质

多血质的人的神经类型是活泼型，神经过程具有强、平衡而且灵活的特点。多血质的人一般都有很高的灵活性，容易适应变化的生活条件，在新的环境中不感到拘束，他们善于交际，能很快同别人接近并产生感情。多血质的人大多机智、聪敏、开朗、兴趣广泛，能迅速把握新事物。在行动方面反应迅速而灵活，在从事复杂多变和多样化的工作中往往成绩显著。但是他们的兴趣不够稳定，注意力容易转移，一旦没有足够的刺激的吸引，常常会变得厌倦而怠惰，开始所具有的热情会很快冰消瓦解。

3. 粘液质

粘液质的人的神经类型属于安静型，其神经过程具有强、平衡，但不灵活的特点。粘液质的人的情绪不易激动，经常表现得心平气和，不轻易发脾气，不大喜欢交际，对人不会很快产生强烈的情感。这种人反应比较慢，行动比较迟缓，但是冷静、稳重、踏实，不论环境如何变化，都能保持心理平衡。粘液质的人善于克制自己的冲动，能严格地遵守既定的生活秩序和工作制度，他们的情绪和兴趣都比较稳定，态度持重，具有较好的坚持性，常常表现得有耐心、有毅力，一旦对自己的力量做好了估计，选定了目标，就能一干到底，不容易受外界的干扰而分心。不足之处是不够灵活，有惰性。粘液质的人大多是一些沉静而稳重的人。

4. 抑郁质

抑郁质的人的神经类型属于抑制型，也可称为弱型。这种人具有高度的情绪易感性，而且情感体验深刻、有力、持久。他们往往为一些微不足道的缘由而动感情，在情绪上产生波动和挫折，但却很少在外表上表现自己的情感。抑郁质的人外表温柔、恬静，在行动上表现得非常迟缓，常常显得忸怩、腼腆、优柔寡断、迟疑不决。他们尽量摆脱出头露面的活动，喜欢独处，不愿意与他人交往。在遇到困难和危险时，常常有胆怯畏缩、惊惶失措的表现。但是，抑郁质的人具有较高的敏感性，他们思想敏锐，观察细致，谨慎小心，常常能观察到别人观察不到的东西，体验到别人体验不到的东西，有的心理学家把抑郁质的人的这种特点称为艺术气质。抑郁质的人大多是一些情感深厚而沉默寡言的人。

以上是四种典型的气质及其行为表现。在现实生活中，单独属于上述典型气质类型的人是很少的，大多数人都是以某一类型的气质为主、同时兼有其他类型的一些特点，即属于中间类型。虽然人们的气质各不相同，但气质本身并无好坏之分。每种气质类型的特点，都具有好的一面，又有不好的一面。一个人的气质不能决定一个人的社会价值，也不能决定一个人的工作成就。但是，现实中的每一种职业和工作都有特定的性质和内容，对工作人员的气质也都具有一定的要求。一般而言，对于普通职业或工作，应尽可能使气质与工作要求相一致，当一个人的气质特点符合工作要求时，这个人就比较容易适应，工作起来也比较轻松；反之适应起来就困难些，工作起来就比较费劲。此外，在组织群体时，应考虑群体成员的气质互补，从而促进生产群体工作任务的圆满完成。

三、明确你的优劣势

审视自我、自我评估的目的，是熟悉自己、了解自己。因为只有熟悉了自己，才能对自己的职业做出正确的选择，才能选定适合自己发展的职业生涯路线，才能对自己的职业生涯目标做出最佳抉择。学生们有必要按照职业生涯规划理论加强对自身的认识与了解，找出自己感兴趣的领域，确定自己能干的工作。

（一）优势分析

优势分析，即对已表现出的能力与潜力进行分析，通过对自己以往的经历及经验的分析，找出自己的专业特长与爱好，这是职业设计的第一步。

1．你曾经做过什么

即你已有的人生经历和体验，如在学校期间担当的职务，曾经参与或组织过的实践活动，获得过的奖励等。经历是个人最宝贵的财富，往往从侧面可以反映出一个人的素质、潜力状况，因而备受招聘组织的关注，同时这也是自我简历的亮点所在和重要组成部分，绝对不能忽视。在自我分析时，要善于利用过去的经验选择，推断未来的工作方向与机会。

2．你学习了什么

即你在学校期间，你从学习的专业中获取过什么收益，参加过什么社会实践活动，提高和升华了哪方面知识。专业也许在未来的工作中并不起多大作用，但在一定程度上决定你的职业方向，因而，尽自己最大努力学好专业课程是生涯规划的前提条件之一。学生要善于从中总结，真正化为自己的能力。

3．你最成功的是什么

你可能做过很多，但最成功的是什么？为何成功，是偶然还是必然？是否在自我的能力范围之内？通过分析，可以发现自我性格优越的一面，譬如坚强、果断，以此作为个人深层次挖掘的动力之源和魅力闪光点，这也是职业规划的有力支撑。寻找职业方向，往往是要从自己的优势出发，以己之长立足社会。

（二）劣势分析

1．性格弱点

卡耐基曾说，人性的弱点并不可怕，要对弱点有正确的认识，认真对待，尽量寻找弥补、克服的办法，使自我趋于完善。因此，要注意安下心来，多跟别人学习交流，尤其是与自己相熟的人如父母、同学、朋友等交谈。看看别人眼中的你是什么样子，与你的预想是否一致，找出其中的偏差，这将有助于自我提高。

2．经验或经历中所欠缺的方面

也许你曾多次失败，就是找不到成功的捷径，需要你做某项工作，而之前从未接触过，这都说明经历的欠缺。欠缺并不可怕，怕的是自己还没有认识到，而一味地不懂装懂。正确的态度是：认真对待，善于发现，并努力克服和提高。

通过对自己的分析，旨在深入了解自身，根据过去的经验选择，推断未来可能的工作方向与机会，从而明确自己"我能干什么""社会可以提供给我什么机会""我选择干什么""我怎么干"等问题，使理想可操作化，为介入社会提供明确方向。

四、了解"职业锚"的类型

职业锚（career anchor），又称职业系留点。职业锚，实际就是人们选择和发展自己的职业时所围绕的中心，是指当一个人不得不做出选择的时候，他无论如何都不会放弃的职业中的那种至关重要的东西或价值观。职业生涯发展实际上是一个持续不断的探索过程，在这一过程中，每个人都在根据自己的天赋、能力、动机、需要、态度和价值观等慢慢地形成较为明晰的与职业有关的自我概念。一个人对自己越来越了解，他就会越来越明显地形成一个占主要地位的职业锚。

职业锚理论产生于在职业生涯规划领域具有"教父"级地位的美国麻省理工学院斯隆商学院，由美国著名的职业指导专家埃德加·H·施恩（EdgarH.Schein）教授提出。

职业锚问卷是一种职业生涯规划咨询、自我了解的工具，能够协助组织或个人进行更理想的职业生涯发展规划。职业锚问卷是国外职业测评运用最广泛、最有效的工具之一。1978 年，美国埃德加·H·施恩教授提出的职业锚理论包括五种类型：自主/独立型职业锚、创业型职业锚、管理型职业锚、技术/职能型职业锚、安全/稳定型职业锚。在 20 世纪 90 年代，又发现了三种类型的职业锚：挑战型、生活型、服务型职业锚。施恩先生将职业锚增加到八种类型，并推出了职业锚测试量表。

（一）技术/职能型（technical functional competence）

技术/职能型的人，追求在技术/职能领域的成长和技能的不断提高，以及应用这种技术/职能的机会。他们对自己的认可来自他们的专业领域，他们喜欢面对来自专业领域的挑战。他们一般不喜欢从事一般的管理工作，因为这将意味着他们放弃在技术/职能领域的成就。

（二）管理型（general managerial competence）

管理型的人追求并致力于工作晋升，倾心于全面管理，独自负责一个部分，可以跨部门整合其他人的努力成果，他们想去承担整个部分的责任，并将公司的成功与否看成自己的工作。具体的技术/职能工作仅仅被看作是通向更高、更全面管理层的必经之路。

（三）自主/独立型（autonomy independence）

自主/独立型的人希望随心所欲安排自己的工作方式、工作习惯和生活方式。追求能施展个人能力的工作环境，最大限度地摆脱组织的限制和制约。他们宁愿放弃提升或工作扩展机会，也不愿意放弃自由与独立。

（四）安全／稳定型（security stability）

安全／稳定型的人追求工作中的安全与稳定感。他们可以预测将来的成功从而感到放松。他们关心财务安全，例如：退休金和退休计划。稳定感包括诚言、忠诚以及完成老板交代的工作。尽管有时他们可以达到一个高的职位，但他们并不关心具体的职位和具体的工作内容。

（五）创业型（entrepreneurial creativity）

创业型的人希望使用自己能力去创建属于自己的公司或创建完全属于自己的产品（或服务），而且愿意去冒风险，并克服面临的障碍。他们想向世界证明公司是他们靠自己的努力创建的。他们可能正在别人的公司工作，但同时他们在学习并评估自己将来的机会。一旦他们感觉时机到了，他们便会自己走出去创建自己的事业。

（六）服务型（serviceDedication to a cause）

服务型的人指那些一直追求他们认可的核心价值，例如：帮助他人，改善人们的安全，通过新的产品消除疾病。他们一直追寻这种机会，即便这意味着即使变换公司，他们也不会接受不允许他们实现这种价值的工作变换或工作提升。

（七）挑战型（pure challenge）

挑战型的人喜欢解决看上去无法解决的问题，战胜强硬的对手，克服无法克服的困难障碍等。对他们而言，参加工作或职业的原因是工作允许他们去战胜各种不可能。新奇、变化和挑战是他们的终极目标。如果事情非常容易，他马上会变得非常令人厌烦。

（八）生活型（lifestyle）

生活型的人喜欢允许他们平衡并结合个人的需要、家庭的需要和职业的需要的工作环境。他们希望将生活的各个主要方面整合为一个整体。正因为如此，他们需要一个能够提供足够的弹性让他们实现这一目标的职业环境。甚至可以牺牲他们职业的一些方面，如：提升带来的职业转换，他们将成功定义得比职业成功更广泛。他们认为自己在如何去生活，在哪里居住，以及如何处理家庭事物，及在组织中的发展道路是与众不同的。

对于学生来说，职业锚理论在职业生涯规划和就业选择过程中也有非常积极的作用。

1. 帮助认识自我

认识自我的方法有很多，比如职业测试等。寻找并确定职业锚，实际上也是个人自我真正认知的过程——认识自己具有什么样的能力、才干，自己最需要的是什么，职业价值观是什么，通过不断地反省和整合达到自己职业生涯的最佳状态。

2. 确定职业目标

学生在进行职业生涯规划时，可以通过分析自己的职业生涯系留点，确定自己的职业方向，对自己今后的职业发展道路进行有针对性的设计和准备，并通过参加相应的培训、学习、实践，为职业生涯的成功奠定基础。

3. 选择毕业方向

学生完成学业临近毕业时，会面临很多种选择：继续深造抑或直接就业？是在外资企业还是国有大企业？是先求立足还是先求发展？运用职业锚的理论和观点，我们能够逐步明确自己最想、最希望得到的东西，从而确定自己近一段时期内的奋斗中心。

行为养成

从校园生活到现实生活的转变过程可能会非常艰难，但是如果你能保持乐观的心态，这段时间也可以是充满乐趣、令人兴奋的。想要提升你的乐观情绪并取得进步吗？遵循以下这些能让你保持乐观情绪的建议，你将会在从校园到职场的转型期里茁壮成长。

五招让毕业生笑傲职场。

一、和同学保持联系

和好伙伴们同吃同住同行度过了时光，毕业后的生活确实让人感觉十分寂寞。是否有些失落呢？找一个能真正理解你内心的朋友，也可以向那些和你有同感的朋友倾诉。

二、建立一个职业网络

找工作无疑会让你压力巨大，建立一个年轻专业人员的强大网络会让你的求职变得容易些。你认识的人越多，你就越有可能获得一种有价值的关系，这将有助于你找到工作。刚开始可以在商务化人际关系网或社交网络上寻找联系人，之后可以给可能会帮助你的朋友和父母发电子邮件。每一点努力都会让你感到成就感，也会让你多一份自信。

三、向专家学习

有挫败感，毫无创意？搜索一下，寻找当地和你的工作领域相关的讲座。出席专题讨论会，加入和工作相关的团体，并且尽可能多地阅读你渴望加入的产业相关的书籍。朝着正确的方向迈进几步，会让你重燃职业激情，并且让你的热情迸发。

四、记住要向前看

偶尔怀旧一下还算正常，但不要让自己总是沉湎于过去的光辉岁月。相反你应该筹划一下梦想的生活。决定未来的 5 年、10 年、15 年你想要成为什么样的人，然后制作一块鼓舞人心的标牌，一直盯着你可能收获的那些回报。

五、朝着目标步步为营

说出自己想要什么很容易，但真正的幸福来自于为这种渴望付出的行动。像一名规划师那样幻想你的未来吗？举办聚会来展现你的才能，开通博客来吸引一群粉丝，多和专家接触来寻找你尊敬的良师益友。收获信誉度毫无疑问会增强你的自信心，这样你很快就会回归乐观的轨道。从毕业生到职场人的转型并不容易，所以当你穿过这片灰色地带时，克服自身的懒散非常重要。把相册先收起来留着以后用，现在只要记住，保持和周围人的联系，勇敢地迈向职场，专注于摆在你面前的光明未来。

实训策略

练一练 1：价值观探索

美国心理学家 Milton Rokeach（米尔顿·洛克奇）1973 年《人类价值观的本质》一书中提出十三种价值观：

（1）成就感：提升社会地位，得到社会认同；希望工作能受到他人的认可，对工作的完成和挑战成功感到满足。

（2）美感的追求：能有机会多方面地欣赏周围的人、事、物，或任何自己觉得重要且有意义的事务。

（3）挑战：能有机会运用聪明才智来克服困难；舍弃传统的方法，选择创新的方法处理事务。

（4）健康：包括身体和心理健康。工作能够免于焦虑、紧张和恐惧；希望能够心平气和地处理事务。

（5）收入与财富：工作能够明显、有效地改变自己的财务状况；希望能够得到金钱所能买到的东西。

（6）独立性：在工作中能有弹性，可以充分掌握自己的时间和行动，自由度高。

（7）爱、家庭、人际关系：关心他人，与别人分享，协助别人解决问题；体贴、关爱，对周围的人慷慨。

（8）道德感：与社会的目标、价值观、宗教观和工作使命能够不相冲突，紧密结合。

（9）欢乐：享受生命，结交新朋友，与别人共处，一同享受美好时光。

（10）权力：能够影响或控制他人，使他人照着自己的意思去行动。

（11）安全感：能够满足基本的需求，有安全感，远离突如其来的变动。

（12）自我成长：能够追求知性上的刺激，寻求更圆融的人生，在指挥、知识与人生的体会上有所提升。

（13）协助他人：认识到自己的付出对团体是有帮助的，别人因为你的行为而收获颇多。

针对上述价值观，请问自己（用 1～5 排序，1 代表重要，5 代表不重要），并选出五个价值观。并回答下列问题：

①我重视的价值观是什么？

②我所选择的五个价值观是我一直都重视的吗？如果曾经有改变是在什么时候？

③哪些价值观是我父母认为重要的，而我却不同意的？哪些价值观是我和父母共同拥

有的？

④价值观的改变是否曾经改变我安排生活的方式？

⑤我理想的工作形态与我的价值观之间是否有关联？

⑥我是否因为谁说的一句话或某件事，例如考试的成绩，而对自己的价值观感到怀疑？

⑦以前我是否曾经崇拜哪些人？他们目前对我有什么影响？

⑧我的行为反映我的价值观吗？如：重视工作的变化、成长与突破的你、一成不变的工作吗？

练一练 2：气质测试量表

以下 60 道题，凭你的第一印象选出：

A. 很符合自己的情况，记 +2 分。

B. 比较符合自己的情况，记 +1 分。

C. 介于符合与不符合之间，记 0 分。

D. 比较不符合自己的情况，记 –1 分。

E. 完全不符合自己的情况，记 –2 分。

1. 做事力求稳妥，一般不做无把握的事。

2. 遇到可气的事就怒不可遏，想到的心里话全说出来才痛快。

3. 宁可一个人干事，也不愿意很多人在一起。

4. 到一个新环境很快就能适应。

5. 厌恶那些强烈的刺激，如尖叫、噪声、危险镜头等。

6. 和人争吵时，总是先发制人，喜欢挑衅。

7. 喜欢安静的环境。

8. 善于和人交往。

9. 羡慕那种善于克制自己感情的人。

10. 生活有规律，很少违反作息制度。

11. 在多数情况下情绪是乐观的。

12. 碰到陌生人觉得拘束。

13. 遇到令人气愤的事，能很好地自我克制。

14. 做事总是有旺盛的精力。

15. 遇到问题总是举棋不定、优柔寡断。

16. 在人群中从不觉得过分拘束。

17. 情绪高昂时，觉得干什么都有趣；反之，就觉得什么都没有意思。

18. 当注意力集中于一件事时，别的事很难使自己分心。

19. 理解问题总比别人快。

20. 碰到危险情景，常有一种极度恐怖感。

21. 对学习、工作、事业怀有很高的热情。

22. 能够长时间做枯燥、单调的工作。

23. 符合兴趣的事情，干起来劲头十足，否则就不想干。

24. 一点小事就能引起情绪波动。

25. 讨厌做那种需要耐心细致的工作。

26. 与人交往不卑不亢。

27. 喜欢参加热烈的活动。

28. 喜爱感情细腻、描写人物内心活动的文学作品。

29. 工作、学习时间长了，常感到厌倦。

30. 不喜欢长时间谈论一个问题，愿意实际动手干。

31. 宁愿侃侃而谈，不愿窃窃私语。

32. 别人总是说我闷闷不乐。

33. 理解问题常比别人慢些。

34. 疲倦时只要短暂的休息，就能精神抖擞重新投入工作。

35. 心里话宁愿自己想，不愿说出来。

36. 认准一个目标，就希望尽快实现，不达目的誓不罢休。

37. 学习、工作同样一段时间后，常比别人更疲倦。

38. 做事有些莽撞，常常不考虑后果。

39. 老师讲授新知识时，总希望他讲得慢些，多重复几遍。

40. 能够很快忘记那些不愉快的事情。

41. 做作业或完成一件工作总比别人花时间多。

42. 喜欢运动量大的剧烈体育运动或参加各种文艺活动。

43. 不能很快地把注意力从一件事情转移到另一件事情上去。

44. 接受一个任务后，就希望把它迅速解决。

45. 认为墨守成规比冒风险强些。

46. 能够同时注意几件事。

47. 当自己烦闷时，别人很难使自己高兴起来。

48. 爱看情节起伏跌宕、激动人心的小说。

49. 对工作抱认真严谨、始终一贯的态度。

50. 和周围人的关系总是相处不好。

51. 喜欢复习学过的知识，重复做熟练的工作。

52. 希望做变化大、花样多的事。

53. 小时候会背的诗歌，自己似乎比别人记得更清楚。

54. 别人说我"出语伤人"，可我并不觉得这样。

55. 在体育活动中，常因反应慢而落后。

56. 反应敏捷，头脑机智。

57. 喜欢有条理而不甚麻烦的工作。

58. 兴奋的事常使自己失眠。

59. 老师讲新概念，常常听不懂，但是弄懂后很难忘记。

60. 假如工作枯燥无味，马上就会情绪低落。

Ⅰ 确定气质类型的方法

1. 将每题得分填入下面空格内。

2. 计算每种气质类型的总分。

Ⅱ 确定气质类型

1. 如果某类气质类型得分明显高出其他三种且均高出4分以上，可定为该类型气质。（超20分，则为典型型；得分在10~20分，则为一般型）

2. 两种气质类型得分接近，其差异低于3分，而且明显高于其他两种4分以上，则可定为这两种气质的混合型。

3. 三种气质得分均高于第四种，而且接近，则为三种气质的混合型。

胆汁质：2.6.9.14.17.21.27.31.36.38.42.48.50.54.58 得　分

多血质：4.8.11.16.19.23.25.29.34.40.44.46.52.56.60 得　分

黏液质：1.7.10.13.18.22.26.30.33.39.43.45.49.55.57 得　分

抑郁质：3.5.12.15.20.24.28.32.35.37.41.47.51.53.59 得　分

四种气质类型的典型特征如下：

胆汁质：又称为不可遏止型或战斗型。直率热情，精力旺盛，情绪兴奋性高，易于冲动，反应迅速，行动敏捷，具有外倾性。

多血质：又称为活泼型。敏捷好动，善于交际，反应灵敏，在新的环境里不感到拘束，注意力容易转移，兴趣和情绪多变，缺乏持久力，具有外倾性。

黏液质：又称为安静型。安静，稳重，沉着，沉默寡言，三思而后行，情绪不容易外露，注意力稳定而较难转移，善于忍耐，偏内倾型。

抑郁质：属于呆板而羞涩的类别，又称为抑郁质型或弱性。情绪体验深刻，行动迟缓，具有较强的感受性，善于观察别人不易察觉的细节，富有幻想，胆小孤僻，具有内倾性。

第二节　分析自己的兴趣爱好

案例分享

比尔·拉福的成功之路

中学毕业之际，比尔·拉福就立志经商。他的父亲是洛克菲特集团的一名高级职员，父亲的职业熏陶了年少的拉福。拉福的父亲在商界打拼了多年，对商海中的事务了如指掌，深谙其中的奥秘。他发现儿子机敏果敢，敢于创新，有商业的天赋，却很少经历磨难，更缺乏知识。于是拉福父子进行了一次长谈，共同制定了计划，一起勾画出了职业生涯的蓝图。拉福听从了父亲的劝告，升学时没有直接去读贸易专业，而是选择了工科中最基础最普通的专业——机械制造。这招棋很绝妙，因为做商贸必须具备一定的专业知识，在贸易中，工业产品占据了绝对多数，如果不了解产品的性能，生产制造的情况，就很难保证产品的收益。因此，具备一些工科的基础知识是经商的先决条件。况且，工科学习不仅是知识技能的培养，它还能帮助人们建立一整套严谨的思维体系，训练人的推理分析能力，使之有一种脚踏实地的工作态度，这些素质对经商的帮助很大。比尔·拉福就这样在麻省理工学院度过了四年。他没有拘泥于本专业的学习，还广泛学习了化工、电子、建筑等方面的知识，这些知识在他后来的商业活动中发挥了不可忽略的作用。

毕业后，比尔·拉福没有立即扎进商海。按照原先的计划，他开始攻读经济学的硕士学位。商业毕竟不是工业，这是一种经济活动，有其本身的规律和特征。现代商业不像古代阿拉伯人做的那么简单了。无论是在程序上还是在原则内容上都是很复杂，需要进行专门了解。在市场经济条件下，一切经济活动都通过商业活动来进行，不了解经济规律，不学习经济学知识，很难在商界立足。于是，比尔·拉福又考入了芝加哥，开始了为期三年的经济学硕士课程的学习。这期间，比尔·拉福掌握了经济学的基础知识，深入了解了经济规律，懂得了商业活动的地位作用，搞清了影响商业活动的多种因素。他还特意认真学习了相关的经济法律。在现代商业活动中，法律充当着至关重要的角色，没有法律保障，现代商业将陷入一片混乱。这样，几年下来，他完全具备了经商的素质。

你也许会感到意外，比尔·拉福拿到硕士学位后居然没有立即投身商海，而是考了公务员，去政府部门工作。原来，他的父亲，这位老谋深算的商业活动家深知，经商必须具备很强的社会交往能力，人际关系在社会生活中异常重要，要想在商业中获得成功，必须深知处世规则，充分了解人的心理特征，善于与人交往，能够给人以良好的印象，使人信任你，愿与你合作。这种开拓人际关系的能力在学校是学不到的，只有在社会上，在工作中才可以学到，而训练交际能力，观察人际关系的最佳去处就是政府部门。拉福在政府部门一干就是五年。五年中，他从一名稚嫩的热血青年成长为一位老成世故的公务员。此外，他通过五年的政府机关工作，结识了一大批各界人士，建立起一整套关系网络。他非常善于利用这些网络，这个网络能够为他提供丰富的信息，提供许多便利条件。这对他后来事业的成功帮助很大。

五年的政府工作结束以后，比尔·拉福已经完全具备了成功商人所要具备的各种条件，羽翼丰满了。于是，他辞职下海，去了父亲为他引荐的通用公司熟悉商业业务。又经过两年，他已经掌握了商情和商业技巧，业绩斐然。这时候他不再耽误时间，婉言谢绝了通用公司的高薪挽留。跳出来自己开办拉福商贸公司。功夫不负有心人，比尔·拉福的准备太充分了，他几乎考虑到每一个细节，学会了商人应学会的一切。因此，他的商业进展异常顺利，拉福公司的成长速度出奇地快。二十年后，拉福公司的资产由最初的20万美元发展成为2亿美元，而比尔·拉福也成为一个奇迹，受到世人的尊敬。1994年10月，比尔·拉福率团到中国进行商业考察，在北京长城饭店接受《中国青年报》记者采访时，谈起了他的经历。他认为，成功应感谢他父亲的指导，他们共同制定了一个重要的职业规划，这个方案最终使他功成名就。

点评启示：不可否认比尔·拉福具有很多得天独厚的优越条件，不可否认他的成功和这些外在的因素有一定的关系，但是他的成功和他的职业规划也一定有关系。他能够清晰地知道自己将来要做什么，应该怎样去做，将来要达到什么样的结果，做出什么样的成就。我想这个是很值得我们借鉴的。也就是说，我们的生活必须要有目标，要有规划，这样我们的生活才会有规律，才不会感到迷茫，才会更有动力为我们的人生目标而努力。

知识链接

一、什么是职业兴趣

知之者不如好之者，好之者不如乐之者。 ——孔子

兴趣是最好的老师。 ——爱因斯坦

兴趣指兴致，对事物喜好或关切的情绪。兴趣可以使人善于适应环境，对生活充满热情；兴趣对一个人所从事的活动起支持、推动和促进作用；兴趣对丰富知识，开发智力有重要意义；最后，对某一活动有兴趣也是为未来活动做准备。

职业兴趣是指人们对某种职业活动具有的比较稳定而持久的心理倾向。根据颇具权威的霍兰德职业兴趣分类方法，将职业兴趣分为六种类型：现实型（R）、研究型（I）、艺术型（A）、社会型（S）、企业型（E）、常规型（C）。不同人格类型及其相对应的职业偏好如下：

表2-1 人格—职业类型匹配

人格类型	基本倾向	偏好
现实型（R）	喜欢以物、机械、动物、工作等为对象，从事有规则的、明确的、有序的、系统的活动	以机械和物为对象的技能性和技术性职业
研究型（I）	分析型的、智慧的、有探究心的和内省的，喜欢根据观察而对物理的、生物的、文化的现象进行抽象的、创造性的研究活动	智力的、抽象的、分析的、独立的、带有研究性质的职业活动，诸如科学家、医生、工程师等
艺术型（A）	具有想象、冲动、直觉、无秩序、情绪化、理想化、有创意、不重实际等特点，他们喜欢艺术性的职业环境，也具备语言、美术、音乐、演艺等方面的艺术能力，擅长以形态和语言来创作艺术作品，而对事务性的工作则难以胜任	适合文学创作、音乐、美术、演艺等职业
社会型（S）	合作、友善、助人、负责任、圆滑、善于社交言谈、善解人意等。他们喜欢社会交往，关心社会问题，具有教育能力和善意与人相处等人际关系方面的能力	适合从事教师、公务员、咨询员、社会工作者等以与人接触为中心的社会服务型的工作
企业型（E）	喜欢冒险、精力充沛、善于社交、自信心强。强烈关注目标的追求，喜欢从事为获得利益而操纵、驱动他人的活动。具备优秀的主导性和对人说服、接触的能力	特别适合从事领导工作或企业经营管理的职业
常规型（C）	顺从、谨慎、保守、实际、稳重、有效率、善于自我控制。喜欢从事记录、整理档案资料、操作办公机械、处理数据资料等有系统、有条理的活动，具备文书、算术等能力	典型职业包括事务员、会计师、银行职员等

霍兰德（J. Holland）是美国著名职业指导专家，他提出了职业兴趣探索—霍兰德类型论（Holland'stypology）。即职业选择是个人人格的延伸和表现，将人格与职业均划分为不同的大的类型，当属于某一类型的人选择了相应类型的职业时，即达到了匹配。

（一）相邻关系

如RI、IR、IA、AI、AS、SA、SE、ES、EC、CE、RC及CR，属于这种关系的两种类型的个体之间共同点较多。如实用型（R）、研究型（I）的人就都不太偏好人际交往，这两种职业环境中也都较少有机会与人接触。

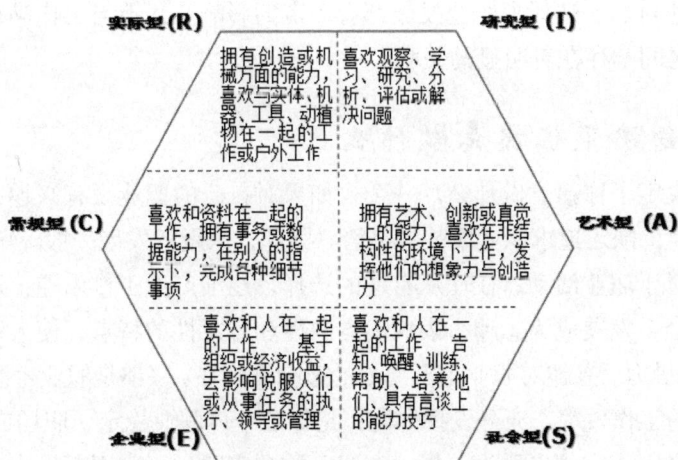

图2-1 六种类型的人格及其对应的职业兴趣

（二）相隔关系

如 RA.RE、IC.IS、AR、AE、SI、SC.EA.ER、CI 及 CS，属于这种关系的两种类型个体之间共同点较相邻关系少。

（三）相对关系

在六边形上处于对角位置的类型之间即为相对关系，如 RS、IE、AC、SR、EI、CA。相对关系的人格类型共同点少。但一个人同时对处于相对关系的两种职业环境都兴趣很浓的情况较为少见。

六种兴趣类型之间具有一定的关系。如图 2-2 所示：

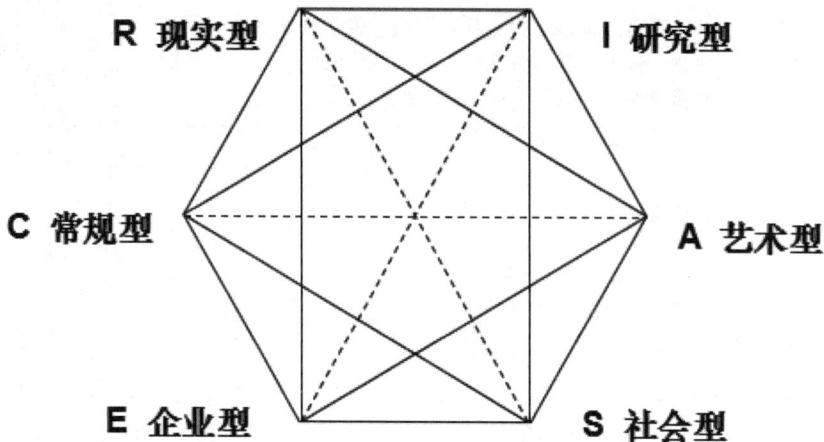

图 2-2　六种类型的人格及其对应的职业兴趣

人们通常倾向选择与自我兴趣类型匹配的职业环境。职业兴趣是一个人对待工作的态度，对工作的适应能力，表现为有从事相关工作的愿望和兴趣，拥有职业兴趣将增加个人的工作满意度、职业稳定性和职业成就感。由于兴趣爱好不同，人的职业兴趣也有很大的差异。职业兴趣对职业选择和职业发展都有一定的影响。兴趣与工作满意度、职业稳定性和职业成就感之间都存在着明显的关联。

二、兴趣决定你愿意做什么

兴趣往往决定了你愿意做什么。一个人如果对自己的职业没有兴趣，就会缺乏工作的主动性和创造性，缺乏追求职业成就的热情。因此，兴趣的发展一般经历是：有趣、乐趣、志趣三阶段。对于职业活动，往往从有趣的选择，逐渐产生工作乐趣，进而与奋斗目标和工作志向相结合，发展成为志趣，表现出方向性和意志性的特点，使人坚定地追求某种职业，并为之尽心尽力。兴趣对职业生涯规划的影响表现在：兴趣是职业生涯选择的重要依据；能够提高个体的工作效率，充分发挥才能；是保证个体职业稳定、职场成功的重要因素。

职业兴趣是以一定的素质为前提，在职业生涯实践过程中逐渐发生和发展起来的。职业兴趣影响人们对于职业的选择；它能够开发个体的潜力，促进个体的进步；能够使人更快地熟悉并适应职业环境和职业角色。

职业兴趣的形成与个人的个性、自身能力、实践活动、客观环境和所处的历史条件有着密切的关系，因此，职业规划对兴趣的探讨不能孤立进行，应当结合个人的、家庭的、社会的因素来综合考虑。了解这些因素，有利于深入认识自己，进行职业规划。

实训策略

练一练：思考并回答以下几个问题。

1. 你的兴趣是什么？你曾经想成为什么样的人？你对哪些知识比较有感觉，能够深入发展下去？

2. 你的性格适合做什么？不同的工作，适合不同性格的人去做。认清楚自己的性格，是非常重要的一步。

3. 你的优势和特长是什么？有哪些拿得出手的能力？自己欠缺的能力,应该怎样去做?

4. 你性格本身存在哪些弱点需要克服？不要让弱点成为你成长中的绊脚石。

第三节　了解自己的职业性格

案例分享

十年后的我会怎样？

有一个女孩，18 岁之前是个不知道自己将来想要什么的人，每天就在艺校里跟着同学唱唱歌，跳跳舞，偶尔有导演来找她拍戏，她就会很兴奋地去拍，无论角色多么小。直到1993 年的一天，教她专业课的赵老师突然找她谈话，她问："你能告诉我，你未来的打算吗？"女孩一下子愣住了。她不明白老师怎么突然问她如此严肃的问题，更不知该怎样回答。

老师又接着问她："现在的生活你满意吗？"她摇摇头。老师笑了："不满意的话证明你还有救。你现在想想，十年以后你会怎样？"

老师的话很轻，但是落在她心里却变得很沉重。她脑海里顿时开始风起云涌。沉默许久后她说："我希望十年以后自己能成为最好的女演员，同时可以发行一张属于自己的音乐专辑。"

老师问她："你确定了吗？"她慢慢咬紧嘴唇："是。"而且拉了很久的音。"好，既然你确定了，我们就把这个目标倒着算回来。十年以后你 28 岁，那时你是一个红透半边天的大明星，同时出了一张专辑。那么你 27 岁的时候，除了接拍各种名导演的戏以外，一定还要有一个完整的音乐作品，可以拿给很多很多的唱片公司听，对不对？ 25 岁的时候，在演艺事业上你要不断进行学习和思考。另外，你还要有很棒的音乐作品开始录制了。23岁必须接受各种各样的培训和训练，包括音乐和肢体上的。""20 岁的时候开始作曲作词，并在演戏方面要接拍第一年点的角色……"

老师的话说得很轻松，但是她却感到一种恐惧。这样推下来，她应该马上着手为自己的理想做准备了。可是她现在什么都不会，什么都没想过，仍然为小丫鬟小舞女之类的角色沾沾自喜。她觉得一种强大的压力忽然向自己袭来。老师平静地笑着说："要知道，你是一棵好苗子，但是你对人生缺少规划。如果你确定了目标，希望你从现在就开始做。"

想想十年后的自己——当她意识到这是一个问题的时候，她发现整个人都觉醒了。从那时起，她就始终记得十年后自己要做最成功的明星。所以，毕业后，对角色她开始很认真地筛选。渐渐地，她被大家接受了，她慢慢地尝到了成功的欢乐。

2003 年 4 月，恰好是老师和女孩谈话的十周年，她不知道是偶然还是必然，她居然真的拥有了属于自己的第一张专辑——《夏天》。

这个女孩就是如今红遍全国、驰名海内外的影视歌三栖明星周迅。从 1991 年到 2008

年初的 17 年，周迅已拍摄各类题材的影视剧 37 部，成为 32 种知名品牌的形象代言人。她已获得过 45 个影视奖项，百花奖、金紫荆奖、金像奖、金马奖她都先后一一问鼎，她的歌曲也深受广大歌迷的喜爱。毫无疑问，所有这些成就的取得，正是周迅牢记老师的话，孜孜以求、奋斗不止的结果。

点评启示：人生能有几个十年？只有及时地拷问自己："十年后我会怎样？"应该在清楚了解自己的同时及早规划，及早行动，并且矢志不移，百折不挠，你就会拥有多彩的人生。时刻想着十年以后的自己，想想十年以后会怎样，就会离自己的理想和目标越来越近。

知识链接

一、性格的类型

性格（character）的意思是指"特征""标志""属性"或"特性"，是指由人对客观现实的稳定态度和行为方式中经常表现出来的稳定倾向。它是个性中最重要和显著的心理特征。由于性格结构的复杂性，在心理学的研究中至今还没有大家公认的性格类型划分的原则与标准。这里简单介绍以心理机能优势的分类法，这是英国的培因（A.Bain）和法国的李波特（t.ribot）提出的分类法。根据理智、情绪、意志三种心理机能在人的性格中所占优势不同，将人的性格分为理智型、情绪型、意志型。理智型的人通常以理智来评价周围发生的一切，并以理智支配和控制自己的行动，处事冷静；情绪型的人通常用情绪来评估一切，言谈举止易受情绪左右，最大的特点是不能三思而后行；意志型的人行动目标明确，主动、积极、果敢、坚定，有较强的自制力。除了这三种典型的类型外，还有一些混合类型，如理智—意志型，在生活中大多数人属于混合型性格。

此外，还有一种分类方法，把性格类型分为变化型、重复型、服从性、独立型、协作型、机智型、自我表现型和严谨型，分别适合的职业如下表所示：

表 2-2 八种性格类型与其适合的职业

类 型	特 征	适合的职业
变化型	在新的和意外的活动或工作情境中感到愉快，喜欢有变化的和多样化的工作，善于转移注意力	记者、推销员、演员
重复型	适合连续从事同样的工作，按固定的计划或进度办事，喜欢重复的、有规律的、有标准的工种	纺织工、机床工、印刷工、电影放映员
服从型	愿意配合别人或按别人指示办事，而不愿意自己独立做出决策，担负责任	办公室职员、秘书、翻译

（续表）

类　型	特　征	适合的职业
独立型	喜欢计划自己的活动和指导别人活动或对未来的事情做出决定，在独立负责的工作情境中感到愉快	管理人员、律师、警察、侦察员
协作型	在与人协同工作时感到愉快，善于引导别人，并想得到同事们的喜欢	社会工作者、咨询人员
机智型	在紧张和危险的情况下能自我控制沉着应付，发生意外和差错时不慌不忙出色地完成任务	驾驶员、飞行员、公安员、消防员、求生员
自我表现型	喜欢表现自己的爱好和个性，根据自己的感情做出选择，能通过自己的工作来表现自己的思想	演员、诗人、音乐家、画家
严谨型	注重工作过程中各个环节、细节的精确性。愿意按一套规划和步骤，工作尽可能做得完美，倾向于严格、努力地工作，以看到自己出色完成工作的效果	会计、出纳员、统计员、校对员、图书档案管理员、打字员

二、性格决定你适合做什么

美国著名的职业生涯指导专家霍兰德将职业选择看作一个人性格的延伸。他认为，职业选择也是性格的表现。个人的性格与职业之间的适配和对应是职业满意度、职业稳定性与职业成就的基础。充分挖掘自身的个性，找到性格特点、能力素质与职业需求之间的匹配度，才是最大限度地发挥自身潜能，并尽快达到成功彼岸的关键，是确保职业生涯可持续发展的决定性因素。

因此，首先要做到了解自己的性格，选择合适的职业。个人应根据自己的性格特征、兴趣爱好等选择合适的职业。其次要完善自己的性格，让性格适应工作。性格不是一成不变的，具有可塑性，受社会生活环境的影响。应该通过后期的实践活动，随着职业的需求做适当调整。在适应社会的过程中遇到性格与职业选择错位的问题是非常普遍和正常的，关键是如何针对自身的弱点，弥补不足。

俗话说，性格决定命运。性格决定着职业发展的长远，事业的成功与否，与性格和职业的匹配密切相关。如果一个人从事的职业与他的性格相适应，并有能力相支撑时，工作起来就会得心应手，心情舒畅，提高自身工作满意度，增强工作绩效，容易取得成功。如果性格与职业不适应，性格就会阻碍工作的顺利进行，使从业者感到被动，缺乏兴趣，力不从心，精神紧张，给个人发展和组织造成不良影响。

实训策略

练一练：自我性格测试

1. 你何时感觉最好？（　）

A. 早晨　　　　B. 下午及傍晚　　　　C. 夜里

2. 你走路时（　　）

A. 大步快走　　　　B. 小步快走　　　　　　C. 不快，仰着头

D. 不快，低着头　　E. 很慢

3. 和人说话时，你会（　　）

A. 手臂交叠地站着

B. 双手紧握着

C. 一只手或两只手放在臀部

D. 碰着或推着与你说话的人

E. 玩着你的耳朵、用手整理头发

4. 坐着休息时，你会（　　）

A. 两膝盖并拢　　　B. 两腿交叉　　　　　　C. 两腿伸直　　　D. 一脚倦在身下

5. 碰到你感到发笑的事时，你的反应是（　　）

A. 大笑　　　　　　B. 笑，但不大声　　　　C. 轻声地笑　　　D. 羞怯地笑

6. 当你去一个派对或社交场合时，你（　　）

A. 很大声地入场以及引起注意　　　　　　　B. 安静地入场，找你认识的人

C. 非常安静地入场，尽量保持不被注意

7. 当你非常专心工作时，有人打断你，你会（　　）

A. 欢迎他　　　　　B. 感到非常愤怒　　　　C. 在上面两种极端之间

8. 下列颜色中，你最喜欢哪种颜色（　　）

A. 红或褐色　　　　B. 黑色　　　　　　　　C. 黄或浅蓝色　　D. 绿色

E. 深蓝或紫色　　　F. 棕或灰色

9. 临入睡前的几分钟，你在床上的姿势是（　　）

A. 仰躺，伸直　　　B. 俯躺，伸直　　　　　C. 侧躺，微卷　　D. 头睡在一手臂上

E. 被盖过头

10. 你经常梦到你在（　　）

A. 落下　　　　　　B. 打架和挣扎　　　　　C. 找东西或人　　D. 飞或漂浮

E. 平常不梦　　　　F. 梦都是愉快的

将所有分数相加，再对照后面的分析，就能判断出自己的性格。

表 2-3　计算分数的方法

	A	B	C	D	E	F	G
1	2	4	6	—			
2	6	4	7	2	1	—	—
3	4	2	5	7	6	—	—
4	4	6	2	1	—	—	—
5	6	4	3	5	—	—	—
6	6	4	2	—	—	—	—
7	6	2	4	—	—	—	—
8	6	7	5	4	3	2	1
9	7	6	4	2	1	—	—
10	4	2	3	5	6	1	—

【低于 21 分：内向的悲观者】

你是一个害羞的、神经质的、优柔寡断的人，是需要人照顾、永远要别人为你做决定、不想与任何人有关系的人。你也是一个杞人忧天者，一个永远看到不存在的问题的人，有些人认为你令人乏味，只有那些深知你的人不这样认为。

【21～30 分：缺乏信心的挑剔者】

你勤勉刻苦、很挑剔，是一个谨慎的人，一个缓慢而稳定辛勤工作的人。如果你做了冲动或无准备的事，会令周围的人大吃一惊。大家认为你即使从各个角度仔细地考虑了一切之后，仍然经常决定不做。

【31～40 分：以牙还牙的自我保护者】

你是一个明智、谨慎、注重实效的人；一个伶俐、有天赋、有才干且谦虚的人。你不会很快、很容易和人成为朋友，但却是一个对朋友非常忠诚的人，同时要求朋友对你也有忠诚的回报。那些真正了解你的人，知道要动摇你对朋友的信任是很难的，但同时，一旦这种信任被破坏，会使你很难过。

【41～50 分：平衡的中道者】

你是一个新鲜的、有活力的、有魅力的、好玩的、讲究实际的、永远有趣的人；一个经常注意焦点的人，也是一个足够平衡的人，不至于因此而昏了头。你亲切、和蔼、体贴、能谅解人；是一个永远会使人高兴起来并会帮助别人的人。

【51～60 分：吸引人的冒险家】

你有令人兴奋的、高度活跃的、易冲动的个性；你是一个天生的领袖、一个会很快做决定的人，虽然你的决定不总是对的。你是大胆的和冒险的；是一个愿意尝试机会且欣赏冒险的人。因为你的个性，大家喜欢跟你在一起。

【60 分以上：傲慢的孤独者】

别人认为对你必须处处小心。在别人的眼中，你是自负的、自我中心的，一个有极强支配欲、统治欲的人。别人可能钦佩你，希望能多像你一点，但不会永远相信你，对与你更深入的来往有所踌躇及犹豫。

第四节　认知自己的能力倾向

案例分析

杨昊和吴玲是高职的同学，杨昊认真、冷静、做事有计划，吴玲灵活、圆滑、办事有冲劲。毕业后两个人同时专升本毕业后到了南方的同一所高职学院任教，并且还在同一个系。在迎接新教师的座谈会上，院长殷切地希望年轻人树立人生目标并为之奋斗。会后，俩人开玩笑，说目标就是当院长，看谁先当上。

15 年后，果然有一人当上了院长，你猜：谁当上了院长？

3 年后，吴玲当上了系副主任，杨昊仍是普通老师；15 年后，杨昊当上了院长，吴玲仍然是一名副主任。

实际情况是：杨昊自立下目标便制定了职业生涯规划。前 3 年，注重教学；第 4～8 年准备考博士并就读博士；第 9～12 年潜心做研究，成为知名学者；从第 13 年起，不仅教学、科研成绩突出，还特别注重加强各方面人际关系。第 15 年老院长退休，人们不约而同让杨昊接班。而吴玲一开始关注仕途，3 年就当上系副主任，但教学一般，科研无成果，压力很大。后来又跟着下海潮流先合伙开餐厅，后开面粉厂、美容院、服装店，可干一样亏一样，4 年后才发现自己不适合经商。等他重新回到教学、科研岗位上来，已经 10 年过去了，与杨昊已拉开了差距。

点评启示：杨昊与吴玲处在同一起跑线上，有着一致的目标，但最终结果相去甚远，根本原因在于没有根据自己的兴趣和能力制定合理的职业发展规划。

知识链接

一、什么是能力

能力是一个耳熟能详的词，它是人们表现出来的解决问题可能性的个性心理特征，是完成任务和达到目标的必备条件。能力直接影响活动的效率，是活动顺利完成的最重要的内在因素。

心理学上，能力是个性心理特征之一。能力一般是指某一种心理特征，如记忆能力、注意分配能力等。作为一种心理特征，能力总是要实现在相应的活动中，只有从一个人所从事的某种活动中，才能看出他具有的某种能力，能力的大小也只有在活动中才能比较。倘若一个人不参加某种活动，没有实践的机会，就难以确定他具有什么能力。

在个性心理特征中，只有那些直接影响活动效率，使活动任务顺利完成的因素，才能称为能力。成功完成某种活动受许多主观心理因素的影响，如兴趣与爱好、知识经验、性格特征等，但这些因素都不直接有效地影响活动的效率，不直接决定活动的完成。而只有能力才有这种作用，它是完成某种活动所必备的心理特征。

哈佛教授加德纳的研究表明，人类至少有7种不同的智力，即语言智力、数理智力、节奏智力、自省智力、交流智力、动觉智力和空间智力。

二、什么是职业能力

职业能力是人们从事某种职业的多种能力的综合。如果说职业兴趣或许能决定一个人的择业方向以及在该方面所乐于付出努力的程度，那么职业能力则能说明一个人在既定的职业方面是否能够胜任，也能说明一个人在该职业中取得成功的可能性。由于职业能力是多种能力的综合，因此，我们可以把职业能力分为一般职业能力、专业能力和综合能力。

（一）一般职业能力

一般职业能力主要是指一般的学习能力、文字和语言运用能力、数学运用能力、空间判断能力、形体知觉能力、颜色分辨能力、手的灵巧度、手眼协调能力等。此外，任何职业岗位的工作都需要与人打交道，因此，人际交往能力、团队协作能力、对环境的适应能力，以及遇到挫折时良好的心理承受能力，这些都是我们在职业活动中不可缺少的能力。

（二）专业能力

专业能力主要是指从事某一职业的专业能力。在求职过程中，招聘方最关注的就是求职者是否具备胜任岗位工作的专业能力。例如，你去应聘教学工作岗位，对方最看重你是否具备最基本的教学能力。

（三）职业综合能力

这里主要介绍国际上普遍注重培养的"关键能力"，主要包括四个方面：

1.跨职业的专业能力

一是运用数学和测量方法的能力；二是计算机应用能力；三是运用外语解决技术问题和进行交流的能力。

2.方法能力

一是信息收集和筛选能力；二是掌握制定工作计划、独立决策和实施的能力；三是具备准确的自我评价能力和接受他人评价的承受力，并能够从成败经历中有效地吸取经验教训。

3.社会能力

社会能力主要是指一个人的团队协作能力、人际交往和善于沟通的能力。在工作中能够协同他人共同完成工作，对他人公正宽容，具有准确裁定事物的判断力和自律能力等，这是岗位胜任和在工作中开拓进取的重要条件。

4.个人能力

随着我国经济体制改革的深入、法制的不断健全完善，人的社会责任心和诚信将越来越被重视，一个人的职业道德会越来越受到全社会的关注，爱岗敬业、工作负责、注重细节的职业人格会得到全社会的肯定和推崇。

如商务经理的职业对个人的领导才能、协作技巧要求比较高，会计的职业强调数学才能、沟通技巧，教师的职业强调沟通技巧、表达和创新能力，记者的职业强调沟通技巧、写作技能，工程师的职业强调数学才能、分析能力，市场营销人员的职业强调推销技巧、研究能力，律师的职业强调行政管理才能、沟通技巧。

能力测量常用的量表主要有以下十种：BEC 职业能力测验（Ⅰ）、BEC 职业能力（Ⅱ）、一般能力倾向成套测验、一般能力倾向测验、个人职业素质评价系统、行政职业能力倾向测验（AAT）、一般行政能力倾向测验（GAAT）、行政职业能力倾向测验、职业能力倾向测验、职业心理倾向测评系统。

三、如何培养职业能力

自我能力可以通过可衡量的业绩、其他人（老师、领导或雇主、同学）的反馈（认可、称赞）以及通过"职业能力测量"来发现。而职业能力却是培养出来的：

（一）知识的学习

知识的学习是职业能力形成和发展的第一个阶段。在这个阶段中，新信息进入短时记忆，与来自长时记忆的原有知识建立一定的联系，并纳入原有的命题网络，从而得到理解。个体通过类属、归纳及其并列结合等内在同化过程获得知识，并且运用记忆规律促进知识的保持，用所学知识解决类似或同类课题，做到了知识的迁移。

（二）技能的学习

技能是指个体在特定目标指引下，通过练习而逐渐熟练掌握的对已有的知识经验加以运用的操作程序。技能的学习要以程序性知识的掌握为前提，一般通过感性认识（看或听）、模仿（学习）、练习反馈等过程由不会到会再到熟练，从而达到自动化式的定型。

（三）态度的培养

个体对职业不同的态度决定着个体不同的认识和情感，而且还会影响个体在职业中的不同表现，态度不是先天就有的，而是社会性学习的结果。在家庭、社会和学校等不同情境的作用下，通过他人的社会示范、指示或忠告，将社会的要求内化为学生自己的态度，并会在一定条件下产生迁移和改变。

（四）知识、技能、态度的内化迁移与整合

知识、技能、态度等的习得或会应用，并不等于已具备了职业能力。学生职业能力的形成和发展，必须参与特定的职业活动或模拟的职业情境，通过对已有的知识、技能、态度等的类化迁移，并得到特殊的发展与整合，从而才能形成职业能力。

行为养成

学生应尽早做好职业规划。

一、树立职业理想，明确职业目标

职业理想在人们职业生涯设计过程中起着调节和指南的作用。一个人选择什么样的职业，以及为什么选择某种职业，通常都是以其职业理想为出发点的。任何人的职业理想必然要受到社会环境、社会现实的制约。社会发展的需要是职业理想的客观依据，凡是符合社会发展需要和人民利益的职业理想都是高尚的、正确的，并具有现实的可行性。学生的职业理想更应把个人志向与国家利益和社会需要有机地结合起来。

二、正确进行自我分析和职业分析

首先，要通过科学认知的方法和手段，对自己的职业兴趣、气质、性格、能力等进行全面认识，清楚自己的优势与特长、劣势与不足。避免设计中的盲目性，达到设计高度适宜。其次，现代职业具有自身的区域性、行业性、岗位性等特点。要对该职业所在的行业现状和发展前景有比较深入的了解，比如人才供给情况、平均工资状况、行业规范等，同时还要了解职业所需要的特殊能力。

三、构建合理的知识结构

知识的积累是成才的基础和必要条件，但单纯的知识数量并不足以表明一个人真正的知识水平，人不仅要具有相当数量的知识，还必须形成合理的知识结构。没有合理的知识结构，就不能发挥其创造的功能。合理的知识结构一般指宝塔型和网络型两种。

四、培养职业需要的实践能力

综合能力和知识面是用人单位选择人才的依据。一般来说，学生应重点培养满足社会需要的决策能力、创造能力、社交能力、实际操作能力、组织管理能力和自我发展的终生学习能力、心理调适能力、随机应变能力等。

五、参加有益的职业训练

职业训练包括职业技能的培训,对自我职业的适应性考核、职业意向的科学测定等。可以通过"三下乡"活动、学生"青年志愿者"活动、毕业实习、校园创业及从事社会兼职、模拟性职业实践、职业意向测评等进行职业训练。

实训策略

练一练1:霍兰德职业倾向测验量表

本测验量表将帮助您发现和确定自己的职业兴趣和能力特长,从而更好地做出求职择业的决策。如果您已经考虑好或选择好了自己的职业,本测验将使您的这种考虑或选择具有理论基础,或向您展示其他合适的职业;如果您至今尚未确定职业方向,本测验将帮助您根据自己的情况选择一个恰当的职业目标。本测验共有七个部分。

第一部分 您心目中的理想职业(专业)

对于未来的职业(或升学进修的专业),您要及早考虑,它可能很抽象、很朦胧,也可能很具体、很清晰。不论是哪种情况,请您把自己最想干的3种工作或最想读的3种专业,按顺序写下来。

第二部分 您所感兴趣的活动

下面列举了若干种活动,请就这些活动判断你的好恶。喜欢的,请在"是"栏里打√;不喜欢的,请在"否"栏里打×。请按顺序回答全部问题。每个"是"得1分,"否"得0分。

R:实际型活动

1. 装配修理电器或玩具————————————是□ 否□
2. 修理自行车————————————————是□ 否□
3. 用木头做东西——————————————是□ 否□
4. 开汽车或摩托车—————————————是□ 否□
5. 用机器做东西——————————————是□ 否□
6. 参加木工技术学习班———————————是□ 否□
7. 参加制图描图学习班———————————是□ 否□
8. 驾驶卡车或拖拉机————————————是□ 否□
9. 参加机械和电气学习班——————————是□ 否□
10. 装配修理机器—————————————是□ 否□

得分计 _____ 分

A:艺术型活动

1. 素描／制图／绘画————————————是□ 否□
2. 参加话剧／戏剧—————————————是□ 否□
3. 设计家具／布置室内———————————是□ 否□

4. 练习乐器／参加乐队————————————是□ 否□

5. 欣赏音乐／戏剧—————————————是□ 否□

6. 看小说／读剧本—————————————是□ 否□

7. 从事摄影创作—————————————是□ 否□

8. 写诗／吟诗——————————————是□ 否□

9. 参加艺术（美术／音乐）培训————————是□ 否□

10. 练习书法——————————————是□ 否□

得分计 ＿＿＿＿ 分

I：调查型活动

1. 读科技图书和杂志————————————是□ 否□

2. 在实验室工作—————————————是□ 否□

3. 改良水果品种，培育新的水果————————是□ 否□

4. 调查了解土和金属等物质的成分————————是□ 否□

5. 研究自己选择的特殊问题—————————是□ 否□

6. 解算术或玩数学游戏————————————是□ 否□

7. 物理课———————————————是□ 否□

8. 化学课———————————————是□ 否□

9. 几何课———————————————是□ 否□

10. 生物课———————————————是□ 否□

得分计 ＿＿＿＿ 分

S：社会型活动

1. 学校或单位组织的正式活动—————————是□ 否□

2. 参加某个社会团体或俱乐部活动———————是□ 否□

3. 帮助别人解决困难————————————是□ 否□

4. 照顾儿童——————————————是□ 否□

5. 出席晚会、联欢会、茶话会————————是□ 否□

6. 和大家一起出去郊游————————————是□ 否□

7. 想获得关于心理方面的知识—————————是□ 否□

8. 参加讲座或辩论会————————————是□ 否□

9. 观看或参加体育比赛和运动会————————是□ 否□

10. 结交新朋友—————————————是□ 否□

得分计 ＿＿＿＿ 分

E：事业型活动

1. 说服鼓动他人—————————————是□ 否□

2. 卖东西———————————————是□ 否□

3. 谈论政治————————————————是□　否□

4. 制定计划、参加会议————————————是□　否□

5. 以自己的意志影响别人的行为——————是□　否□

6. 在社会团体中担任职务————————————是□　否□

7. 检查与评价别人的工作————————————是□　否□

8. 结交社会名流————————————————是□　否□

9. 指导有某种目标的团体——————————是□　否□

10. 参与政治活动————————————————是□　否□

得分计 ＿＿＿ 分

C：常规型（传统型）活动

1. 整理好桌面和房间————————————是□　否□

2. 抄写文件和信件————————————————是□　否□

3. 为领导写报告或公务信函——————————是□　否□

4. 检查个人收支情况————————————————是□　否□

5. 参加打字培训班————————————————是□　否□

6. 参加算盘、文秘等实务培训————————是□　否□

7. 参加商业会计培训班——————————————是□　否□

8. 参加情报处理培训班——————————————是□　否□

9. 整理信件、报告、记录等——————————是□　否□

10. 写商业贸易信————————————————是□　否□

得分计 ＿＿＿ 分

第三部分　您所擅长胜任的活动

下面列举了若干种活动，其中你能做或大概能做的事，请在"是"栏里打√；反之，在"否"栏里打×。请回答全部问题。每个"是"得 1 分，"否"得 0 分。

R：实际型活动

1. 能使用电锯、电钻和锉刀等木工工具——————是□　否□

2. 知道万用表的使用方法————————————是□　否□

3. 能够修理自行车或其他机械——————————是□　否□

4. 能够使用电钻床、磨床或缝纫机——————是□　否□

5. 能给家具和木制品刷漆————————————是□　否□

6. 能看建筑设计图————————————————是□　否□

7. 能够修理简单的电气用品——————————是□　否□

8. 能修理家具————————————————————是□　否□

9. 能修理收录机————————————————————是□　否□

10. 能简单地修理水管————————————————是□　否□

得分计 _____ 分

A：艺术型能力

1. 能演奏乐器————————————————————是□ 否□

2. 能参加二声部或四声部合唱————————————是□ 否□

3. 独唱或独奏——————————————————————是□ 否□

4. 扮演剧中角色————————————————————是□ 否□

5. 能创作简单的乐曲————————————————是□ 否□

6. 会跳舞————————————————————————是□ 否□

7. 能绘画、素描或书法————————————————是□ 否□

8. 能雕刻、剪纸或泥塑————————————————是□ 否□

9. 能设计板报、服装或家具————————————是□ 否□

10. 写得一手好文章——————————————————是□ 否□

得分计 _____ 分

I：调研型能力

1. 懂得真空管或晶体管的作用————————————是□ 否□

2. 能够列举三种蛋白质多的食品————————————是□ 否□

3. 理解铀的裂变————————————————————是□ 否□

4. 能用计算尺、计算器、对数表————————————是□ 否□

5. 会使用显微镜————————————————————是□ 否□

6. 能找到三个星座————————————————————是□ 否□

7. 能独立进行调查研究————————————————是□ 否□

8. 能解释简单的化学原理————————————————是□ 否□

9. 理解人造卫星为什么不落地————————————是□ 否□

10. 经常参加学术会议————————————————是□ 否□

得分计 _____ 分

S：社会型能力

1. 有向各种人说明和解释的能力————————————是□ 否□

2. 经常参加社会福利活动————————————————是□ 否□

3. 能和大家一起友好相处地工作————————————是□ 否□

4. 善于与年长者相处————————————————————是□ 否□

5. 会邀请人、招待人——————————————————是□ 否□

6. 能简单易懂地教育儿童————————————————是□ 否□

7. 能安排会议等活动顺序————————————————是□ 否□

8. 善于体察人心和帮助他人————————————————是□ 否□

9. 帮助护理病人和伤员————————————————是□ 否□

10. 安排社团组织的各种事务———————————— 是□ 否□

得分计 _____ 分

E：事业型能力

1. 担任过学生干部并且干得不错—————————是□ 否□

2. 工作上能指导和监督他人————————————是□ 否□

3. 做事充满活力和热情——————————————是□ 否□

4. 有效利用自身的做法调动他人——————————是□ 否□

5. 销售能力强——————————————————是□ 否□

6. 曾担任俱乐部或社团的负责人——————————是□ 否□

7. 向领导提出建议或反映意见———————————是□ 否□

8. 有开创事业的能力——————————————是□ 否□

9. 知道怎样做能成为一个优秀的领导者———————是□ 否□

10. 健谈善辩——————————————————是□ 否□

得分计 _____ 分

C：常规型能力

1. 会熟练的打印中文——————————————是□ 否□

2. 会用外文打字机或复印机————————————是□ 否□

3. 能快速记笔记和抄写文章————————————是□ 否□

4. 善于整理保管文件和资料————————————是□ 否□

5. 善于从事事务性的工作————————————是□ 否□

6. 会用算盘——————————————————是□ 否□

7. 能在短时间内分类和处理大量文件————————是□ 否□

8. 能使用计算机————————————————是□ 否□

9. 能收集数据——————————————————是□ 否□

10. 善于为自己或集体做财务预算表—————————是□ 否□

得分计 _____ 分

第四部分 你所喜欢的职业

下面列举了多种职业,如果是你感兴趣的工作,请在"是"栏里打√；如果你是不太喜欢、不关心的工作,请在"否"栏里打×。每个"是"得1分,"否"得0分。

R：实际型活动

1. 飞机机械师——————————————————是□ 否□

2. 野生动物专家————————————————是□ 否□

3. 汽车维修工—————————————————是□ 否□

4. 木匠————————————————————是□ 否□

5. 测量工程师—————————————————是□ 否□

6. 无线电报务员————————————是☐ 否☐

7. 园艺师————————————————是☐ 否☐

8. 长途公共汽车司机————————是☐ 否☐

9. 火车司机————————————————是☐ 否☐

10. 电工————————————————————是☐ 否☐

得分计 _____ 分

S：社会型职业

1. 街道、工会或妇联干部——————是☐ 否☐

2. 小学、中学教师————————————是☐ 否☐

3. 精神病医生————————————————是☐ 否☐

4. 婚姻介绍所工作人员————————是☐ 否☐

5. 体育教练————————————————是☐ 否☐

6. 福利机构负责人————————————是☐ 否☐

7. 心理咨询员————————————————是☐ 否☐

8. 共青团干部————————————————是☐ 否☐

9. 导游————————————————————是☐ 否☐

10. 国家机关工作人员————————————是☐ 否☐

得分计 _____ 分

I：调研型职业

1. 气象学或天文学者————————是☐ 否☐

2. 生物学者————————————————是☐ 否☐

3. 医学实验室的技术人员————————是☐ 否☐

4. 人类学者————————————————是☐ 否☐

5. 动物学者————————————————是☐ 否☐

6. 化学者————————————————————是☐ 否☐

7. 数学学者————————————————是☐ 否☐

8. 科学杂志的编辑或作家————————是☐ 否☐

9. 地质学者————————————————————是☐ 否☐

10. 物理学者————————————————————是☐ 否☐

得分计 _____ 分

E：事业型职业

1. 厂长————————————————————是☐ 否☐

2. 制片人————————————————————是☐ 否☐

3. 公司经理————————————————————是☐ 否☐

4. 销售员————————————————————是☐ 否☐

5. 不动产推销员————————————————————是□ 否□

6. 广告部长————————————————————————是□ 否□

7. 体育活动主办者——————————————————是□ 否□

8. 销售部长————————————————————————是□ 否□

9. 个体工商业者——————————————————————是□ 否□

10. 企业管理咨询人员————————————————是□ 否□

得分计 _____ 分

A：艺术型职业

1. 乐队指挥————————————————————————是□ 否□

2. 演奏家——————————————————————————是□ 否□

3. 作家————————————————————————————是□ 否□

4. 摄影家——————————————————————————是□ 否□

5. 记者————————————————————————————是□ 否□

6. 画家、书法家——————————————————————是□ 否□

7. 歌唱家——————————————————————————是□ 否□

8. 作曲家——————————————————————————是□ 否□

9. 电影电视演员——————————————————————是□ 否□

得分计 _____ 分

C：常规型职业

1. 会计师——————————————————————————是□ 否□

2. 银行出纳员————————————————————————是□ 否□

3. 税收管理员————————————————————————是□ 否□

4. 计算机操作员——————————————————————是□ 否□

5. 簿记人员————————————————————————是□ 否□

6. 成本核算员————————————————————————是□ 否□

7. 文书档案管理员————————————————————是□ 否□

8. 打字员——————————————————————————是□ 否□

9. 法庭书记员————————————————————————是□ 否□

10. 人口普查登记员————————————————————是□ 否□

得分计 _____ 分

第五部分　您所看重的东西——职业价值观

这一部分测验列出了人们在选择工作时通常会考虑的9种因素（见所附工作价值标准）。请您在其中选出最重要的两项因素，并将序号填入下边相应空格上。

最重要：_____ 次重要：_____

最不重要：_____ 次不重要：_____

附：工作价值标准：

1. 工资高、福利好

2. 工作环境（物质方面）舒适

3. 人际关系良好

4. 工作稳定有保障

5. 能提供较好的受教育机会

6. 有较高的社会地位

7. 工作不太紧张、外部压力少

8. 能充分发挥自己的能力特长

9. 社会需要与社会贡献大

以上全部测验完毕。现在，将你测验得分居第一位的职业类型找出来，判断一下自己适合的职业类型。

R（实际型）：木匠、农民、操作X光的技师、工程师、飞机机械师、鱼类和野生动物专家、自动化技师、机械工（车工、钳工等）、电工、无线电报务员、火车司机、长途公共汽车司机、机械制图员、修理机器、电器师。

I（调查型）：气象学者、生物学者、天文学家、药剂师、动物学者、化学家、科学报刊编辑、地质学者、植物学者、物理学者、数学家、实验员、科研人员、科技作者。

A（艺术型）：室内装饰专家、摄影师、音乐教师、作家、演员、记者、诗人、作曲家、编剧、雕刻家、漫画家。

S（社会型）：社会学者、导游、福利机构工作者、咨询人员、社会工作者、社会科学教师、学校领导、公共保健护士。

E（事业型）：推销员、进货员、商品批发员、旅馆经理、饭店经理、广告宣传员、调度员、律师、政治家、零售商。

C（常规型）：记账员、会计、银行出纳、法庭速记员、成本估算员、税务员、核算员、打字员、办公室职员、统计员、计算机操作员、秘书。

练一练 2

团体游戏 1：价值观拍卖会

1. 目的：协助学生澄清个人的工作价值观

2. 道具：小锤子，价值拍卖清单

3. 过程：在价值拍卖清单中，列有 15 个与工作有关的价值项目

请根据这些工作价值在自己心目中的优先地位排序，1 表示最重视，15 表示最不重视，假设你手里有 10 万元，对于各个工作价值项目，你愿意花多少钱买？

4. 注意事项

（1）不必每项都买。

（2）拍卖时，如你想对某一项出价，起价不得少于 1 万元。

（3）拍卖时，可以更动原定的价码，但如你想加价，每次加价至少 1000 元。

5．拍卖清单如下

（1）为大众福利尽一份力

（2）追求美感与艺术气氛

（3）寻求创意、发展新事物

（4）独立思考，分析事理

（5）有成就感

（6）独立自主，依自己意愿进行

（7）受他人推崇并尊敬

（8）发挥督导或管理他人的能力

（9）有丰厚的收入

（10）生活安定有保障

（11）良好舒适的工作环境

（12）与主管平等且融洽相处

（13）与志同道合的伙伴一起工作

（14）能选择自己喜爱的生活方式

（15）工作富有变化不单调

6．讨论与分享

（1）我重视的价值观是什么？

（2）我所选择的五个价值观是我一直都重视的吗？如果曾经有改变是在什么时候？

（3）有哪些价值观是我父母认为重要的，而我却不同意的？有哪些价值观是我和父母共同拥有的？

（4）价值观的改变是否曾经改变我安排生活的方式？

（5）我理想的工作形态与我的价值观之间是否有任何关联？

（6）我是否因为谁说的一句话或某件事，而对自己的价值观感到怀疑？

（7）以前我曾经崇拜哪些人？他们目前对我有什么影响？

第三章　培养职业素养遵守职业道德

　　当你想振翅高飞在职业生涯的天空中时，请不要忘记素质和能力是你的双翼。如果折了一只翅膀，将永远无法实现人生的梦想。养成良好的职业道德行为习惯，可以给职业生涯增加成功的机会，可以真正实现从平庸到优秀的飞跃。

　　社会注重一个人的职业素质与能力，胜过对高学历的推崇；社会所创造的机制是让能人有机会浮出水面，让庸者沉入谷底。要成功必须靠实力，没有实力，犹如空袋，难以自立。让我们来"靠实力演绎成功"，追求我们的人生目标吧！

第一节　职业素养的内涵

高职生 2500 元到 8000 元的月薪转变

倚天是一个高职毕业生。2017 年开始在一个私营企业工作，当时一个月只给 2500 元工资，但倚天仍然每天认真地工作，不怕吃苦，努力地学东西，所以进步很快，没多久就觉得这个小公司已经没有他的用武之地了，想找一个大点的公司。

因为经验的积累以及自己的"活到老，学到老"的刻苦精神，倚天的愿望很快就实现了，他找到了他们市内一家不错的公司上班，还办理了各项手续，公司还帮他交"四险"，工资提到了 3000 元。进入公司后，倚天依旧是踏踏实实、认认真真地工作，他的这个公司是安装公司，经常去外地，众所周知，这样的公司做技术是很累的。天天加班，而且还要干很多的体力活，整天穿着工作服、劳保鞋，对于年轻人来说，极大地影响了自尊心，但是想到自己有了本事以后才能出人头地，倚天咬紧牙关挺住。有一次在北京工地，倚天和同事为了赶工期，早晨 4 点起床，8 点吃早饭，12 点吃午饭，下午 14 点上班，晚上 20 点下班。当时是 2018 年的 6 月，北京的气温是高温，白天暴晒于太阳底下，而且还要付出体力，他就在这样的环境下工作了 15 天，体重下降了 10 斤，当时他根本不知道什么叫失眠，床上一躺，30 秒就能睡着。类似这样的情况很多很多……

由于倚天出色的表现和进步较快，半年后工资涨到了 3500 元。不久，升为领班，工作相对轻松，工资涨到了 5000 元。

倚天的好学上进给了他机会，进公司不到一年半的时间，倚天很受领导信任，被调派到了上海，工资也涨到了 5500 元。在上海，倚天接触到了世界上比较先进的设备，有更多的时间接触电脑。倚天像久旱的禾苗，饥渴地学着很多东西，在很短的时间内掌握了更多专业知识，在一次的设备调试中，倚天用自己努力勤学得来的技术征服了设备厂家的所有技术人员！

之后的路越来越畅通，厂家的经理很看重倚天的技术和人品，多次要求倚天来他们这里上班，工资给涨到了 6000 元，这对于倚天来说绝对是优厚的待遇。想想上海也是个大城市，将来的发展机会很多，出来闯游一下也不错，倚天也就答应了，这前前后后大概经历了有一年时间。

倚天重新进入的这个公司是一家知名美资企业，当时挣 6000 元，13 个月工资，年终奖为 2 个月工资，双休日，有加班费，工程师职位，这在当时，都是很优越的。大多数同事都很安逸地守着这份工作，每天除去上班、吃饭、睡觉外都会参加很多娱乐休闲活动。但倚天依旧努力学习，因为是外资企业，用英语多，所以倚天就报了学习班不断地学习。

公司的平淡安逸生活，让倚天觉得未来没什么发展前景，于是就在网上投简历……

2019 年的 8 月，倚天正在家休息，一家知名猎头公司打来电话说有一个世界五百强的企业想招人，问他有没有兴趣，面试了三次，从厂长到亚太区的总经理，凭借几年来积累的专业知识和社会经验，倚天又成功了，这时候工资到了 8000 元。

在接到聘书的同时，倚天也接到了上海××理工大学成人本科的录取通知书，倚天想在 5 年内学两个专业，专科学一门技术，本科学语言或管理……

相信倚天不会停下求知的脚步，相信倚天会飞得更远！

知识链接

一、职业素养的界定

1. 职业素养的定位

职业素养是个宽泛的概念。从广义上看是指社会人在从事某一具体活动中应具有的素质和修养。从企业要求方面看，职业素养包括职业道德、职业思想（意识）、职业行为习惯、职业技能四个方面。

前三项是职业素养中最根基的部分。而职业技能是支撑职业人生的表象内容。

前三项属世界观、价值观、人生观范畴的产物。从出生到退休或至死亡逐步形成，逐渐完善。而后一项，是通过学习、培训比较容易获得。例如，计算机、英语、建筑等属职业技能范畴的技能，可以通过三年左右的时间令我们掌握入门技术，在实践运用中日渐成熟而成专家。可企业更认同的道理是，如果一个人基本的职业素养不够，比如说忠诚度不够，那么技能越高的人，其隐含的危险越大。

高职生职业素养的培养，必须与企业对员工职业素养要求相匹配，因此高职生职业素养定位可以在两个范畴：一是"德"，即行为习惯、心理素质、职业精神和职业道德；二是"才"，即语言表达、专业知识、思维能力、专业能力。前四个方面构成职业意识，后四个方面构成职业技能。崇高的职业理念是职业素养的精髓，高尚的职业精神是职业素养的根本，高超的职业技能是职业素养的基础，优良的职业作风是职业素养的体现。

2. 职业素养的三大核心

（1）职业信念

"职业信念"是职业素养的核心。那么良好的职业素养包涵了哪些职业信念呢？应该包涵了良好的职业道德，正面积极的职业心态和正确的职业价值观意识，是一个成功职业人必须具备的核心素养。良好的职业信念应该是由爱岗、敬业、忠诚、奉献、正面、乐观、用心、开放、合作及始终如一等这些关键词组成。

（2）职业知识技能

"职业知识技能"是做好一个职业应该具备的专业知识和能力。俗话说"三百六十行，行行出状元"，没有过硬的专业知识，没有精湛的职业技能，就无法把一件事情做好，就更不可能成为"状元"了。

所以要把一件事情做好就必须坚持不断地关注行业的发展动态及未来的趋势走向；就要有良好的沟通协调能力，懂得上传下达，左右协调从而做到事半功倍；就要有高效的执行力，我们研究发现：一个企业的成功 30% 靠战略，60% 靠企业各层的执行力，只有 10% 的其他因素。中国人在世界上都是出了名的"聪明而有智慧"，中国人不缺少战略家，缺少的是执行者！执行能力也是每个成功职场人必修炼的一种基本职业技能。还有很多需要修炼的基本技能，如：职场礼仪、时间管理及情绪管控等，这里就不一一罗列。

各个职业有各职业的知识技能，每个行业还有每个行业知识技能。总之，学习提升职业知识技能是为了让我们把事情做得更好。

（3）职业行为习惯

"职业行为习惯"，职业素养就是在职场上通过长时间地学习—改变—形成而最后变成习惯的一种职场综合素质。

信念可以调整，技能可以提升。要让正确的信念、良好的技能发挥作用，就需要不断地练习、练习、再练习，直到成为习惯。

二、高职生职业素养的暗养

高职生要想争取更多就业机会，顺利进入职场，并迅速实现由"学校人"向"社会人"的转变，必须提前做好充分准备，竭力培养、提升自身"恭、宽、信、敏、惠"等方面的职业素养。

1. 恭

所谓恭，包含两层意思，一是尊重自己，二是尊重别人。国际著名培训大师、哈佛高职博士后、牛津高职博士后余世维曾说过："一个人靠 IQ 闯入职场，凭 EQ 获得发展与进步。"所谓 EQ（情商）就是要善于觉察自身情绪，控制和利用他人情绪，就是善于与人沟通，与人合作，有出色的人际交往能力。要增强自身人际交往与沟通能力，首要前提就是学会自尊与尊重他人。依据美国著名心理学家马斯洛需求层次理论，尊重是人生高层次需求之一，每个人都渴望得到他人的认可与尊重。要获取他人与社会的认可、信任与尊重，首先必须学会自尊，严格要求自己，努力提升自身素养，提升个人魅力，竭力发展完善自我。

孔子云："益者三友，友直、友谅、友多闻。"自身修养提高了，眼界开阔，知识丰富，待人正直、诚实，长此以往，就会逐渐赢得他人与社会青睐、认可与尊重。在此基础上，再学会尊重别人，才能被别人所接纳，才能融入团队、融入集体、融入社会。当代高职生必须学会在尊重自我的基础上，尊重、了解、接纳他人，富有同情心、感恩心，尊重他人的信仰与风俗习惯，营造有利于自身与别人相互促进、共同发展的和谐氛围，才能成为各用人单位接纳、欣赏的"抢手货"。

2．宽

所谓宽，就是海纳百川，拥有宽广的胸怀，宽容、理解他人。"金无足赤，人无完人"，每个人都有自身的优势与长处，有自身的缺点与不足，都会犯错误。只有学会见贤思齐，见不贤而内自省，学会扬弃，择其善者而从之，其不善者而改之，才能争取最大限度的人和，获得提升。这就需要一种大度，一种宽容，学会吸纳他人精华，结合自身实际情况发展自我。

这是社会规律和自身发展的客观需要，也是顺利踏入职场，获取他人认可与尊重的必要条件。当代高职生必须培养以恕己之心恕人，责人之心责己，将心比心，换位思考，对他人多一份理解，多一份宽容，这会为你赢得好人缘，极大提升个人品牌价值。

3．信

所谓信，就是诚实、讲信用。古人云："人而无信，不知其可也。"《圣经》里说"诚信比财富更有价值"，西方谚语中亦有"诚实是最好的政策"的说法，由是观之，诚实守信，是全世界公认的做人基本准则之一。在我国，诚信是自古以来中华民族的传统美德，也是当代市场经济建设的基石之一，是市场经济得以健康、持续、稳定发展的重要前提与保证。

诚信也是海尔集团、宝洁公司、微软公司等知名公司克敌制胜的法宝、选拔人才的首要标准。香港著名企业家李嘉诚也曾总结到："做事先做人，一个人无论成就多大的事业，人品永远是第一位的，而人格第一要素就是诚信。"当代高职生在校学习期间就要着力培养自身诚信价值观，长期遵守诚信原则，逐步建立和维护自身信誉和品牌，才会在将来职场中受到青睐并委以重任，才能获得不断成功和可持续发展。

4．敏

所谓敏，就是行动敏捷、做事果断，是一种积极主动、不折不扣、高效率的执行力。

制订正确目标和详细周密行动方案是取得成功的前提，而眼观全局、抓住机遇、果断行动、坚持到底的执行力则是取得成功的重要保证。在竞争日趋自热化的今天，企业越来越看重员工的执行力。"纸上得来终觉浅，绝知此事要躬行"，当代高职生一方面在学好理论知识的同时，要理论联系实际，通过参加社团活动、兼职、社会实践等方式积极参加实践活动，提升动手能力、社会适应能力。另一方面，也应利用一切条件，从身边做起，从小事做起，言必行，行必果，潜心培养积极主动、勤奋拼搏、精益求精、锲而不舍的执行力，才能在职场发展中立于不败之地。

5．惠

所谓惠，就是学会分享成果，学会服务他人。事物是普遍联系的，个人发展与他人发展、社会发展相互依赖、相互促进。国内乳业巨头蒙牛集团总裁牛根生非常重视"惠"，正是他的"财聚人散，财散人聚"的人生信条，坚持"惠及"同事的做法奠定了事业成功的基础。

现代社会，没有完美的个人，只有完美的团队，一个团队要想在激烈竞争中立足，每个成员必须识大体、讲奉献，善于"惠及"他人，才能众志成城，具有很强的凝聚力、战斗力，就会不断地由一个胜利走向另一个胜利。当代高职生在校期间就须培养"惠及"他人、服务他人的高尚清操，才能在将来职场中尽快融入职场、融入团队，取得成功。素养决定习惯，习惯决定行动，行动决定结果，结果影响人生。素养是成功的前提与保证。面临当前严峻就业形势，高职生须早动手、早准备，博学之、审问之、慎思之、明辨之、笃行之，从"恭、宽、信、敏、惠"五方面着力培养与提升自身职业素养，就会给成功增添砝码，在激烈竞争中获取不断胜利。

第二节　职业能力的培养

案例分享

三年努力终成茶艺师

小陈进了职业学校后，一直希望成为一名茶艺师。进校不久，小陈选择了学校开设的茶艺课，主动向茶艺课的宋老师请教，了解有关茶艺的知识。课堂上她非常认真，课外更是勤加练习，每当宋老师在校外做茶艺表演时，小陈总会找机会去观摩、学习。

小陈在苦练茶艺技能的同时，也没有忘记修身养性。她在平时的生活和学习中，总是严格要求自己，真诚待人，与人为善，主动帮助同学解决学习和生活中的困难。

随着时间的推移，小陈茶艺技能越来越熟练，了解的茶文化知识越来越丰富，因而越来越受到老师和同学们的欢迎与喜爱。

临近毕业，一家曾经看过小陈茶艺表演的茶社老板找到小陈，聘请她为该茶社的茶艺师，小陈终于实现了自己的职业理想。

思考：

小陈成为茶艺师的经历对你有哪些启发？

知识链接

一、培养专业能力

为了适应科技高速发展对于职业人员专业素质的要求，我国实行了"先培训，后上岗""职业资格证书"等制度，对从事技术复杂，通用性广，涉及国家财产、人民生命安全和消费者利益的职业（工种），实行"就业准入"控制，就是要对从业者的基本专业素质有一个保证。作为一名职业学校的学生，培养专业能力，包括掌握一定的专业知识和较熟练的操作技能是在校学习的基本任务，也是为我们具备今后职业生涯发展所必需的基本能力打好基础。

一般来说，专业能力包括两个方面：一方面是专业知识，另一方面是专业操作技能。

专业知识是基础，它是专业能力发展的重要推动器，而且专业能力形成和提高的重要渠道之一就是理解和掌握有关专业知识。比如说，一名厨师，需要学习各种原材料的性质、分类、营养配比、处理方法等知识，才能在烹饪中得心应手并有所创新。操作技能则是从事专业活动所必备的一系列外部行动方式，需要经过反复和系统的训练才能达到一定的熟练程度，形成初步的技术经验。比如说，厨师在学习了专业知识之外，还必须下厨实践，掌握一系列包括切、炒、煎、炸、调味等操作技能，才能真正成为一名厨师。

我们的社会正在向学习型社会目标前进，已经不可能仅仅依靠在学校所学的专业知识和技能来成就自己整个生涯的发展，我们的专业能力需要在生涯实践中不断地丰富和提高。作为一名在校生，在专业能力的培养上需要注意以下几点。

1. 培养良好的学习态度和学习方法

如前所说，在现在这个知识经济时代，各行各业的新知识如同"爆炸"一样地增长，专业知识是"学之不尽"的。所以，注意培养良好的学习态度和学习方法就显得尤为重要，也就是说，我们要注意培养自己有强烈的学习意愿，使自己"学会学习"，例如，怎样更有效地读书，带着目标选择学习内容、专业思维方式等等。良好的学习态度和学习方法是我们学习的"诀窍"，可以起到事半功倍的效果，反之，则会事倍功半。

2. 注意在实践中培养专业能力

专业能力的形成和发展离不开实践活动。专业知识需要在实践活动中得到真正的理解和运用，操作技能更是在实践活动中不断操练而成的。靠灌输和死读书而来的知识只能对付考试，却不能真正培养专业能力。大家都知道那个伯乐相马的故事，说的是伯乐是位相马专家，但他的儿子却只是在家苦读父亲写的《相马经》，以为自己也可以做一名相马专家，结果在外面抓了一只癞蛤蟆回来，说：根据书上所说，千里马的特点是两眼凸出、前额大、走路跳跃，它完全符合，所以是千里马。这个看起来有点荒诞的故事告诫我们一定要投身实践，在实践中锤炼和发展自己的专业能力。在职业学校里有大量的实践性课程，应当积极认真地学习，努力地去做去体验。此外，还要注意利用各种实习机会和社会实践活动，提高自己的专业能力。

3．积极获取职业资格证书和技能等级证书

职业资格证书和技能等级证书是由经过政府批准的，考核鉴定机构负责对劳动者实施职业技能考核鉴定合格后颁发的，它是对每个人的专业能力的一种客观和权威的认定，是我们专业能力水平的一个明确指标，而且对我们今后的求职和专业晋升能够发挥"通行证"作用。在上海，职业学校已经实行了"双证书"制度，积极准备、参加职业资格证书和技能等级证书考试，获取相应证书，是有针对性地迅速培养和提高自己专业能力的有效途径。

二、培养解决问题的能力

专业能力是我们生涯发展的基础能力，不过，我们在生涯发展的过程中，除了应用专业能力进行专业活动外，还会碰到各种各样的困难和挑战，也就是说，会遭遇各种大小不一的问题，需要我们去应对和解决。培养解决问题的能力也是我们生涯发展所不可或缺的一个重要方面。

什么是解决问题的能力呢？我们来看一看解决问题的步骤，其中每一步都体现了解决问题的能力。

1．发现和界定问题

这是解决问题的第一步，发现不了问题，也就更谈不上问题的解决，进步和改善也就无从说起。问题往往并不是明显地摆在那里，而是需要你去发现和界定的。当我们觉得哪里"不对劲"，哪里完成得"不够好"，哪里可以做得"更有效果"时，就需要思考"问题"在哪里，找到根本和主要的症结所在，然后用清晰的语言把它描述出来，切忌停留在表面现象上，不做深入思考。例如："我的人际关系不广，大家都不认识和不了解我"，这样的描述就比较泛泛，会让你感到无从下手解决问题，而你经过分析和思考后认为："我参加社会活动太少，所以认识和了解我的人不多。"这样对问题就有了比较具体的界定，解决的方向也就比较清晰。

2．提出备选解决方案

在对问题做出了比较明确的界定后，我们就要着手考虑如何去解决问题。人们常说"条条道路通罗马"，解决问题的方案往往不是只有一个，可以有很多个。每一个方案都不可能是十全十美的，总是兼有优点和缺点，需要我们去评估和权衡，看看哪个方案优点多些，更合适些。在这个步骤上，我们一定要克服自己"惯性思维"和"思维定势"的局限，也就是说，我们经常会使用自己已经习惯的方法、觉得"保险"的方法去解决问题，其实这样会妨碍我们学习和尝试其他更有效的方法，更是我们进行"创新"的拦路石。所以，在发现和界定了问题之后，先不要急于凭习惯和冲动行动，不妨打开思路，行一点"头脑风暴"，也可以请家人、老师、同学和朋友一起来帮你想一想是不是还有什么其他的解决方案，把它们都列出来，作为问题的备选解决方案。

3．选择解决方案

备选方案都列出来以后，就需要进行选择了。选择的方法应因时、因地、因事、因人而异，不过一个共同的前提就是要好好评估这些备选方案的各种可能的优缺点，尽量想得全面一些，有利于自己做出最合适的选择。有时候可能在评估之后仍然觉得有几个方案都很好，难以做出选择，这时候不妨选择其中一个，其他的可以作为后备方案。千万不要因为难以选择而迟迟不作决定，这样的结果会是很糟糕的，因为你的所有工作都是为了解决问题，不确定解决方案，你前面的所有心血都等于是白费。何况有不少问题的解决是有时限的，是不允许拖的。

4．制订行动计划

有了解决方案，接下来就是要制订具体的行动计划了。在我们制订行动计划的时候，特别需要考虑的是计划的可行性。我们在考虑问题解决备选方案的时候可以天马行空，多进行发散性思维，但在制订行动计划的时候一定要脚踏实地，充分考虑其可行性。另外，在制订行动计划的时候还须对为此需要付出的代价有充分的估计和预想，如：可能要多献出自己的一些业余时间，可能需要离开父母和家人一段时间等等，我们对这些方面估计越充分，将来行动起来面对困难的信心和决心也就越大。

5．执行和评括

这是问题解决的最后一步，也是最为关键的一步，只有执行了行动计划，我们才可能真正解决问题。不管我们事先所作的思考多么深入，制订的方案和计划多么全面，仍然不会是十全十美的，总会在实施中碰到这样那样的没有想到的困难。所以我们不但要执行，还要边执行边评估，根据评估结果及时修订计划，然后继续执行，这样问题将会解决得更加顺利。

以上我们给出了解决问题的五个步骤，实际上问题的解决并不是这五个步骤的机械衔接而是一个它们不断重复和循环的过程。我们需要在实践中逐渐学会熟练地运用这五个步骤培养解决问题的能力，不断地攻克生涯发展中的一个又一个"城堡"。

三、培养社会与情绪方面的能力

"智商"曾经是评估我们能力的最主要甚至是唯一标准，表现在职业生涯上，人们常常倾向于用专业能力和技术水平来衡量一个人的职业能力。随着研究的深入，人们发现工作成效与专业能力、技术水平的高低虽然有着十分密切的关联，但也并不一定成正比关系，显然还有其他重要的因素在起作用。"情商"概念的出现，对此做出了比较好的解释，由此使人们认识到，在人的生涯发展中，不仅需要有专业能力和解决问题的能力，还需要有社会与情绪方面的能力。前些年，"情商"方面的书籍十分流行，是有一定道理的。在职场上，对于从业者的社会与情绪方面的能力越来越重视，例如在美国进行的一项调查中发现，企业对新进入员的期待有以下五点。

（1）善于倾听和言语沟通；

（2）能够适应挫折和障碍，并作出创新性反应；

（3）具有个人的管理、自信、朝向目标努力的动机，以及发展自己事业的理想，以取得的成就为荣；

（4）团队合作能力以及协调不同意见的技巧；

（5）对在组织中的工作效能，想要有所贡献和领导潜能。

社会与情绪方面的能力一般说来，可以分为以下三种。

1．情绪处理能力

人的情绪在一定程度上是可以"自主"的，高水平的情绪处理能力主要体现在"三自"上，即"自觉""自制"和"自励"。自觉就是指能够及时觉察和了解自己的真实感受，知道产生这种情绪的原因，经过理智和客观的反省，做出正确的选择和判断，从而使自己能够不受情绪的控制。举例来说，一般而言，"闻过则怒"也许是一个人比较自然的情绪反应，但是良好的自觉水平能够使我们控制自己的情绪，从更加理性的角度去思考和分析别人所说的"过"，明白了问题所在，也就会觉得释然了，虽然不一定非要"闻过则喜"，至少可以表现得更加成熟，甚至还可以有一定的幽默感，对"过"的解决也有好处。自制是指能够集中注意力，克制冲动，从而避免情绪扰乱自己的目标行动。拥有了这种能力，我们就能够在混乱的情绪下仍可以保持镇定的心态和清晰的思路，表现出很强的环境适应能力，容易赢得他人的信赖。自励是指能够妥善地管理自己的情绪，自我安慰，摆脱焦虑等的纠缠和影响，激励自己不断向前。自励可以使我们不被负面情绪所打倒，不是在消极情绪中沉沦而是不断调动自己的积极情绪，向上提升。

高职毕业生初入职场时总是新人、小字辈，常会被使唤做些杂事、小事，甚至跑跑腿，扫扫地，与你入职时的愿望和抱负相去甚远。这时你可要注意调节自己的情绪了，不要抱怨，也不要不屑一顾，马虎从事，要甘愿做小人物，把第一件小事认真做好，这样一定会有好的回报。

2．人际交往能力

社会是依赖于人际交往存在的。我们每个人的生涯发展是在社会中展开的。人际交往能力，实际上就是与他人相处的能力，需要在交往中觉察他人的需求，能够与他人顺利地交谈和沟通，从而进行合作和共事，实现自己的成长。人际交往能力是非常重要的能力，往往是许多刚刚踏上工作岗位的"职场新人"最欠缺和感到最困扰自己的能力。在此，需要提醒大家注意的是，少一点胆怯和害羞的心理，多一点自信和大方，积极主动地与同事交流、沟通。有时候一个微笑，一句问候便拉近了彼此的距离。再者，在工作场所中的人际关系和我们现在学校里的人际关系不同，主要是以工作角色为取向的。例如，主管和下属在工作之余可以是私交很好的朋友，但是在工作上，他们的关系就是上下级，这是保证工作秩序所必需的。认识清楚这一点，将有助于我们培养作为一个成熟的职业人的人际交往能力。

3. 参与组织和机构的能力

职业活动通常都是团队作业，需要在组织和机构中完成，因此，参与组织和机构的能力也是社会与情绪处理能力的重要方面。一个具有参与组织和机构能力的人，能够在进入一个新的组织和机构之后，较快地认清组织结构和自己的角色定位，迅速学习和适应该组织机构系统、文化中的规范、标准和习惯，努力使自己的个人目标和组织目标结合起来，进而还能够通过自己的行动对组织发展作出贡献。每个组织都有自身的组织结构和规则、伦理、文化，及早认清楚自己的工作角色定位，有助于发挥自己的工作能力，尽快地融入到组织中去。如果不能够放开眼界，只顾按自己的习惯埋头做自己的工作，不管与他人的配合，往往会使你孤立于组织之外，最终影响你的工作完成。如果对组织和机构的某些方面认为有可改进的地方，也应该首先把自己放在"组织的人"的位置上，少一点牢骚和抱怨，多一点建设性的建议和沟通，否则，抱怨不仅于事无补，反而会让人对你"另"眼相看，怀疑你的感情和能力。

情绪处理能力、人际交往能力、参与组织和机构的能力是相辅相成的，它们共同构成了我们社会与情绪方面的能力。我们要顺利地在职业世界中站稳脚跟、求得发展，塑造自己独特的生涯，就必须重视这些能力的培养。

四、培养终身学习的能力

我们人类在天地万物之中，并没有什么特别出众的天赋，我们比不上老虎、狮子那样强壮威猛，也不能够像苍鹰、大雁那样遨游天空。人类初生的婴儿简直是世界上最脆弱的生物，要经过多年的生长才具备独立生活的能力，而很多生物凭借他们与生俱来的本能，很快就能独自觅食生活了。但是，为什么人类能够成为"万物之灵"呢？因为，我们拥有一种最为强大的武器——学习。通过学习和创造，我们可以让自己能够拥有比老虎、狮子更加强大的力量，我们可以让自己飞上老鹰、大雁们远远不能企及的高度。

我们的生理神经中枢—大脑提供给我们的学习潜能几乎接近于无限。研究表明，一个人的脑细胞总量超过了150亿,但一般来说,我们一辈子所用到的不过只有百分之几的数量！大脑的容量给我们提供了学习的巨大潜力。

所以，我们需要从现在开始，就树立一种终身学习的观念。也就是说，我们不能把学习看作是学生时代特有的任务，而应该"活到老，学到老"。在校的时候，我们应该努力学习知识、锻炼能力，并且学会学习，为今后良好的职业生涯发展打好基础；我们开始工作后，也要不断学习，努力提升自己的业务水平，通过学习使自己的生涯发展得更加光明。

取得生涯成功的人们中，尽管他们国籍、性别、职业、年龄各有不同，但都有个共同点：他们都是善于学习、并且能够终身学习的人。终身学习的能力是他们的成功之本，是他们的"核心竞争力"。怎样培养我们的终身学习能力呢？下面几点，就是我们需要注意的。

(一) 要善于寻找和把握学习机会

学校学习是我们的一种传统的学习机会，它也是一种最正规和最主要的学习形式，我们现在就处于这样一个时期中，可以集中全部精力系统地进行学习，这样良好的条件无疑使学校学习成为我们一生当中学习的黄金时代。不过，这个黄金时代毕竟很短暂，我们的生涯故事将更多地在社会上展开。千万不要以为出了校门就很少有机会学习了。正如前人所说："学校小课堂，社会大课堂。"在学校之外还有着很多的学习机会，它们可能不是那么正规，但同样是我们学习的宝贵资源。尤其在当今时代，全国正在努力构建终身教育、终身学习体系，迈向学习型社会，企业和组织也在朝着学习型企业、学习型组织发展，各种教育进修和继续学习的途径越来越丰富，就看你是不是善于寻找和把握。曾任微软中国公司总经理的吴士宏，本来是一位护校毕业生，在北京一家医院做护士。她通过高等教育自学考试的途径很快取得了英语专科的文凭，凭借这一技之长，她进入了 IBM 公司做办公室文员，从此开始了在外企的职业生涯。

（二）要善于有目的和有选择地进行学习

现在，用"信息爆炸"似乎已经不足以形容我们社会的信息更迭、知识更新速度了，社会也给我们提供了大量的学习机会，如何善于利用信息，使这些学习机会能够很好、很有效地为我所用，也并不是一件容易的事。这就需要我们根据自己的生涯目标，根据自己的职业理想，主动规划和安排自己的学习，敏锐地感受、捕捉和理解相关信息，有目的有选择地利用合适的学习机会，发展自己的生涯能力。近来，在上海的职业学校里，为了给大家提供和创造更加多元的发展可能，推出了很多的选修课，这些课程内容新、覆盖面广，是很好的学习机会，只是全部去学，不可能也没有必要。这就需要我们有明确的目标意识，根据自己的生涯发展需要选择相关课程，切忌随大流、赶时髦，或是一味贪多导致"消化不良"，达不到应有的效果。

（三）要能够进行创新性学习

人的学习可以分成两种，一种是适应性的学习，它是我们为了适应现在的环境、继承前人留下的知识遗产而进行的学习。另一种是创新性的学习，它是我们为了解决新的问题，创造新的价值而进行的学习。适应性的学习当然很重要，但是今天我们并不能仅仅满足于这种学习，更需要进行创新性的学习。适应性学习面向的是过去和现在，而创新性学习面向未来。要培养创新性学习的意识和能力，我们需要从平时做起，对我们所学的东西能够积极地开展独立思考，而不是满足于获得现成的答案和结果；对于新的情况和问题，我们能够创造性地运用自己已有的知识和能力去探索和解决。

（四）要讲究学习策略

这有利于我们进行有效的学习，提高学习的效率。比如，根据轻重缓急妥善地安排自己的学习任务，一般来说，我们工作以后，学习是服从于工作的，工作中需要什么就学什么，急用先学，学习的内容一般也不求系统，而是围绕着问题展开。学习目标的设定不要贪大求全，宁可由小到大、由易到难，这样容易有成就感，能够巩固学习的兴趣和信心。另外，还要注意合理安排学习时间，学习掌握一些行之有效的思维技巧、记忆技巧等。但是，你要记住，学习能力是一种很个性化的能力，每一位学习者都有自己擅长的学习方式，你要根据自己的情况，在自主学习的实践过程中提高学习的能力。

第三节 职业道德的培养

知识链接

一、职业道德的内涵

（一）职业道德的含义

职业道德是人们在职业生活中所应当遵守的行为规范的综合。它既是对从业人员在职业活动中的行为要求，又是本行业对社会所承担的道德责任和义务。这些行为规范主要包括从事职业的人对于职业本身、对于职业专业技术和对服务对象三方面的主要内容。

（二）职业道德的特点

职业道德和社会公德、家庭美德一样，都是道德的一部分，体现了道德的一般原则。另一方面，职业道德也有自身比较突出的特性。

1．职业性和行业性

职业性和行业性是职业道德最主要的特性。因为职业道德是与职业活动相联系的，而各行各业的职业活动都有着自己特定的工作对象、职业技能和职业责任，所以，对从事各种职业活动的人们也就有着特定的道德要求。比如说，作为一名教师，要恪守"教书育人、为人师表"的职业道德；作为一名医生，要遵守"救死扶伤、治病救人"的职业道德；作为一名商业工作者，要遵守"公平买卖、童叟无欺"的职业道德；作为一名司法人员，要遵守"秉公执法、铁面无私"的职业道德，等等。有些职业道德的规定可能只对这个特定的职业和行业的从业人员起约束作用，而不能强加给其他行业的从业者。举一个比较极端的例子，一名营业员要"微笑服务、百问不厌"，但是不可能这样去要求一名机要秘书，因为他的职业道德是"坚持原则、严守机密"，否则将会造成失职。

2．具体性和实用性

为了方便人们在从事职业活动时的理解和执行，也为了方便职业服务对象和其他人的监督，各行各业往往都根据本职的特点和要求，采取简明扼要、具体实用的形式，比如说行业公约、规章制度、职工手册、行为须知、岗位守则、服务公约、注意事项、誓词口号等，把职业道德的要求表达和展示出来，使得职业道德表现得生动活泼、便于操作。

3．自律性和他律性相统一

道德作为一种非强制性的行为规范，主要依靠的是自我约束，也就是"自律"。职业道德除了强调自律之外，还有比较多的"他律"，就是靠外部力量的强制性去落实执行。比如说，作为一名职业足球运动员，应该做到诚实比赛，如果他做出了"打假球"等有违职业道德的行为，就有可能失去从事这项职业运动的资格。一名医生，如果收受"红包"，将会受到相应的惩处。

4．继承性与发展性相统一

我国历史悠久，具有5000多年的灿烂文化，在一些如医生、教师、商人、官员、军人等传统职业，历来就形成了一整套职业道德规范。商人要信为本、诚为先，买卖公平；军人的天职是英勇善战，保家卫国；为官清廉、勤于政务、任人唯贤等是历代倡导的官吏职业道德；医生的信条则是救死扶伤、弘扬人道主义，等等。古代思想家、政治家也对职业道德有很多精辟的论述。这些宝贵的精神财富至今对各行各业仍产生重要的影响。随着时代变迁、社会进步，职业道德的内容不断扬弃，赋予新的含义。随着新兴行业的产生，也会出现适应于这些行业特点的职业道德规范。

职业道德是调节职业活动中各种关系的行为规范，规范的目的是为了让我们的职业生活更美好，前途更光明，决不要把它看作只是用来限制你的行动自由的枷锁。实际上，职业道德是职业的一部分，良好的职业道德将会为我们的职业生涯减少障碍和阻力，带来一片明媚的天空。

我们社会主义社会的职业道德核心，是普普通通的五个字"为人民服务"，它蕴含着深厚的内涵。为什么说这是所有职业道德的核心呢？因为在我国，人民是国家和社会的主人。我们每个人无论从事何种行业，不论职位高低、事业大小，都是人民的勤务员，所从事的职业活动都是为人民服务。我们每个人的职业岗位虽然不同，但都是人民的一分子，人人都在为他人服务，人人又都是被服务的对象，"我为人人，人人为我"，为人民服务意味着一种互动的状态。只有当我们每一个从业者都能够从"为人民服务"的核心出发，做好本职工作，我们的社会和我们每一个人的生活才会充满生机和希望，整个社会就会和谐而团结。改革开放以来，我们国家在各个岗位上涌现出许许多多具有高尚道德情操的先进人物，如徐虎、李素丽、孔繁森、牛玉儒、任长霞、许振超、王顺友等，在他们身上都闪烁着为人民服务的光辉。

也许有的同学会想：现在是市场经济了，人们从事职业活动都是在追求自身最大的正当利益，"为人民服务"是不是有点不合时宜了？其实，体现"我为人人，人人为我"社会主义原则的"为人民服务"，并不会因为我们向市场经济体制转变而落伍，因为"为人民服务"本身就是对人民群众正当利益的高度肯定和关注，通过每个人的职业活动具体加以实现。从实践来看，"为人民服务"和"追求利润"也并不矛盾，事实上还会相互促进，不讲"为人民服务"的职业道德，最终也带来利润的损失，甚至被市场经济淘汰出局。

二、职业道德的基本要求

党的十八大提出，倡导富强、民主、文明、和谐，倡导自由、平等、公正、法治，倡导爱国、敬业、诚信、友善，积极培育和践行社会主义核心价值观。富强、民主、文明、和谐是国家层面的价值目标，自由、平等、公正、法治是社会层面的价值取向，爱国、敬业、诚信、友善是公民个人层面的价值准则，这24个字是社会主义核心价值观的基本内容。我国现阶段各行各业普遍适用的职业道德的基本内容，即爱岗敬业、诚实守信、办事公道、服务公众、奉献社会。

（一）爱岗敬业

爱岗敬业，通俗地说就是"干一行爱一行"，它是人类社会所有职业道德的一条核心规范。它要求从业者既要热爱自己所从事的职业，又要以恭敬的态度对待自己的工作岗位，爱岗敬业是职责，也是成才的内在要求。

所谓爱岗，就是热爱自己的本职工作，并为做好本职工作尽心竭力。爱岗是对人们工作态度的一种普遍要求，即要求职业工作者以正确的态度对待各种职业劳动，努力培养热爱自己所从事工作的幸福感、荣誉感。

所谓敬业，就是用一种恭敬严肃的态度来对待自己的职业。任何时候用人单位只会倾向于选择那些既有真才实学又踏踏实实工作，持良好态度工作的人。这就要求从业者只有养成"干一行、爱一行、钻一行"的职业精神，专心致志搞好工作，才能实现敬业的深层次含义，并在平凡的岗位上创造出好的业绩。一个人如果看不起本职岗位，心浮气躁，好高骛远，不仅违背了职业道德规范，而且会失去自身发展的机遇。虽然社会职业在外部表现上存在差异性，但只要从业者热爱自己的本职工作，并能在自己的工作岗位上兢兢业业地工作，终会有机会创出一流的业绩。

爱岗敬业是职业道德的基础，是社会主义职业道德所倡导的首要规范。爱岗就是热爱自己的本职工作，忠于职守，对本职工作尽心尽力；敬业是爱岗的升华，就是以恭敬严肃的态度对待自己的职业，对本职工作一丝不苟。爱岗敬业，就是对自己的工作要专心、认真、负责任，为实现职业上的奋斗目标而努力。

（二）诚实守信

"诚实"，就是实事求是地待人做事，不弄虚作假。在职业行为中最基本的体现就是诚实劳动。每一名从业者，只有为社会多工作、多创造物质或精神财富，并付出卓有成效的劳动，社会所给予的回报才会越多，即"多劳多得"。

"守信"，要求讲求信誉，重信誉、信守诺言。要求每名从业者在工作中严格遵守国家的法律、法规和本职工作的条例、纪律；要求做到秉公办事，坚持原则，不以权谋私；要求做到实事求是、信守诺言，对工作精益求精，注重产品质量和服务质量，并同弄虚作假、坑害人民的行为进行坚决的斗争。

（三）办事公道

所谓办事公道，是指从业人员在办事情处理问题时，要站在公正的立场上，按照同一标准和同一原则办事的职业道德规范。即处理各种职业事务要公道正派、不偏不倚、客观公正、公平公开。对不同的服务对象一视同仁、秉公办事，不因职位高低、贫富亲疏的差别而区别对待。

例如，一个服务员接待顾客不以貌取人，无论对于那些衣着华贵的大老板还是对那些衣着平平的乡下人，对不同国籍、不同肤色、不同民族的宾客能一视同仁，同样热情服务，这就是办事公道。无论是对于那些一次购买上万元商品的大主顾，还是对于一次只买几元钱小商品的人，同样周到接待，这就是办事公道。

（四）服务公众

服务公众是指听群众意见，了解群众需要，为群众着想，端正服务态度，改进服务措施，提高服务质量。做好本职工作是服务人民最直接的体现。要有效地履职尽责，必须坚持工作的高标准。工作的高标准是单位建设的客观需要，是强烈的事业心责任感的具体体现，也是履行岗位责任的必然要求。

（五）奉献社会

奉献社会是社会主义职业道德的最高境界和最终目的。奉献社会是职业道德的出发点和归宿。奉献社会就是要履行对社会、对他人的义务，自觉地、努力地为社会、为他人做出贡献。当社会利益与局部利益、个人利益发生冲突时，要求每一个从业人员把社会利益放在首位。

奉献社会是一种对事业忘我的全身心投入，这不仅需要有明确的信念，更需要有崇高的行动。当一个人任劳任怨，不计较个人得失，甚至不惜献出自己的生命从事于某种事业时，他关注的其实是这一事业对人类、对社会的意义。

三、职业道德的培养

职业道德不是一个空泛的概念，也不是靠豪言壮语支撑着，它最终是要落实到人的职业活动中，通过职业道德行为表现出来的。职业道德需要经过我们每一个从业者自觉地进行培养。知识学习、习惯形成、实践强化和自我修养，就是不断提高自己职业道德素养的四个主要环节和途径。

（一）知识学习

古人说："知是行之始。"培养职业道德的第一条途径就是学习有关职业道德的知识。职业道德不是强加给我们的戒律，它的背后包含有深刻的人生价值观和理论支撑，包含着具体情境中对于道德问题的判断。我们需要加强对道德知识的学习和理解，才能够真正懂得背后的道理，认同职业道德的意义，从而提高职业道德意识，形成职业道德信念，增强培养职业道德的自觉性和积极性。职业道德的学习形式是多样的，我们可以从理论中学习，可以从先人总结的格言警句中学习，可以从职业道德行为案例中学习，还可以向具有优秀职业道德的模范榜样学习。

（二）习惯形成

"习惯成自然"。有意识地坚持在日常职业生活中培养自己的职业道德习惯，是职业道德培养的一条有效途径。习惯一旦养成，它的力量是强大的，所以古人会谆谆告诫说："勿以恶小而为之，勿以善小而不为。"不能因为"恶"小就去做它，因为这有可能会助长一种不良的习惯，然后"胆子越来越大"，最后不可收拾；反之，如果养成了良好的道德习惯，就比较容易做出正确的道德选择。所以，我们应当从小事做起，在日常的职业生活中，严守职业道德规范，养成遵守职业道德的习惯。

（三）实践强化

"纸上得来终觉浅，绝知此事要躬行。"良好职业道德行为不是与生俱有的，而是在长期的职业生活实践中通过自我磨炼修养而成的。

1. 在日常生活中养成

职业道德行为的最大特点是自觉性和习惯性，而培养人良好习惯的载体是日常生活，在你的生活中，当某一行为频繁出现时，这一行为就可能成为你的习惯，久而久之，习惯就会成为一种自然，即自觉的行为。

2. 在专业学习中训练

专业理论知识与专业技能是形成职业信念和职业道德行为的前提和基础。职业道德行为习惯的养成，离不开知识的学习和技能提高。而知识和技能的提高是要靠日复一日的钻研和训练才能取得的。

3. 在社会实践中体验

丰富的社会实践是指导人们发展、成才的基础，是实现知行合一的主要场所。职业道德行为的养成离不开社会实践，社会实践是职业道德行为养成的根本途径。在社会实践中，把学和做结合起来，以正确的道德观念指导自己的实践，理论联系实际，言行一致。

4. 在自我修养中提高

"自我修养"是指个人在日常的学习、生活和各种实践中，按照职业道德的基本原则和规范，在职业道德品质方面的"自我锻炼""自我改造"和"自我提高"。自我修养的关键在于"自我努力"。其目的在于，通过自我对职业活动的认识和实践，培养高尚的职业道德品质，把职业道德的基本原则与规范，自觉地转化为个人内心的要求和坚定的信念而形成良好的职业行为习惯，成为具有高尚职业道德的人。

（四）自我修养

自我修养是通过体验生活，经常进行"内省"和努力做到"慎独"而实现的。

1. 内省

"内省"即内心省察检讨，使自己的言行符合道德标准的要求。"内省"一要严于解剖自己，善于认识自己，客观地看待自己，勇于正视自己的缺点；二要敢于自我批评、自我检讨；三要有决心改进自己的缺点，扬长避短，在实践中不断完善自己的职业道德品质。

2. 慎独

"慎独"是指独自一个人在没有外界监督的情况下，也能自觉遵守道德规范，不做对国家、对社会、对他人不道德的事情。作为学生要以此激励和鞭策自己，加强道德修养，自觉做到"慎独"，努力提高职业道德修养。特别是在信息网络环境下创业立业，更需要这种慎独的品质。

思考练习

思考一下，职业道德什么最重要，都包括什么。

第四章 初探工作世界建立职业目标

在生活的海洋，有明确的目标是航行，而没有目标则是漂泊。生命之舟如果没有方向，什么风都不是顺风。你可以选择像航船一样航行，也可以像木板一样漂泊。两者的区别在于是否有明确的目标及航线。目标引领航线，航线指引目标。有了方向，可以使我们不走弯路，少走弯路，避免走回头路。成功的第一步，要有一个明确的奋斗目标。

职业生涯早期，对自己锻炼最大的工作是最好的工作；中期，收入最多的工作是最好的工作；到了后期，实现人生价值最大的工作就是最好的工作。让我们珍惜青春年华，树立崇高理想，确立可行目标，在人生的道路上摒弃平庸和世俗，尽可能地追求卓越，唱响无悔的青春之歌。让我们尽快确立职业生涯的航向，为自己的职业生涯发展导航！

第一节　职业目标的确定和意义

案例分享

[案例]

1946年上半年，香港经济日益繁荣，然而李嘉诚却陷入了沉思——今后的路该怎样走？一条路，在舅父的荫庇下谋求发展，中南公司已成为香港钟表业的巨擘，收入稳定，生活安逸；另一条路要艰辛得多，充满风险，须再一次到社会上闯荡。

李嘉诚选择了后者，他喜欢做充满挑战的事。于是，他去了五金厂做推销员。自从李嘉诚加盟五金厂，五金厂的业务蒸蒸日上。然而，备受老板器重的李嘉诚，刚刚打开局面，就要跳槽弃他而去。

李嘉诚去了塑胶裤带制造公司。在现代人的眼里，这是一间小小的山寨式工厂。他在推销五金制品之时，就意识到塑胶制品的巨大威胁。他清晰地认识到，要不了多久，塑胶制品将会成为价廉的大众消费品。

李嘉诚说："别人做8个小时，我就做16个小时，起初别无他法，只能以勤补拙。"

仅一年工夫，李嘉诚实现了他的预定目标，他的销售额是第二名的7倍！18岁的李嘉诚被提拔为部门经理，统管产品销售。两年后，他又晋升为总经理，全盘负责日常事务。李嘉诚才20岁出头，就爬到打工族的最高位置，做出令人美慕的业绩。李嘉诚应该心满意足。然而，在他的人生字典中没有"满足"二字。他再一次跳槽，重新投入社会，开始新的人生搏击。李嘉诚离开塑胶裤带公司，这是他人生中的一次重大转折，从而迈上充满艰辛与希望的创业之路。

点评启示：李嘉诚的故事激励着全世界的华人。它告诉我们，要有敢于冒险的精神。风险中存在着机遇，完全没有风险，也意味着你放弃了机遇。要有敏锐的眼光，现代社会经济风起云涌，商机瞬息即逝，能抓住商机者必然会是赢家。最重要的是勤奋，行胜于言。

知识链接

一、目标在职业生涯发展中的作用

职业目标是人们追求职业发展的精神支柱和力量源泉。职业目标对于人的职业生涯发展的作用，可以简单归纳为以下两个方面。

1．导向作用

比赛尔是西撒哈拉沙漠中的一颗明珠，每年有数以万计的旅游者来到这儿。可是在肯·莱文发现它之前，这里还是一个封闭而落后的地方。千百年来，这儿的人没有一个走出过大漠，据说不是他们不愿离开这块贫瘠的土地，而是尝试过很多次都没有走出去。

比塞尔人为什么走不出来呢？肯·莱文非常纳闷，最后他只得雇一个比塞尔人，让他带路，看看到底是为什么？他们带了半个月的水，牵了两峰骆驼，肯·莱文收起指南针等现代设备，只拄一根木棍跟在后面。

十天过去了，他们走了大约八百英里的路程，第十一天的早晨，他们果然又回到了比塞尔。这一次肯·莱文终于明自了，比塞尔人之所以走不出大漠，是因为他们根本就不认识北斗星。

在一望无际的沙漠里，一个人如果凭着感觉往前走，他会走出许多大小不一的圆圈，最后的足迹十有八九是一把卷尺的形状。比塞尔村处在浩瀚的沙漠中间，方圆上千千米没有一点参照物，若不认识北斗星又没有指南针，想走出沙漠，确实是不可能的。

肯·莱文在离开比赛尔时，带上了那位上次与他合作的叫作阿古特尔的青年，告诉他白天休息，晚上朝着北面的那颗星星走。阿古特尔照着去做，三天之后果然来到了大漠的边缘，走到了绿洲。

阿古特尔因此成为比赛尔的开拓者，他的铜像被竖在小城的中央。铜像的底座上刻着一行字：新生活是从选定方向开始的。

从上面的这个故事中，我们可以看到确定目标和方向对于我们的重要性。有了明确的职业目标，可以促使个人积聚力量，朝着既定目标前进，不至于在迷茫中徘徊，浪费青春和生命。

2．激励作用

心理学家曾经做过这样的实验，组织三组人，让他们分别向 10 千米以外的 3 个村子进发。

第一组的人既不知道村庄的名字，又不知道路程有多远，只告诉他们跟着向导走就行了。刚走出两三千米，就开始有人叫苦；走到一半的时候，有人几乎愤怒了，他们抱怨为什么要走这么远，何时才能走到头，有人甚至坐在路边不愿走了。越往后走，他们的情绪也就越低落。

第二组的人知道村庄的名字和路程有多远，但路边没有里程碑，只能凭经验来估计行程的时间和距离。走到一半的时候，大多数人想知道已经走了多远，比较有经验的人说："大概走了一半的路程。"于是，大家又簇拥着继续向前走。当走到全程的 3/4 的时候，大家情绪开始低落，觉得疲惫不堪，而路程似乎还有很长。当有人说："快到了！快到了！"大家又振作起来，加快了行进的步伐。

第三组的人不仅知道村子的名字、路程，而且公路旁每 1 千米就有一块里程碑。人们边走边看里程碑，每缩短 1 千米大家便有一小阵儿的快乐。行进中他们用歌声和笑声来消除疲劳，情绪一直很高涨，所以很快就到达了目的地。

心理学家得出了这样的结论：当人们的行动有了明确的目标，并能把自己的行动与目标不断地加以对照，进而清楚地知道自己的行进速度和与目标之间的距离时，人们行动的动机就会得到维持和加强，就会自觉地克服一切困难，努力达到目标。这正是目标的激励作用。

二、职业目标的确定

（一）职业目标确定的意义

确定职业目标是制订职业生涯规划的关键，目标是激励我们走向成功的动力，志向是事业成功的基本前提。职业生涯目标的设定，是职业生涯规划的核心。一个人事业的成败，很大程度上取决于有无正确、适当的目标。

众所周知，男子 110 米栏世界冠军刘翔的名字之所以在一夜之间家喻户晓、世人皆知，成为奥运会冠军，不仅仅是因为他打破了沉寂多年的世界纪录，成为国人乃至世界的骄傲，更深层次的启迪是因为他有自己人生追求的远大目标，在满怀激情、全力以赴地投入训练和不断超越自我的过程中，最终才能实现"我心飞翔"！没有目标，我们的热忱便无的放矢，无处依归。有目标，才有斗志，才能开发我们的潜能。人生的目标，不仅是理想，同时也是约束。有约束，才有超越，才有发展，才有"自由"。

目标的确定，是在继职业选择、职业生涯路线选择后，对人生目标作出的抉择。其抉择是以自己的最佳才能、最优性格、最大兴趣、最有利的环境等信息为依据的。

正确的职业选择至少应考虑以下几点：兴趣与职业的匹配；性格与职业的匹配；特长与职业的匹配；价值观与职业的匹配；内外环境与职业相适应。职业目标的选择正确与否直接关系到人生事业的成功与失败。据统计，在选错职业目标的人当中，超过 80% 的人在事业上是失败者。由此可见，职业目标选择对人生事业发展是何等重要。尽管人们常说"有志者事竟成""天下无难事，只怕有心人"，可是现实情况却往往并非如此。的确，"想干什么"与"能干什么"不是一回事，每个人的能力、天赋和悟性都有所不同，确立了一个目标，也未必一定就能够百分百达到，但是，如果没有一个目标，更加不容易获得成功。所以，不管我们制定的目标是否一定能够达到，目标对我们的成功都有着重要的积极意义。

（二）选择适合自己的职业目标

一般说来，选择职业目标，应当遵循一定的原则。

1. 遵循实现自身价值与服从社会需要相结合的原则

在选择职业时，应考虑社会的现实需要，考虑特定的历史条件和时代要求，要正确处理好社会发展需要与个体发展需要之间的关系，正确处理好国家、集体、个人三者之间的利益关系，把个人利益和社会主义现代化建设的需要协调统一起来。每一个人在选择职业时，可以而且也完全应该考虑个人的爱好、兴趣、特长，这一切和社会利益并不矛盾，但要充分认识到，个人才能的发挥总是与一定的历史条件和社会需要密切联系的，社会需要是个人才能得以发挥的条件和基础。在很多条件下，对某种职业，虽然自己有浓厚的兴趣和胜任的能力，但是由于社会对其需求量较小，或者其不符合社会的发展趋势，因而就业的机会就少。遇到这种情况，就不能片面强调自己的条件和兴趣爱好。

2. 遵循发挥个人能力优势胜任的原则

在选择职业时，应对自己的能力有一个客观实在的评价，包括学识水平、职业技能、身体素质以及个性特点等，是否符合职业要求，不能盲目攀比。尤其是高职生，在这一年龄段，思想比较开放，理想和追求比较高，但缺乏对现实的理性分析，因此首先要面对现实。要对自己有一个清醒的认识和客观的评价。每个人的能力存在个体差异，正如5个手指头伸出来有长有短一样。认清自己在哪一方面有一技之长，在哪一方面有独特的优势，在对个人条件有一个恰如其分的估计以后，还要对岗位特点及需求进行全面了解，做到知己知彼。

3. 遵循满足自己兴趣的原则

在考虑社会需求的前提下，在自己能够胜任的职业中，应当兼顾自己的兴趣爱好，只有对某一项职业产生兴趣，才能将兴趣激发为敬业精神，从面产生强烈的愿望和求知欲，才能使个人的才能和潜力得到充分发挥，个性得到发展，才能从根本上提高工作效率，有所创造，有所成就。兴趣是最好的老师，兴趣引导爱因斯坦走进科学迷宫，成为一代科学巨匠；贝多芬迷恋神奇的音乐世界，终成永流芳名的音乐家。反之，强迫自己做不愿意做的工作，对精力、才能都是一种浪费。

4. 遵循气质类型与职业相一致的原则

心理学家把气质分为多血质、胆汁质、黏液质、抑郁质4种类型。不同气质类型的人在生活和工作中会表现出不同的心理活动和行为方式。多血质的人活泼、好动，反应灵敏，喜欢与人交往，兴趣和情趣容易变换。胆汁质的人精力旺盛、脾气急躁、容易冲动，心境变化剧烈。黏液质的人安静稳重、沉默寡言，显得庄重、情绪不易外露。抑郁质的人孤僻、行动迟缓，善于观察他人不易觉察的细节，具有内向性。气质本身并无好坏之分，每种气质都有积极和消极的一面，多血质和胆汁质的人比较适合做一些要求做出迅速、灵活反应的工作，黏液质、抑郁质的人比较适合做要求细致的工作。

气质是制约人们选择职业的重要因素之一。不同职业对人的气质有特定的要求，如医务人员要求耐心、细致，飞行员要求机智灵敏、注意力集中等。气质具有相对的稳定性，但后天也可以锻炼改造，况且纯粹属于某一气质类型的人很少，大多数人都是几种气质类型兼具的混合体。在选择职业时要注意扬长避短。

5. 遵循符合个性的原则

个性是指一个人在其生活、实践活动中经常表现出来的、比较稳定的、带有一定倾向性的个体心理特征的总和，个性对于一个人的前途命运有直接作用。许多工作对个性特征有着特定的要求，要选择某一职业就必须符合这一职业所要求的性格特征。如企业家，除了具备这一职业所要求的气质、能力外，还应具有果断、勇于开拓创新的特征；教师除了具备丰富的知识外，还应具备热爱学生、正直、有责任感等良好品质；医生要求具有救死扶伤的人道主义精神和一丝不苟的工作态度。实践证明，没有良好的与职业要求相适应的性格品质，就不能很好地适应工作。

6.遵循着眼长远、面向未来的原则

职业不仅是谋生的手段，同时也是发展自我、实现人生价值、服务社会的唯一途径。发展是一个过程，任何事物总是由初级向高级发展，由单一向全面发展，绝不能一蹴而就。在选择职业时，既不能期望值过高，也不能急于求成。要把个性发展与职业发展结合起来，把个人发展与团体发展结合起来，综合考虑各种因素，才能实现自己美好的愿望。

在选择职业的过程中，除了应考虑上述因素的影响和制约外，性别、年龄、身体状况、所学专业、其社会意义和发展前景如何、必要的工作环境和保障条件怎样，这些也在一定程度上影响着人们的择业方向，是人们择业时不可忽视的因素。

要使自己能在当今竞争激烈的人才市场中与众多的大专生、本科生竞争，就必须突出高职生的特点，既有扎实的专业知识，又有熟练的操作技能。应特别注意学好本专业的课程，熟练掌握操作技能，考取本专业的上岗证，并根据自己的需要，考取其他专业的上岗证，掌握多门技术，为将来就业创造更多条件。一个只有书本知识而无工作所必需的各种基本技能的人，是不会受到社会欢迎的。

三、职业发展目标抉择中要注意的问题

（一）职业生涯规划要进行自我定位

职业定位就是要为职业目标与自己的潜能以及主客观条件谋求最佳匹配。良好的职业定位是以自己的最佳才能、最优性格、最大兴趣、最有利的环境等信息为依据的。职业定位过程中要考虑性格与职业的匹配、兴趣与职业的匹配、特长与职业的匹配、专业与职业的匹配等。

自我分析、自我定位是职业生涯规划的首要环节，它决定着个人职业生涯的方向，也决定着职业生涯规划的成败。求职之前先要进行职业生涯规划，进行职业生涯规划之前先要进行准确的自我定位。要先弄清自己想要干什么、能干什么，自己的兴趣、才能、学识适合干什么。我们可通过自我分析与可靠的量表工具的测量，评估自己的职业倾向、能力倾向和职业价值观，这是职业生涯规划的基础。

（二）充分客观地分析发展条件，确定与自己"人职匹配"的职业

依据客观现实，充分考虑到个人与社会和组织环境的关系，通过比较各种职业的条件、要求、性质及与自身条件的匹配情况，选择条件更合适、更符合自己特长、更感兴趣、经过努力能很快胜任、有发展前途的职业。

（三）职业生涯规划是一个动态变化过程

当今社会处于激烈的变化过程中，高职毕业生的就业观念也要相应地改变，打破传统的"一业定终身"的理念，就业、再就业是大趋势，职业生涯规划也随之根据各种变化来调整。所以环境的变化导致自我观念的变化，反映到职业生涯规划上来，就不能一次把终生的职业生涯的每一个具体细节都确定下来。审时度势，及时调整。要根据情况的变化及时调整择业目标，不能固执己见，一成不变。

（四）毕业生职业生涯规划的重点内容是职业准备、职业选择与职业适应

作为一名高职生，摆在我们面前的首要任务是顺利实现就业，所以职业生涯规划的内容应该以职业准备、职业选择和职业适应为主。职业准备主要是对就业前准备工作的规划，也就是明确自己拟选职业要具备的条件和如何达到这些条件，包括要取得毕业证书、取得相应的岗位资格证书或技术等级证书等条件；职业选择就是对如何去赢得这份工作的准备，包括信息的搜集、面试的准备等内容；职业适应是对毕业生初到工作岗位后的适应情况的设想。主要是岗位工作内容的熟悉、组织纪律的适应和人际关系的确立等。

实训策略

练一练1：填写"'理想'知多少"。

我的理想：

1. 小学三年级时

2. 初中时

3. 高中时

4. 大学时

比较之后我发现

我的专业：

1. 我现在就读的专业是

2. 我的专业是怎样选择的

3. 我真正喜欢的专业是

4. 我想从事的工作是

5. 如果有重新选择的机会，我会选择

6. 上述练习给我的启发是

练一练2：思考你的理想职业是什么，试着收集这些职业的信息，分门别类地制表。

练一练 3：创建自己的职业信息库

（1）收集信息。到报刊或者网络上寻找 20 条招聘广告，熟悉招聘广告的内容。

（2）分类统计。针对招聘广告进行分类统计，重点分析和找出适合自己的岗位数量。

（3）建立自己的职业信息库。

第二节 阶段目标的确定和规划

案例分享

曾有研究机构做过一个实验：组织了三组人，让他们分别向 10 公里以外的 3 个村子步行。

第一组的人不知道村庄的名字，也不知道路程有多远，只告诉他们跟着向导走就是。刚走了两三公里就有人叫苦，走了一半时有人几乎愤怒了，越往后走他们的情绪越低落。

第二组的人知道村庄的名字和路程，但路边没有里程碑，他们只能凭经验估计行程时间和距离。走到一半的时候，大多数人就想知道他们已经走了多远，比较有经验的人说："大概走了一半的路程。"于是大家又簇拥着向前走，当走到全程的四分之三时，大家情绪低落，觉得疲惫不堪，路程似乎还很长，当有人说"快到了！"大家又振作起来加快了步伐。

第三组的人不仅知道村子的名字、路程，而且每走一公里就有一块里程碑。人们边走边看里程碑，每缩短一公里大家便有一小阵的快乐。行程中他们情绪一直很高涨，很快就到达了目的地。

点评启示： 当人们的行动有明确的目标，并且把自己的行动与目标不断加以对照，清楚地知道自己的行进速度与目标的距离时，行动的动机就会得到维持和加强，人就会自觉地克服一切困难，努力达到目标。

图 4-1 毕业选择

一、职业生涯目标的分类

正如上楼需要一级级台阶往上爬一样，职业生涯规划中的总体目标也必须分解成多项不互相排斥的小目标才容易达到。按时间划分，目标分为长期目标、中期目标、短期目标。按性质分，目标分为内职业生涯目标和外职业生涯目标。

1. 外职业生涯目标

外职业生涯目标主要包括：职务目标、工作目标、经济目标、工作环境目标、工作地点目标等。

职业目标：是对自己希望担任职位的追求目标。例如，饭店服务员对大堂经理这一职务的追求，推销员对当推销部经理这一职务的追求等。在制订职务目标时，职务应清楚具体，并按时间长短由近及远设定，忌好高骛远、不切实际。

工作目标：是针对自己所学专业或所具备专业素质的内容而制订的工作目标。如计算机专业的学生对当一名高级程序设计师的追求，法律专业学生对当一名律师的追求等。工作内容目标有助于缓解甚至消除我们在追求职务目标时遇到的挫折，同时，它应该成为更多人追求的目标。因为，在工作高职务的设置会随着职位的上升而变得越来越少，而工作内容目标却不会受到限制。当然，工作目标也应具体可行。

经济目标：是我们对工作收入的追求在职业生涯初期，不应过分强调收入；如果将经济目标看得过重，反而会欲速则不达。

工作环境目标与工作地点目标：是我们对自己工作区域的设计。它可以是对城市等大环境的选择，也可以是对单位具体所在位置的选择，甚至是对微观的办公环境的选择，具有较浓厚的个人色彩。具体设计时应切合实际，不能因小失大。

外职业生涯的构成因素通常是由别人给予的，也容易被别人收回。外职业生涯因素的取得往往与自己的付出不符，尤其是在职业生涯初期。

2. 内职业生涯目标

内职业生涯目标包括：观念目标、工作能力目标、心理因素目标、工作成果目标等。

观念目标：实际上是一个人价值观的体现。正确的观念有助于指导我们正视工作中的挫折与失败，正确评价职业生涯各阶段的工作状态、发展状态。反之，不良的观念则滋生抱怨、不满、懈怠等不良的工作状态。我们可以自己摸索、创造能激励的自己的观念目标，也可通过一些励志名言调整自己的观念目标。"不换观念就换人"曾受到过许多管理者的青睐。所以，我们的观念需根据时代与形势的发展而调整。

工作能力目标：是对自己在工作中形成各种能力的目标。这些工作能力包括策划能力、管理能力、创新能力、沟通能力、写作能力等，涵盖在工作能力中所要涉及的方方面面的能力。工作能力目标往往成为衡量一个人职业生涯是否成功的重要方面，它是实现其他目标的一个重要基础。换句话说，能力是获得地位、职位、成果等目标的一个重要前提。能力甚至比机遇本身更重要。没有能力，再好的机遇也会与我们擦肩而过。

心理素质目标：其核心是如何正确对待荣辱得失与挫折等问题。宠而不惊，辱而不乱，得而不骄，失而不馁，把挫折当成是人生的财富，具有顽强的生命力，这样的心理素质才能帮助我们应对职业发展中的各种风波与坎坷。如何有计划，有目的地提高自己的心理素质是职业生涯设计不可忽视的一个重要环节。

工作成果目标：是工作业绩的体现，是我们职业生涯取得发展，最易量化的目标，丰硕的成果还能给我们带来精神上的满足感，职位的提升和物质生活的改善。当然，最终工作成果目标应与各阶段目标相匹配。

内职业生涯各项因素的取得，可以通过别人的帮助而实现，但主要的还是由自己努力追求去实现。与外职业生涯的构成因素不同，内职业生涯的各项构成因素内容一旦取得，别人便不能收回或剥夺。

二、职业生涯规划

1. 职业生涯规划的原则

职业生涯规划说到底是一份人生的规划，它对于人生道路来说具有战略意义，至关重要。决策正确，则一帆风顺，事业有成；反之，则弯路多多，损失多多，及至苦恼多多、教训多多。要制定出科学的职业生涯规划方案，必须在规划时贯彻如下9条原则。

（1）清晰性原则：确定的目标、制订的措施都应该清晰、明确，实现目标的步骤要直截了当。

（2）挑战性原则：目标或措施是具有挑战性，还是仅维持其原来状况？

（3）变动性原则：目标或措施是否有弹性或缓冲性？目标与措施是否一致？个人目标与组织发展目标是否一致？

（4）激励性原则：目标是否符合自己的性格、兴趣和特长？是否能对自己产生内在激励作用？

（5）合作性原则：个人目标与他人的目标责任制是否具有合作性与协调性。

（6）全程原则：拟订生涯规划时必须考虑到生涯发展的整个历程，作全程的考虑。

（7）具体原则：生涯规划各阶段的路线划分与安排，必须具体可行。

（8）实际原则：实现生涯目标的途径很多，在作规划时必须要考虑到自己的物质、社会环境、组织环境以及其他相关的因素，选择切实可行的途径。

（9）可评量原则：设计应有明确的时间限制或标准，以便评量、检查，使自己随时掌握执行状况，并为设计的修正提供参考依据。

2. 职业生涯规划的制定

确定了职业生涯发展策略之后，行动成为关键。职业生涯发展方案通过准备一套周密的行动计划，并辅以考核措施以确保预期实现。

在职业目标和职业发展路线确定之后，为了沿着这条职业发展路线达到职业生涯目标，就需要制订行动计划。

职业规划按照时间的长短来分类，可分为人生规划、长期规划、中期规划与短期规划4种类型。

（1）人生规划：人生规划是指整个职业生涯的规划，时间长至40年左右，设定整个人生的发展目标。例如，规划成为一个有数亿资产的公司董事。

（2）长期规划：长期规划一般指10年的规划，主要设定较长远的目标。例如，规划30岁时成为一家中型公司的部门经理，规划40岁时成为一家大型公司副总经理等。

（3）中期规划：中期规划一般指3—10年内的目标与任务。例如，规划到不同业务部门做经理，规划从大型公司部门经理到小公司做总经理等。

（4）短期规划：短期规划一般指3年以内的规划，主要是确定近期目标，规划近期完成的任务。例如，对专业知识的学习，掌握哪些业务知识等。

人生发展阶段要使目标能够实现，就必须将目标分解量化为具体的行动计划，使自己知道现在应该为目标做什么，使目标有现实的行动基础。把目标量化分解为具体的行动计划，一向采用"逆推法"，即确定达到大目标所需的条件，将大目标分解成为一个个小目标，由高级到低级层层分解，再根据时限，由将来逆推至现在，明确自己现在应该做什么：即时行动、更小的目标、小目标、大目标。用"逆推法"将目标分解量化为具体行动计划的过程，与实现目标的过程正好相反。分解量化大目标的过程是逆时针推进，由将来倒推至现在；实现目标的过程是顺时推进，由现在到将来。

行动计划的制订一般按照内容确定、期望标准、采取的途径和方法、检验和评估结果、适时调整和修订6部分，然后再开始新计划的实施。

计划的制订如同职业目标分解一样，也应该制订出长期计划、中期计划、短期计划，且与相应的职业目标相一致。只不过计划的制订要更加细化、具体化。

10年计划：定出今后10年的大计，20年计划太长，容易令人泄气，10年正合适，而且10年工夫足够成就一件大事。今后10年，你希望自己成为什么样子？有什么样的事业？将有多少收入？计划进行哪些家庭固定资产投资？要过上什么样的生活？你的家庭生活水平与家人健康水平如何？把这些仔细地想清楚，一条一条地计划好，记录在案。

5年计划：定出5年计划的目的，是将10年大计分阶段实施，并将计划进一步具体、详细，将目标进一步分解。

3年计划：俗话说，5年计划看前3年，因此，3年计划要比5年计划更具体、更详细，因为计划是行动的准则。

1年计划：定出明年的计划以及实现计划的步骤、方法与时间表，务必具体、切实可行。如果从现在开始制订目标，则应单独定出今年的计划。

月计划：下月计划应包括下月计划要做的工作、应完成的任务及其在质和量方面的要求、财务上的收支、计划学习的新知识和有关信息、计划结识的新朋友等。

周计划：计划的内容重点在于必须具体、详细、数字化，切实可行。而且每周末提前做好下周计划。

日计划：取最重要的 3 件至 5 件事，按事情的轻重缓急，按先后顺序排好队，明日按计划去做。可以避免"捡了芝麻，丢了西瓜"。

3．目标调整与职业生涯规划修订

俗话说："计划赶不上变化。"影响职业生涯规划与发展的因素很多。有的变化因素是可以预测的，而有的变化因素难以预测。在此状况下，要使职业生涯规划行之有效，就需不断地对职业生涯规划进行评估与调整。调整的内容包括职业的重新选择、职业生涯路线的选择、人生目标的修正、实施措施与计划的变更等。

职业生涯规划是一个动态的反复进行的过程。职业犹如一个人生命的台阶，人们需要在不同的时候站在不同的高度和位置，去审视自己，进行选择；精心的职业生涯规划就是为了实现适宜的选择；适合自己的职业生涯规划是最佳的规划。

4．撰写职业生涯规划书

一个完整有效的职业生涯规划书，应该包括以下 8 项内容。

（1）标题：标题包括姓名、设计年限、年龄跨度、起止时间。规划年限不分长短，可以是半年、3 年、5 年，甚至是 20 年，视个人的具体情况而定。

（2）目标确定：目标确定指确立职业方向、阶段目标和总体目标。职业方向即从业方向，是对职业的选择；阶段目标是职业规划中每个时间段的目标；总体目标即当前可预见的最长远目标，也是在特定规划中的终极目标。在确定总体目标时，如果能适当地看得远些，定得高点，则有助于最大限度地激发规划者的潜能。

（3）个人分析结果：个人分析包括对自己目前的状况分析和对自己将来的基本展望，同时也包括对自己职业生涯有一定影响的角色建议。

（4）社会环境分析结果：社会环境分析指对政治、经济、文化、法律和职业环境等社会外部环境的分析。

（5）组织（企业）分析结果：组织分析主要是对职业、行业与用人单位的分析，包括对用人单位制度、背景、文化、产品或服务、发展领域等的分析。

（6）目标分解与目标组合：分析制订、实现目标的主要影响因素，通过目标分解和目标组合的方法作出果断、明确的目标选择。目标分解是根据观念、知识、能力、心理素质等方面的差距，将职业生涯中的远大目标分解为有一定时间规定的阶段性分目标；目标组合是将若干阶段性目标按照内在的相互关系组合起来，达成更为有利的可操作目标。

（7）制订实施方案：首先找出自身观念、知识、能力、心理素质等方面与实现目标要求之间的差距，然后制订具体方案，逐步缩小差距以实现各阶段目标。

（8）评估标准：衡量此规划是否成功的标准，如果在实施过程中，无法达到制订的目标或要求，应当如何修正和调整？

需要注意的是，文案内容的顺序与规划的步骤不是完全一致的。比如，职业生涯规划的第一步就是要进行自我评估，其次是进行外部环境分析，然后才是职业目标的确立；而文案内容的顺序是先写出职业方向和总体目标，然后再写出自我分析和外部环境分析的结果。其实，这并不矛盾，因为文案的形成是建立在按正常步骤进行规划的基础之上的，之所以将职业方向与目标提前，是为了阅读上的方便，突出核心主题、规划的目标，并有利于与实施方案进行对照、检查和修订。

实训策略

练一练 1：职业目标分解——画出你的目标多叉树

拿出一张白纸，在纸上画出一棵大树。将树干表示你职业理想的大目标，每个树枝代表小目标，叶子就是我们现在的目标，或是我们现在要去做的每件事情。

最后，评估你的职业目标的合理性，判断目标是否可以达成。

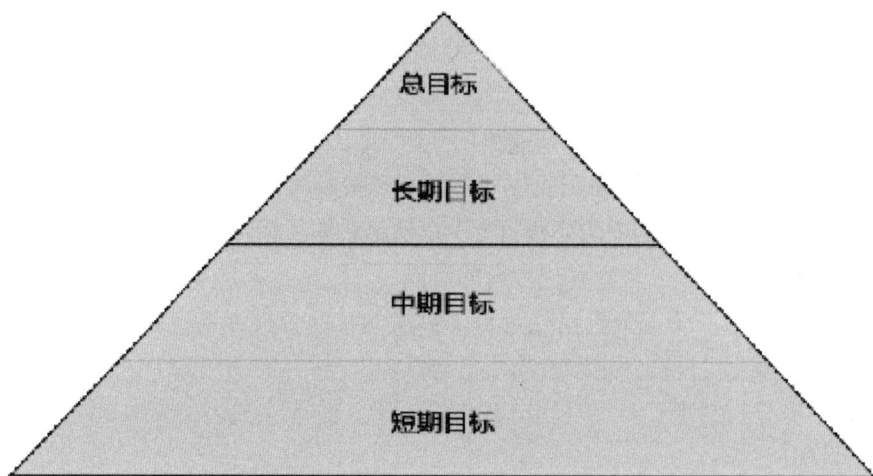

图 4-2 我的人生生涯目标

第三节 职业生涯规划的管理和调整

案例分享

小勇毕业后在一家企业做销售员，因各种问题辞了职，半年后还是没有找到合适的工作。于是，来到职业咨询公司做职业生涯规划。通过测评，小勇非常适合做销售，为其规划的下一个平台是做含金量更高级的销售员，最终目标是做销售经理。小勇对职业顾问帮他做的职业生涯规划相当满意，一个月过去了，当职业顾问进行跟踪问效时，同期做规划的几个人都按要求找到合适工作。只有小勇还原地立正，还说："这也没什么用呀！"

咨询师仔细询问后找出了原因，原来小勇把做规划与实际执行脱了节，感到需要补充的知识有难度，就没有补充学习。咨询师启发他："对职业生涯规划的正确理解是，行之有效的生涯设计需要切实可行的奋斗目标，这是制定职业生涯规划的关键，目标决定着你的方向，没有目标的人，永远也别想成功。目标是职业规划的出发点，同时也是促使一个人去实施规划的巨大动力。鼓舞和鞭策一个人排除一切阻力和干扰，不徘徊、不犹豫、不妥协，勇往直前，全心致力于目标的实现。制定实现职业生涯目标的行动方案，要有具体的行为措施来保证。没有行动，职业目标只能是一种梦想。要制定周详的行动方案，更要注意去落实这一行动方案。比如：如何来提高自己的综合素质？如何提高自己的技能？如何弥补自己的弱项？如何创造晋升的机会？这些具体、详尽、可行的行动方案是实现目标的手段和工具，会帮助你一步一步地实现目标，走向成功。"在咨询师的帮助下，小勇下决心补上自己的知识缺欠，很快就按目标登上了职业生涯规划的第一个台阶。

点评启示：职业生涯规划的制定是一个部分，是上半场；只有把它付诸行动和实施，你才能一步一步实现目标，达成规划，这个是重要部分，是下半场。

一、职业生涯管理

所谓"职业生涯管理"，就是掌握自己与环境的现状，根据需要进行改变和调整，使自己保持最佳的状态，争取最大发展机会去实现自己生涯目标的过程。一个目标是否正确，是否恰当，往往需要在实践中不断完善。对能把握的东西，进行仔细的分析，对还不能把握的东西，就必须先尝试实践，再不断完善。成功的生涯发展需要依靠成功的生涯管理，因为我们的生涯发展中会遭遇许多变化，需要我们把握和调整。变化是人生的常态，也是生涯发展的常态，我们需要建立正确的职业生涯管理观念，勇敢地迎接变化。

1．职业生涯管理三部曲

职业生涯管理是由无数个"三步曲"组成的。

（1）发现变化：变化可能来自于外部，如经济环境、政策导向、家庭的突发事变等；也可能来自于内部，如自己的想法发生了改变等。变化可能是于己有利的，也可能是于己不利的。变化可能比较剧烈，也可能比较平缓而一时不易察觉。我们需要培养自己分析环境和自身的能力，及时发现变化，分析变化的缘由和对生涯发展的影响。

（2）明确需要：变化，对我们的生涯发展可能会带来新的机遇，也可能会造成一些阻力和障碍。这时候我们对自己的"发展需要"要有一个明确的定位与评估。这样，就不会被变化带来的一些意外而使自己偏离了航道，迷失了自己的目标。

（3）进行调整：前面两步是应对变化时首先需要作出的冷静分析和判断，现在就需要采取行动进行调整了。这一步是很关键的，因为只有行动才能产出成果。也许有时候我们会觉得对自己的调整没有百分之百的把握，就迟迟不敢行动，这样往往会失去很多成功的机会。其实，只要我们用积极的心态去管理自己的生涯，即使有时候没有出现预期的结果，也能够借以锻炼自己的心态和管理的能力。没有行动就不会有新的结果，也就没有了再次的选择，而没有选择的人生才是最可悲的。

我们已经学习到，生涯规划就是一个不断地"知己""知彼""作出选择和决定"的过程，这个过程又是在通过生涯管理的"发现变化""明确需要"和"进行调整"的无数三步曲中实现的。

2．职业生涯管理成功的要素

我们已经知道了职业生涯管理的主要含义是根据情况的变化调整生涯目标及其实现的策略。人生的机遇千变万化，我们在生涯的航行中，何时需要调整目标，怎样调整和实现目标，都没有一定的规则可以让我们来照搬照用。不过，成功的生涯管理，一般而言具有下面3种要素，如果我们能够培养好自己这3种素质，就可以以不变应万变，笑傲职场和人生了。

（1）对自己负责的责任感

责任感是激发我们奋进的压力和动力。如果你把一件事当作是自己的责任所在时，就会调动自己的所有智慧和行动，千方百计地把这件事情办好。相反，如果你觉得这件事并不是由你负责任的时候，就可能会对它不闻不问，敷衍了事，或者是等待别人来拿主意，因为你觉得它完成与否和你没有多少关系。可见，是否有责任感，决定了我们对待一件事情的态度，决定了你会投入多少的精力和心血去完成它。那么，我们需要考虑的是：管理自己的生涯，对于自己未来的发展，谁应该对它负责？是老天或命运，是父母或家人，是老师或专家，还是你自己？你把它划归在不同的责任区，相应地就会有不同的态度，从而大大影响你生涯管理的质量。所以，我们要注意树立和培养对自己负责的责任感。

（2）积极有效的行动能力

我们都知道画饼不能充饥，生涯目标不能仅仅停留在脑子里和纸面上。通过前面的学习，我们了解到人的生涯是由不同的发展阶段连接而成的，每一个阶段都有相应的发展任务需要我们去完成，一个阶段的发展任务完成得怎么样，会影响到下一个阶段的生涯发展。而这些发展任务是否能够很好地完成，主要依赖于我们是不是采取了积极有效的行动。例如，就在我们的生涯探索期中，有的同学会主动寻找机会去进行探索和了解，而有的同学则只是消极等待老师或其他人的安排，这样，探索的程度和成果，积极主动的同学显然会优于消极等待的同学。所以，我们要注意培养自己积极有效的行动能力，决不能做"语言的巨人，行动的矮子"。

（3）灵活机动的调整策略

管理自己的生涯，实现生涯目标，需要的不仅是"坚"，还有"韧"，也就是一种弹性和灵活性。面对生涯发展过程中遇到的机遇、阻力或障碍，我们要能够采取灵活机动的调整策略，及时地抓住机遇，要知道机遇往往是稍纵即逝的，稍一放松就会失去机会。如果遇到阻力或障碍，也不能被动地与之对抗，还要主动地规避，化险为夷，创造机会。也就是说，我们不仅需要"苦干"，还需要"巧干"，才能更有效地管理好自己的生涯，减少不必要的损耗。

怎样对待"挫折"是生涯管理中一个很重要的问题。人人都想平平安安、顺顺当当地过一生，但这只是美好的愿望。人的一生总会碰上大大小小、方方面面的许多挫折，有时候还可能是很大的挫折。

奥斯特洛夫斯基说得好："人的生命似洪水在奔腾，不遇到岛屿和暗礁，难以激起美丽的浪花。"的确，没有经历过挫折的人生不是完整的人生。面对挫折，我们需要的是乐观和勇气。其实挫折一点也不可怕，可怕的是受挫后自暴自弃、一蹶不振。遇到挫折后应该从中发现失败的原因，找出不足，汲取经验，不低头，不丧气，用勇气去战胜它。

二、职业生涯调整

1.审时度势调整职业生涯规划

计划赶不上变化。影响你职业生涯规划的因素很多，有的变化因素可以预测，而有的变化因素难以预测，会使你与原来制订的职业生涯目标有所偏差。要使职业生涯规划行之有效，审时度势调整职业生涯规划，不断对职业生涯规划进行评估，修正规划目标、规划策略、规划方案，以适应环境的改变，同时可以作为下轮生涯设计的参考依据。从这个意义上说，反馈调整就是一个再认识、再发现的过程。

职业生涯规划是一个动态变化的过程。当今社会处于激烈的变化过程中，毕业生的就业观念也要相应地改变，打破传统的一业定终生思想。就业、再就业是大趋势，职业生涯规划也随之根据各种变化来调整。所以环境的变化导致自我观念的变化，反映到职业生涯规划上来，就不能一次把终生的职业生涯的每一个细节都确定下来。

职业生涯规划是需要实践检验和不断完善的，因为人的认识是最复杂和多变的，不是一蹴而就的，要经过不断地实践确认，同时通过逐渐地调整，使得职业生涯规划更加清晰、明确。而人的多变性也会导致人的职业生涯规划的目标发生变化。因此整个职业生涯规划要在实施中检验，看效果如何，及时诊断职业生涯规划各个环节出现的问题，找出相应的对策，对规划进行调整与完善。其中，整个规划流程中正确的自我评价是最为基础的环节，这一环节做不好或出现偏差，就会使整个职业生涯规划各个环节出现问题。

在做职业生涯规划的时候，每个人自身和外部环境都不一样，对未来目标的设定也不一样，现实社会中种种不确定因素的存在，使我们不可能对未来的外部情况了如指掌，对自己的一些潜在能力可能了解不够深入，这就需要在实施中不断根据反馈进行规划修正，使之符合客观环境。职业的重新选择、实现目标的时限调整、职业路线的设定以及目标本身的修正，都属于修正范畴。要充分认识、了解相关的环境，评估环境因素对自己职业生涯发展的影响，分析环境的特点、发展变化情况，把握环境因素的优势与限制，了解专业、本行业的地位、形势以及发展趋势。

调整职业生涯规划的最佳时机有两个：一是毕业前夕，有了求职实践，根据求职过程对自身条件的，根据新的就业信息和供需实际，在求职过程中进行调整；二是工作 3 ~ 5 年时，有了从业的实践，在从业过程中调整。两次调整可以是近期目标的调整，也可以是远期目标或职业生涯发展路线的调整。

2．调整职业生涯规划的方法

在职业生涯发展中，形势会经常变化，影响职业生涯规划的因素很多，对职业生涯设计的评估、修订很有必要。修订的内容包括职业的重新选择、职业生涯路线的重新选择、人生目标的重新选择、实施措施与计划的变更等。调整职业生涯规划，实际是职业生涯设计四大步骤的再循环。但再循环不是原有计划的简单重复，而是根据现实的自身条件、外部环境，对原有职业生涯的反思和再创造。

（1）自我条件重新分析

通过"我能干什么，我能干好什么"的自我审视，掌握个人条件的变化以及在职业实践中检验的结果，加深自己的认识，检验自己的职业素质是否符合现在所从事的职业。

调整职业生涯规划时的自我条件分析，不同于第一次进行职业生涯设计时的"分析发展条件的自我分析"，其不同主要表现在两个方面。

①自我条件重新分析是在经过职业活动实践检验感觉的基础上进行的。在校时的发展条件分析，多半是从理论到理论的分析，对自身条件的分析和外部环境的分析往往带有脱离社会实际的非理性色彩。毕业以后在求职或从业实践中，已切身感觉到发展目标、发展平台、发展措施脱离实际，有必要对原先的职业生涯作调整。

②自我条件重新分析是在对原有规划已有调整意向的前提下进行的，即对新目标有了初步想法。这次调整意向，往往是有了新的发展目标，至少是在对第一阶段目标已经有了调整的决心时产生的。

如果说，职业学校在校生进行的职业规划设计是强调先分析发展条件，后确定发展目标，以避免"眼高手低"，那么已有求职实践或从业实践的年轻人进行职业生涯规划的调整，往往是先初定发展目标，再重新评估自我及发展条件，以检验初定目标是否符合实际。

富兰克林说："宝贝放错了地方便是废物。"这句话耐人寻味。通过重新分析自身的发展条件，及时发现自己的长处。经营自己的长处能使人生增值，经营自己的短处会使人生贬值。微软公司总裁比尔·盖茨的最高学历是中学，因为他没有读完哈佛大学就经营电脑公司去了。作为一个及早发现自己的长处并果断去经营自己长处的人，比尔·盖茨最终成了世界首富。

（2）重新评估职业生涯机会

通过"外部环境支持我干什么"的自我审视，对求职环境或原来环境再分析，评估自己职业生涯的机遇和阻碍。

调整职业生涯规划是对职业生涯机会评估，虽然也着力于外部环境，即当前经济发展趋势，但这种外部环境的评估，也像自我条件重新评估一样，是在对原目标不满意、对新目标有想法的前提下进行的。

如果在校期间学生进行职业生涯规划设计时，对外部环境的分析大多依靠间接的资料，那么在调整职业生涯规划时对职业生涯机会的重新评估，除了对规划的发展机会再评估外，更要围绕着新的初选目标实现的可能性进行外部环境的分析。

（3）职业生涯目标修正

通过"我为什么干"的自我审视，在自我条件重新分析和职业生涯机会创造评估的基础上，修正职业生涯规划发展目标或职业生涯阶段目标，即对远期目标、近期目标进行调整。对职业生涯规划目标调整，除了自我和环境再分析的重要依据外，更侧重于目标的价值取向。已有求职实践或从业实践的毕业生，与缺乏求职实践或从业实践的在校生相比，发展目标的价值取向不再是虚拟的、理论的，而是实在的、务实的，这种价值取向，对修正职业生涯发展目标或阶段目标是十分有益的。

选择更适合自己的发展方向，从而为自己的长远发展奠定基础，彻底解决"我为什么干"的问题，是调整职业生涯规划的关键。只有在求职或从业实践中得到感悟，才能使职业生涯规划更加符合自身的实际，做到有的放矢、马到成功。

（4）职业生涯规划实施措施的修订

通过"干得怎么样""应该怎么干"的自我审视，根据修正后的发展目标和阶段目标制订新的自我提升的措施。

规划的设计、制定很重要，规划措施的贯彻、落实同样也很重要。反省原规划中的发展目标产生的针对性、实效性，回顾原规划发展措施的落实情况，既有利于新措施的制定，也有利于新的措施的落实。这种反省与回顾，不仅是调整职业生涯规划的需要，而且也是自我管理能力提高的过程。

成功的职业生涯设计需要每隔一段时间审视内外环境的变化，并调整自己的前进步伐。

调整不是放弃，而是与时俱进。每个人的职业生涯发展都不可能是一帆风顺的，职业生涯规划的调整不但会有"山重水复疑无路，柳暗花明又一村"之感，而且可以使自身素质得到极大的提高。

行为养成

职业生涯规划书制订的 6 个 W

面试时候主考官常常会问这样一个问题：如果你获得这个职位，你将如何开展工作？这就是你必须回答的一个简单的职业生涯规划内容。面对日益激烈的职场竞争，每个人都不得不面对这样的问题：我未来的路在哪里？如何找到我满意的工作？所以每个人其实都会下意识地在心里想过自己的职业规划，也许这只是一个很模糊的意识。只要通过问自己以下几个问题，职业生涯规划过程就明确了。

1．What you are？

首先问自己，你是什么样的人？这是自我分析过程。分析的内容包括：个人的兴趣爱好、性格倾向、身体状况、教育背景、专长、过往经历和思维能力。这样对自己有个全面的了解。

2．What do you want？

你想要什么？这是目标展望过程。包括职业目标、收入目标、学习目标、名望期望和成就感。特别要注意的是学习目标，只有不断确立学习目标，才能不被激烈的竞争淘汰，才能不断超越自我，登上更高的职业高峰。

3．What you can do？

你能做什么？自己专业技能何在？最好能学以致用，发挥自己的专长，在学习过程中积累自己的专业相关知识技能，同时个人工作经历也是一个重要的经验积累。判断你能够做什么。

4．What can support you？

什么是你的职业支撑点？你具有哪些职业竞争能力？你的各种资源和社会关系也许都能够影响你的职业选择。

5．What fit you most？

什么是最适合你的？行业和职位众多，哪个才是适合你的呢？待遇、名望、成就感和工作压力及劳累程度都不一样，看个人的选择了。选择最好的并不是最合适的，选择最合适的才是最好的。这就要根据前四个问题再回答这个问题。

6．What you can choose in the end？

最后你能够选择什么？通过前面的过程，你就能够做出一个简单的职业生涯规划了。机会偏爱有准备的人，你做好了你的职业生涯规划，为未来的职业做出了准备，当然比没有做准备的人机会更多。

职业生涯规划设计"十记"

（1）无论你现在或将来从事何种职业，都要对职业负责；

（2）与同事和谐共处将使工作效率倍增；

（3）优化你的交际技能，它可提高你谋职就业的成功概率；

（4）要善于发现变化并适应变化，善于发现其中的各种机遇并驾驭这些机遇；

（5）要善于灵活地从一个角色迅速转换到另一个角色；

（6）要善于学用新技术，并成为多项应用技术的拥有者；

（7）要舍得花钱花时间学习各种指南型知识简介；

（8）摒弃各种错误观念，及时更新观念，以防被错误思想误导；

（9）选择就业单位时事前应多做摸底研究；

（10）要不断开拓进取、不断开发新技能。

实训策略

练一练 1：对自己进行 SWOT 分析

选用一种科学的决策方法对自己的情况进行分析，做出一个合理的职业决策。

内容：自我状况分析（SWOT），测评的结果简要分析，针对今后的决策规划。

表 4-1　SWOT 分析

有兴趣的行业	SWOT 分析	
行业 1：	S（优势） 1. 2.	W（劣势） 1. 2.
	O（机会） 1. 2.	T（威胁） 1. 2.
行业 2：	S（优势） 1. 2.	W（劣势） 1. 2.
	O（机会） 1. 2.	T（威胁） 1. 2.

练一练 2：了解自己适合什么阶段的企业

【选项】

1. 我希望进入一家薪水普通但稳定性高的企业。

2. 我希望进入一家能重用年轻人的企业。

3. 我希望进入一家以实力决定待遇的企业。

4. 为了自己将来创业方便，我希望进入一家能充分学习的企业。

5. 我希望进入一家环境舒适、能从事新事业开发工作的企业。

6. 我希望做自己喜欢而且待遇又高的工作。

【答案】

选择"1"的人，适合进入"成熟期"的企业；

选择"2"的人,这个愿望恐怕很难在企业中实现,但可以尝试"开发期"或"成长前期"的企业;

选择"3"的人,"成长前期"的企业最适合你;

选择"4"的人,适合进入"开发期"或"成长前期"的企业,如此才有机会学到所有工作的实务;

选择"5"的人,可以考虑"成熟期"企业的企划或开发部门;

选择"6"的人,只有一条路——自己创业当老板。

练一练3：游戏"80岁生日回想"

请大家用舒服的姿势坐好,放松,闭上眼睛。

想象今天是你80岁的生日。你的家人、儿孙、亲戚、朋友都在为你举办一个盛大的生日晚会。家里到处张灯结彩,你的生日晚会很快就开始了。现在,你独自一人坐在书房,外面是隐隐约约的音乐和人声。请回想自己走过的人生,有哪三件事情是你为之感到自豪的,当你回想起来的时候感到愉快。

想好之后,请睁开眼睛,在一张空白的纸上写下三件事情。

练一练4：制作职业生涯规划书

结合自我探索、环境探索结果,与自我此前的认识进行对比思考,针对认知差异,设立人生。目标(分成短期——目标、中期——毕业后3~5年目标、长期——毕业后五年以上目标),并制订行动计划和方案:落实目标的具体措施,主要包括每日、每月、每学年具体实施目标的有效行动步骤。

第四节 时间管理和人脉管理

[案例2]

诸葛亮的个人"职业生涯规划"

东汉三国时期,群雄逐鹿,人杰辈出!与绝大多数怀才不遇者的思维定势相反:长期隐居南阳草庐的诸葛亮一出山就投靠了当时最为势单力薄的刘备集团并终生为其奔走效力。在为刘备集团做出杰出贡献的基础上,诸葛亮实现了个人事业的成功——这归根结底取决于诸葛亮近乎圆满的职业选择策划!

首先,诸葛亮的个人职业发展定位非常清晰。诸葛亮自幼胸怀大志,始终以春秋战国时期两位著名的最高参谋管仲、乐毅为个人楷模,立誓要成为他所处时代杰出的"谋略大师",为光复汉室贡献力量;同时,诸葛亮也非常清楚:他自己长期积累的才干已具备了实现职业目标的可能!

其次,从应聘对象选择上看,诸葛亮也独具慧眼:曹操已经统一了半个中国,实力雄厚,最有资格挑战全国统治权;孙权只求偏安自保;而势力最为弱小的刘备集团却具备快速成长,与曹操、孙权三足鼎立乃至在此基础上一统天下的可能性。原因在于:第一,刘备始终坚持光复汉室的理想并在全国赢得了相当一批支持者——这与诸葛亮的个人价值观吻合;第二,刘备品性坚韧顽强,敢于与任何强大的敌人对抗;第三,刘备待人宽厚谦和,团队凝聚力超强;第四,刘备是汉朝皇族后裔,具备名正言顺继承"大统"的资格。以上条件恰恰是刘备增值潜力最大的资源且其他诸侯很难模仿、替代。此外,还有一个非常重要的原因:到赤壁之战前夕时,曹操和孙权两大集团都已人才济济、颇具规模,诸葛亮若去投奔,最多也只能成为一名"中层管理人员";而当时刘备集团主要由一些武将构成,高级参谋人才奇缺,诸葛亮完全有可能被破格提拔进入最高领导层!

最后,在应聘准备和应聘实施方面,诸葛亮更是做得登峰造极!

在个人推销方面,诸葛亮通过躬耕陇亩给外界留下踏实肯干的印象;同时,他还自作了一篇《梁父吟》,含蓄地表明心志。此外,诸葛亮在与外人言谈中每每自比管仲、乐毅,一方面宣传了个人的卓越才华,另一方面也表明了他对"和谐双赢"的君臣关系的向往。诸葛亮个人才能和求职意向等重要信息最终通过各种渠道传递到了刘备那里。

在应聘临场发挥方面,诸葛亮在完全私密性的"隆中对"时,通过逻辑严谨的精彩表述充分展现了个人对国内军事、政治形势以及刘备集团未来发展战略的全面深入思考,令刘备对这个27岁的年轻人大为叹服!此后,刘备始终待诸葛亮为上宾,全部重大决策都要与其共同协商探讨,甚至在临终之时还有托孤让位之举;诸葛亮也始终对刘备忠诚一心,鞠躬尽瘁!深厚的君臣情谊是刘备集团事业蓬勃发展,最终与曹操、孙权三足鼎立的重要因素并传为千古佳话!

点评启示:诸葛亮是昔日乱世中的一个孤儿,若非正确的职业选择助力,很可能就淹没在历史的尘埃之中,永不为人所知!但积极进取且颇有计划的诸葛亮通过在职业选择上的完美谋划,彻底改变了自己的命运!

在现实中由于各种原因,学生个人职业生涯目标执行力偏低,比如缺乏有效的时间管理,或是不能坚持到底。要实现职业生涯目标,必须学会有效管理时间,自我激励。

一、时间管理

1.时间管理概述

在时间管理工程学中,时间管理的定义是:时间管理是指同样的时间消耗情况下,为提高时间的利用率和有效性而进行的一系列的控制工作。这是由于每个人在社会生产中所处的地位不同而赋予自己的一种内向管理素质。并应用现代科学技术的管理方法对时间的耗费进行预测、预控、计划、实施、检验、总结、评价及反馈等程序,以克服时间浪费,达到既有效率又有效果、既合理又经济地完成预期目标。

2.时间管理的误区

误区一:"我的习惯就这样,不好改"。

如果习惯先迈左脚,再迈右脚,那么"要求"自己先迈右脚,再迈左脚时,每个人起初都会不习惯,只要有意识地加以调整,改变习惯也是轻松的事。行为心理学研究表明:21 天以上的重复会形成习惯;90 天的重复会形成稳定的习惯,即同一个动作,重复 21 天就会变成习惯性的动作;同样道理,任何一个想法,重复 21 天,或者重复验证 21 次,就会变成习惯性想法。没有任何一个习惯是不能改变的。运用时间管理的理念优化自己的生活,一旦开始运用并坚持下来,就会慢慢为自己创造效益、提高生活品质、增加自信,如此循环,必定会养成合理健康的生活习惯。

误区二:"时间管理有什么用,计划赶不上变化"。

21 世纪唯一不变的就是变化,人生不可避免的也是变化。生活的巨变会产生破坏性的压力,如遭遇天灾人祸幸存下来的人因为不能接受亲人离去而在半年内自杀的概率非常高,即使是"五子登科"这样的喜事也会给人带来压力。面对生活中的变化,人们需要给自己留出一些时间来接受改变、适应压力、调整心态。做计划并非死搬硬套、限制自由,而是通过灵活机动的规划,使人们在短时间内有效完成重要任务,从而省出更多的时间适应生活中的变化。事实上,时间管理是为了让变化更具有计划性,将变化作为人们生活的一部分,这样才可以最大限度地减少压力、享受生活。

误区三:"时间掌握在别人手中"。

假设一个高职生一年的费用是 1 万元,那么除以 365 天,折合为每天 27.39 元,那么每个学生每天都在自由地使用 27.39 元。如果他用来聊天、游戏、看韩剧,那么花费不止是 27.39 元;如果他用来学习和实践,那么 27.39 元便是对未来的投资,为个人发展储备知识和能量。无论在学校还是职场，心态决定效率，看似为别人工作，实际上可以达到双赢的局面。从这样的视角来看，时间当然掌握在自己的手中，没有人可以操纵属于别人的时间，除非是自己心甘情愿地浪费。

误区四："时间管理太费时"。

掌握任何一门知识和技术都需要时间的投入，从经济学的观点来看，将时间投入在对自己未来发展有助的知识或技术上，可以收获更可观的报酬。掌握时间管理的理念和技巧，会帮助那些梦想成功者科学地规划生活和学习、提升自我价值，为达到目标做有效的准备。如果以前没有时间管理的概念，那么需要时间思考和分析自己的时间管理状况，一旦将时间管理的理念和原则与自己的生活融会贯通，那么每天只有 10 分钟，便能轻松节省至少 1 个小时的个人时间，与其在催促和焦虑中生活，不如按部就班地完成每项计划。

3. 做好时间管理的前提

（1）什么样的人能做好时间管理

愿意思考原则的人；可以分清轻重缓急的人；有行动力的人；专心的人；不怕独立完成一件事的人；希望过充实人生的人。

（2）浪费时间的几大典型做法

电话干扰：一般人在接电话后习惯聊天一阵子，这样很浪费时间；不速之客：临时有人拜访，闲聊就花掉 10 分钟；拖延的习惯：漠视自己的行动计划，变得越拖越长；缺乏目标计划与优先等级，不知道自己接下来要做什么；由于记忆欠佳，经常需要重新阅读同一材料；对每天规定的目标只能完成不到一半，却不知原因；每天的大量时间用于面对小事杂事大惊小怪；需要时无法找到重要的材料，由于随手乱放，不得不耗费时间四处寻找；做了不少根本不需要做的事；做了能够由别人、并且应该由别人做的事；做了不少耗时过长的事，比如上网、玩游戏、看小说；生活作息没有规律；学习时，难以抗拒别人的盛情邀请。

绝大多数人都避免不了其中几条浪费时间的情况，但是如果所有的情况都符合自己生活状态，这是非常危险的，因为每天在毫无意义的小事上虚度光阴会让自己习惯性地继续虚度后半生。如果是这样的话，改变必须从现在开始。

时间是一种特殊的、珍贵的，稀缺的资源，它不能再生，也不能被储存下来，因此必须利用好每一天的时间，时间管理好的人，是时间的主人，否则就是时间的奴隶。时间管理好的人，应该是一个忙而有序、忙而有效的人。做好时间管理可以从以下几个方面进行。

要有明确的方向或者目标，还要有好的习惯，如：不乱放东西、要勤奋、办事不拖拉等。

（2）做事要有技巧，把事情分出轻重缓急、有主有次，确定优先次序，从最重要的事情开始做起，重要紧急的事马上做；其次是做重要而不紧急的事；紧急但不重要的事，要学会放弃，能放就放；对于不重要也不紧急的事，尽量不去做。

（3）必须控制打电话时间和上网时间，这是不经意中最容易浪费时间的。比如在电脑上做事时，没必要时就不要打开 QQ，以防别人不知情时的干扰，有时尽管你是隐藏的，但在好友登录时也会让你分心。

（4）任何事情，争取一开始就要把它做好，能一次做完的事情尽量一次做完，绝不拖拉，反复做同一件事情最浪费时间。

（5）最后，管理时间还要讲灵活性。一般来说，只将时间的 50% 计划好，其余的 50% 应当属于灵活时间，用来成对各种无法预期的事情。

时间奔驰，从无间断，不知息息；它接着过去，送来了将来，而一切变化中的事物，将以崭新的姿态来到我们面前。珍惜你在高职的每一天，为自己以后的职业发展积蓄能量。

二、人脉管理

1. 如何积累人脉

美国斯坦福大学研究中心曾经发表一份调查报告，结论指出：一个人赚来的钱，12.5% 来自知识，87.5% 来自关系。这个数据是否令你震惊？在好莱坞流行一句话："一个人能否成功，不在于你知道什么（What you know），而是在于你认识谁（Who you know）。"卡耐基训练区负责人黑幼龙指出，这句话并不是叫人不要培养专业知识，而是强调："人脉是一个人通往财富、成功的入门票。"

人脉如同金钱一般，也需要管理、储蓄和增值。人人都可以成为人脉广泛的脉客。如何积累人脉呢？

建立守信用的形象：摩根大通集团郭明鉴有一次在接受记者访问过程中，当被问到"专业与人际关系到底哪一个比较重要"时，他沉思了许久回答："没有专业，你的人际关系都是空的。但是，在专业里，有一条是最难的，那就是信任，而这也是人际关系的基石。"

增加自己被利用的价值："自己是个半吊子，哪里来的朋友？"《胡雪岩》里的这句话，相当贴切地描写出拓展人脉的秘诀。

乐于与别人分享：不管是信息、金钱利益或工作机会，懂得分享的人，最终往往可以获得更多，因为，朋友愿意与他在一起，机会也就越多。

多些创意与细心：据传，日月光半导体总经理刘英武当初在美国 IBM 时，为了争取与老板碰面的机会，每天都观察老板上洗手间的时间，自己选择在那时去上洗手间，增加互动。

把握每一个帮助别人的机会：花旗银行副总裁程耀辉一直秉持这个信念，不管往来人的职位高低，他总是尽量帮助别人，所以大家总是知道："有事找 Roman 就对了。"

保持好奇心：一个只关心自己，对别人、对外界没有好奇心的人，即使再好的机会出现，也会与机会擦肩而过。

同理心：在高阳的《胡雪岩》一书中，也描述了善用"同理心"的艺术："捡现成要看看。于人无损的现成好捡，不然就是抢人家的好处，要将心比心……"铜钱银子用得完，得罪一个人要想补救不大容易。

2. 人脉经营的二八原理

如果你的人脉资源十分丰富，建议你进行人脉资源数据库管理。你可以在网上下载一个名片管理软件，然后输入相关数据。比如：姓名（中英文）、工作数据（公司部门与职称）、地址（商务地址，住家地址，其他地址）、电话与传真及移动电话、电子信箱（公司与个人永久信箱）、网址等，甚至还可以输入更个人化的资料，如：QQ、生日、昵称、个人化称谓、介绍人、统一编号等其他字段。

企业经营管理中有一个著名的"二八"理论，通常的意义是说，在企业中20%的产品在创造着企业80%的利润，20%的顾客为企业带来80%的收入，20%的骨干在创造着80%的财富，80%的质量瑕疵是由20%的原因造成的等。二八原理告诉我们，要抓住那些决定事物命运和本质的关键的少数。

经营人脉资源也是如此。也许，对你一生的前途命运起重大影响和决定作用的，也就是那么几个重要人物，甚至只是一个人。所以，我们不能平均使用我们的时间、精力和资源，我们必须区别对待，我们必须对影响或可能影响我们前途和命运的20%的"贵人"另眼相看，我们必须在他们身上花费80%的时间、精力和资源。这是科学经营人脉资源的原则，与我们的人品与道德是两码事。正如美国的一句流行语所说："一个人能否成功，不在于你知道什么（What you know），而是在于你认识谁（Whom you know）。"有人总结说：对于个人，二十岁到三十岁时，一个人靠专业、体力赚钱；三十多到四十岁时，则靠朋友、关系赚钱；四十岁到五十岁时，靠钱赚钱。由此可知人脉竞争力是如何在一个人的成就里扮演着重要的角色。

人脉是一个人通往财富、成功的入门票。两百年前，胡雪岩因为擅于经营人脉，而得以从一个倒夜壶的小差，翻身成为清朝的红顶商人。两百年后的今天，检视政界商界成功人物的成长轨迹，正因为拥有一本雄厚的"人脉存折"，才有之后辉煌的"成就存折"。

行为养成

学生职业生涯规划应做到的四个结合

职业生涯规划要从生活发展需要出发，正确认识自身的条件与相关环境，从专业、兴趣、爱好、特长、机遇等方面尽早确定自己未来发展方向。是培养专业人才的重要基地，学生应当从跨入校门开始确立自己的未来职业生涯目标；在确立职业生涯规划时，应注意做到以下四个结合。

一、职业生涯规划必须与社会需求相结合

择业是一种社会活动，它必定受到社会的制约，如果择业脱离社会的需求，将很难被社会接纳。职业生涯规划要把握社会对人才需求的动力，以社会需求作为出发点和归宿。这样的职业生涯规划才有现实性和可行性。

二、职业生涯规划必须与所学专业相结合

每一个学生都有自己的专业，每一个专业都有一定的培养目标和就业方向，经过阶段的学习，学生都具有某一领域专业的知识和技能，这是每一个人的优势所在。而且，用人

单位在招聘过程中，首先要考虑学生所学的专业。因此，学生在进行职业生涯规划时，应以所学专业为依据。否则，如果所从事的职业不是自己所学的专业，在参加工作后就要重新"补课"，这无形中为自己的工作和生活增加了许多负担，对个人职业发展是极为不利的。

三、职业生涯规划必须与提高综合能力相结合

知识经济时代是崇尚创新、充满创造力的时代，应养成推陈出新、追求创意和以创新为荣的意识，要有广博的视野、掌握创新知识以及善于开创新领域的能力；树立终身学习的思想观念，不断更新知识结构，有针对性地"充电"，以适应瞬息万变的形式，跟上时代发展潮流；要成为社会的强者，还应懂得团结协作的重要性，才能以合作伙伴的优势弥补自身的缺陷，增强自身力量，与他人友好合作，才能更好地应付知识经济时代的各种挑战。

四、职业生涯规划必须与增强身心健康相结合

千变万化的社会要求学生要有健康的体魄和良好的心理素质。古希腊哲学家赫拉克利特曾指出"如果没有健康，智慧就难以实现，文化无从施展，力量不能战斗，财富变成废物，知识也无法利用"。在人生选择与实践过程中，应培养和锻炼自己对挫折的承受能力和情绪调控能力，增加生活的磨炼与体验，以正确的人生态度对待困难和挫折。

每天要花十分钟做计划：

（1）要有书面的待办单，日计划、周计划和月度计划；

（2）每周都将你的工作排出优先顺序；

（3）能在高效的时间里做完重要工作；

（4）有明确的生活和工作目标。

实训策略

练一练 1：分析问题

有一位同学，为自己制定的职业目标是：取得有用的职业资格证，创办工厂成为企业家，拥有一幢别墅。

1. 请分析这位同学的职业目标存在哪些问题。

2. 根据自己的实际情况，为自己制定一份职业生涯目标，必须具有可操作性。

练一练 2：测测你的时间管理现状

请根据自己在日常学习与生活中对待时间的方式与态度，选择最适合你的选项。

1. 星期天，你早晨醒来时发现外面正在下雨而且天气阴沉，你会怎么办？（ ）

a. 接着再睡　　　b. 仍在床上逗留。　　　c. 按照一贯的生活规律，穿衣起床

2. 吃完早饭后，在上课之前，你还有一段自由时间，你怎么利用？（ ）

a. 无所事事，根本没有考虑学习点什么，不知不觉地过去了

b. 准备学点什么，但又不知道学什么好

c. 按照预先订好的学习计划进行，充分利用这一段自由时间

3. 除每天上课外，对所学的各门课程，在课余时间里怎样安排？（ ）

a. 没有任何学习计划，高兴学什么就学什么

b. 按照自己最大的能量来安排复习、作业、预习，并紧张地学习

c. 按照当天所学的课程和明天要学的内容制订计划，严格有序地学习

3. 你每天晚上怎样安排第二天的学习时间？（ ）

a. 不考虑   b. 心中和口头做些安排   c. 书面写出第二天的学习计划

4. 为自己拟定了"每日学习计划表"，并严格执行。（ ）

a. 很少如此   b. 有时如此   c. 经常如此

5. 我每天的休息时间表有一定的灵活性,让自己有一定时间去应付预想不到的事情。（ ）

a. 很少如此   b. 有时如此   c. 经常如此

6. 当你发现自己近来浪费时间比较严重时，你有何感受？（ ）

a. 无所谓   b. 感到很痛心   c. 感到应该从现在起抓紧时间

7. 当你学习忙得不可开交，而又感到有点力不从心时，你怎样处理？（ ）

a. 开始有些泄气，认为自己脑袋笨，自暴自弃

b. 有干劲，有用不完的精力，但又感到时间太少，仍然拼命学习

c. 开始分析检查自己的学习时间分配是否合理，找出合理安排学习时间的方法，在有限的时间里提高学习效率

8. 在学习时，常常被人干扰打断，你怎么办？（ ）

a. 听之任之   b. 抱怨，但又毫无办法   c. 采取措施防止外界干扰

9. 当你学习效率不高时，你怎么办？（ ）

a. 强打精神，坚持学习

b. 休息一下，活动活动，轻松轻松，以利再战

c. 把学习暂停下来，转换一下兴奋中心，待效率最佳的时刻到来，再高效率地学习

10. 你怎样阅读课外书籍？（ ）

a. 无明确目的，见什么看什么，并经常读出声来

b. 能一面阅读一面选择

c. 有明确目的进行阅读，运用快速阅读法加强自己的阅读能力

11. 你喜欢什么样的生活？（ ）

a. 按部就班，平静如水的生活

b. 急急忙忙、精神紧张的生活

c. 轻松愉快，节奏明显的生活

12. 你的手表或书房的闹钟经常处于什么状态？（ ）

a. 常常慢   b. 比较准确   c. 经常比标准时间快一些

13. 你的书桌井然有序吗？（　）

a. 很少如此　　　　　b. 偶尔如此　　　　　　　　c. 常常如此

14. 你经常反省自己处理时间的方法吗？（　）

a. 很少如此　　　　　b. 偶尔如此　　　　　　　　c. 常常如此

参考答案：

[评分方法]

选择 a，得 1 分；选择 b，得 2 分；选择 c，得 3 分。

将你自己各题的得分加起来，然后根据下面的评析判断出自己的时间管理能力和水平。

35～45 分，有很强的时间管理能力。在时间管理上，你是一个成功者，不仅时间观念强，而且还能有目的、有计划、合理有效地安排学习和生活时间，时间的利用率高，学习效果良好。

25～34 分，较善于对时间进行自我管理，时间管理能力较强，有较强的时间观念，但是，在时间的安排和使用方法上还有待进一步提高。

15～24 分，时间自我管理能力一般，在时间的安排和使用上缺乏明确的目的性，计划性也较差，时间观念较淡薄。

14 分以下，不善于时间管理，时间自我管理的能力很差，在时间的自我管理上是一个失败者，不仅时间观念淡薄，而且也不会合理地安排和支配自己的学习、生活时间。你需要好好地训练自己，逐步掌握时间管理的技巧。

如果你做完这套测验以后，所得的分数较低说明你对时间的管理、处理方式和能力存在不少问题。这时你不但要提高警惕，而且还要努力寻求改进的方法。

第五章　职业生涯发展与就业、创业

　　毕业生在求职择业及上岗成为新职业者的过程中，依法享有不容侵犯的就业权益。但是在现实中，毕业生的就业权益经常受到有意或无意的侵犯，既损害了毕业生的利益，挫伤了毕业生服务社会的积极性，也影响了毕业生的职业发展前程。因此，学生在求职与见习的过程中，应该时刻注意对自身合法权益的维护，以便能够顺利择业，愉悦上岗，并在将来的事业上有所建树。

第一节　正确认识就业

案例分享

[案例1]

走好职业生涯的第一步

何晓华是广州一家职业技术学校汽车维修专业的毕业生。在校学习期间，他刻苦读书、潜心钻研，顺利地拿到了"汽车维修工技师证"和"汽车维修工上岗证"两个证书。在找工作时，何晓华收到了好几家公司的录用通知书。

经过再三考虑，何晓华放弃了在广州两家大维修厂工作的机会，选择在珠海市海天汽车有限公司开始自己职业生涯的第一步。何晓华想，虽然珠海市的这家汽车公司与那两家广州的公司相比，在规模、名气、工资上都存在一定差距，但是这家公司十分重视对员工的培养，而且发展迅速。虽然前3个月试用期的工资只有700元，但何晓华并不为自己的选择感到后悔。

现在，刚出校园不到半年的何晓华，已经掌握了丰田、大众、马自达和金杯等好几种品牌车型的修理技术了。对于未来的职业前景，何晓华满怀信心。

知识链接

一、为了成功的明天——职业生涯发展与就业观

人生的道路虽然漫长，但紧要处常常只有几步。踏入高职学校之时，我们就迈出了职业生涯发展的关键一步，走向新的人生旅程。在这一发展历程中，正确的就业观如同一盏明灯，指引着职业生涯发展的方向。树立正确的就业观，有助于我们理性地规划未来的发展，并努力在学习过程中自觉地提高从业能力和职业生涯管理能力。

（一）发展从今天起步

对于我们高职生来说，无论是在校学习期间还是将来毕业走上社会，职业生涯的规划和发展都伴随我们共同成长。个人职业生涯的发展是一个连续的积累过程，并且呈螺旋式上升的状态。这就是说，一个人的职业生涯发展能否成功，不仅取决于某一个时间或某一个时段我们做了什么，而且取决于我们在整个职业生涯发展中的表现。

一些同学可能认为，职业生涯的发展是从第一份工作开始的，其实不然，我们在学校里学习和生活时，就已经开始了职业生涯发展的准备。这一阶段的主要任务是不断地汲取知识，培养自己各方面的能力，为将来步入职场打好基础、做好准备。

（二）正确的就业观是奠定成功基础

就业观是人们在就业方面的根本性观念，它对人们的就业选择、从业行为具有导向和推动作用，对人们的职业生涯发展产生决定性的影响。正确的就业观是成功就业的前提，那么，当代高职生应当树立什么样的就业观呢？

第一，树立"先就业再择业"的思想，打破一步到位、一次选择定终身的观念。我们要转变思想观念，把职业视作基本的谋生手段，不要对第一份工作过于挑剔，只要岗位合适，并能实现自己的价值，为社会发出一份光和热，行业、体制、区域都可以跨越。我们在做第一份工作的过程中，可以通过工作实践和岗位培训等提高自己的技能，为日后的进一步发展和再一次择业打好基础。

第二，树立竞争就业的思想，不断充实和提升自己。当前，人才的竞争愈加激烈。对此，我们要知道"上岗凭本事，提拔靠贡献"的道理，树立竞争就业的思想，不断学习新的知识与技能，不断提高自身的素质，把自己培养成适应社会需要的优秀人才。

第三，树立自主就业的思想，在就业过程中发挥自己的创造性。就业时，我们不能只依赖学校"分配工作"和家长"有路子找工作"，而应自己到就业市场去观察、去体验、去实践。我们还应具有自主创业的精神，在有了一定的条件、经验、人脉等资源的积累后，开创自己的事业，寻求职业生涯的大发展。

图 5-1　招工难与找工难

案例链接

发挥自主性，开创新天地

刘江峰在职业学校学的是果林专业，因成绩优异，毕业后被学校推荐到省农科院工作。随着改革开放的深入和社会主义新农村的建设，一批有知识、懂技术、会管理的青年回到农村，实现了自己的职业理想。刘江峰结合自己的实际情况，辞掉了让许多人美慕的稳定工作，回到了家乡刘各庄村。他暗下决心，要把所学的专业知识奉献给家乡。

第二年一开春，他筹集资金，承包了村东的120亩果园。在刚开始的几年，刘江峰先后遇到了果园病虫害、资金短缺及果园管理难度大等问题，但刘江峰没有放弃，通过各种途径，使得120亩果园焕发出了勃勃生机。

刘江峰以前虽然工作稳定、待遇不错，但他并不满足于现状，而是充分发挥自主性和创造性，选择了能够发挥自己专业优势的创业之路—承包果园。这一决定不但给刘江峰带来了丰厚的经济收入，使他的职业生涯道路越走越宽，而且带动了周边的乡亲致富。

思考：

刘江峰放弃了令人美慕的工作而选择回到家乡承包果园，你怎么看待他的选择？

图 5-2 学生与就业关系

二、审时度势——就业形势、就业政策与择业观

高职生应顺应当前的就业形势和就业政策，从个人实际、社会需求和长远发展入手，树立正确的择业观。只有这样，才能顺应经济社会的发展，实现自己的职业理想。

（一）我国的就业形势

1. 社会就业形势严峻

改革开放 30 多年来，我国经济快速发展，在工业化、城市化、市场化、国际化的进程中，涌现出大量企业，为劳动者提供了一定的就业机会。然而与迅猛增长的劳动力供给量相比，就业岗位的增加依然显得"步履沉重"。据有关部门统计，在现有的经济格局下，每年新增的就业岗位有 1000 多万个，而我国新增加的劳动力加上现存的下岗失业人员，每年达到 2000 多万人，供求之间存在着巨大的差距。

2. 技能型人才抢手

技能型人才是我国经济快速发展的顶梁柱，为我国实现现代化作出了突出贡献。近年来，技能型人才占就业人数的比例在日益上升，经济越发达的地区，对高技能型人才的需求越大，例如，国家原有的八级工匠等高技能型人才紧缺，他们的工资甚至超过了工程师。国家更是出台了一系列政策，大力发展职业教育，大力培养技能型人才。只要我们努力学好专业、学好技术，未来的职业发展前景会更广阔！

3.各地区就业形势差异大

一个地区的就业形势往往与当地的经济发展水平相联系，一般来说，经济发达地区开放程度比较高，市场化和国际化运作相对正规，所以能为劳动者提供的就业岗位比较多。而我国幅员辽阔，各地区的经济发展水平存在着很大的差异，因此，各地的就业形势也就有所不同。总的来说，我国东部沿海地区的就业形势好于西部内陆地区；开放程度较高地区的就业形势好于开放程度较低的地区。

（二）当前的就业政策和就业市场

我国当前的就业政策主要是：市场调节就业、政府促进就业和鼓励创业。我国正从一个制造业大国向制造业强国转变，各行各业对技能型人才都有着很大的需求。当然，我们也不能盲目乐观。虽然市场对技能型人才需求很大，但技能掌握得不牢固、不扎实的学生，即使走上了工作岗位也会面临被辞退的风险。此外，如果不能做到踏实、认真地工作，频繁跳槽，职业生涯发展也不会很顺利。在我国的现代化进程中，技能型人才严重短缺，因此职业学校毕业生比较抢手。同时，市场经济的双向选择机制也使得高职生必须面对激烈的市场竞争，凭借自己的专业实力和综合素质得到工作岗位、获得职业生涯的发展。

我们接受的职业学校的教育注重实践能力的培养。很多职业学校在完成教学任务的同时，还与企业达成合作协议，把生产车间直接开到学校里面，通过这种方式，不少学生毕业时已经是熟练工人，一上岗就能立刻接手工作。这使得我们高职生拥有得天独厚的技能优势，能够在激烈竞争的就业市场中找到发挥自己作用的场所。

（三）正确的择业观是顺利就业的关键

在择业的过程中，抱有正确的择业观至关重要。这不仅关系到能否顺利就业，也关系到今后的职业发展。面对严峻的就业形势，我们应当树立哪些择业观呢？

第一，立足个人实际。在选择岗位时，最基本的一点是要立足个人实际。别人眼中的好单位、好工作，不一定是对自己的发展最有利的岗位。因此，在选择岗位时，要注意结合自己的性格、兴趣、爱好和优势，选择自己最适合的。只有选择了最适合自己的岗位，才能最大限度地发挥自己的潜能，才能使自己的职业生涯之路越走越顺。

第二，立足社会需要。职业能够存在，是因为社会上存在对这种职业的需求。社会需求下降，就会出现用人单位裁员的行为。我们在选择就业岗位时，不能只根据"工作是否体面、待遇高不高"等标准，对个人得失考虑过多，而应当立足社会的需要，到社会最需要我们的地方去发挥聪明才智，在奉献中实现自身的价值。其实，对我们高职生来说，从事社会需要的工作，坚持做下去，并用心思考，成为行家里手，就有可能在某种职业岗位以及相关职业岗位上取得成功。这样既能满足社会需要又能实现自身价值，实现双赢。

第三，立足长远发展。在选择就业岗位时，要目光长远。当前，我国正在进行产业结构调整，很多产业刚刚兴起，很多新岗位刚刚被我们所认识，随着市场的不断变化，它们会有很好的发展前景。只要能够在岗位上发挥自己的优势和潜能，有机会学到新的东西，就不愁明天没有成功的机会。

三、理想走向现实——提高就业质量

近年来，高职生就业形势比较乐观，但在高就业率的背后可能隐藏着低就业质量的现象。有的高职生在就业时，因为不能正确定位、岗位适应能力差、缺乏与人沟通合作等问题而不能适应岗位，最终放弃，频繁跳槽，继而四处碰壁。还有的高职生在产业升级不断提速的今天，不能正确认识自我、找准岗位定位，不能勤于学习，缺乏发展的后劲，致使上升渠道不畅通。这些职业理想与现实之间的巨大差异，严重影响了高职生的职业生涯发展，降低了就业质量。因此，党的十八大明确指出，把"实现更高质量的就业"作为当前我国就业的基本方针政策。

（一）拓宽就业思路，保证就业"量"的提高

高职生要立足本人实际，转变就业观念，认清当前就业形势，了解行业发展动态，积极学习技能和积累资源，不断拓宽就业思路，努力增加就业机会。

很多高职生在择业的时候，倾向去国家机关或大型企事业单位，对于别的行业和岗位了解较少，往往错过了许多很有发展空间的就业机会。就业岗位的选择，不能只注重眼前的利益，高职生要转变就业观念，综合考虑自己的优势和职业岗位的发展空间。成功的秘诀不在于工作种类的优劣，而在于就业者更宽的眼界和发展的思路，以及对待工作的认真态度。

（二）增强技能水平，实现就业"质"的转变

在激烈的市场竞争中，高职生必须突出自身优势才能够取胜。高职生的优势是专业技能好、操作能力强、顶岗就业快。因此，同学们要树立靠实力竞争上岗的意识，搞好学业，强化专业知识和技能，并努力达到一专多能，将过硬的专业技能作为就业成功的敲门砖。高职生实现就业以后，还要在实践中不断积累经验和阅历，增强分析问题、解决问题的能力，加强职业学习和技能培训，注重提升自身的就业和创业能力，增强技能水平，最终实现自己的职业目标，实现"质"的飞跃。

（三）提高自身素质，实现更高质量的就业

一般单位的用人标准最看重的不是工作经验，而是入职人员的综合素质，如人际交往能力、沟通协调能力、学习和接受能力，以及为人处世的态度和品行等。高职生由于长期在家庭和学校的呵护下，与社会接触较少，因此在一定程度上缺乏沟通协调的能力。参加工作后，做事缺乏主动性，不积极想办法解决问题，常常出现被公司辞退还不知道为什么的情况。这些问题都需要通过不断提高自身素质来解决。

高职生应该树立务实的择业观，珍惜就业的机会，努力了解企业文化，遵守职业道德和企业规章制度，不断提高自身的综合素质和职业素养。只有具有较高的素质并真正融入工作单位中，才能热爱和做好本职工作，增强就业的稳定性，最终实现更高质量的就业。

态度改变

企业需要什么样的人才？

中国500强企业侨兴集团的人力资源部总监李国臣认为，具备扎实的专业知识是对应聘者最基本的要求，德才兼备的人才能真正得到企业的青睐。为此，李国臣提出了"四品说"：有才有德是"正品"，有才无德是"毒品"，无才有德是"次品"，无才无德是"废品"。这与蒙牛集团的用人标准不谋而合：有德有才，破格重用；有德无才，培养使用；有才无德，限制录用；无德无才，坚决不用。

第二节　做好就业准备

案例分享

[案例1]

扎扎实实走向明天

张云飞与王力强同在江苏某职业学校学习计算机应用专业，两人都很聪明，也很努力，在学校技能大赛的网页设计专场赛中，他们都获得了优胜奖。进入三年级，张云飞在电脑游戏上花了不少时间，到了下半学期又忙着与同学、老乡聚会，感受毕业前夕的友谊。踏实的王力强在三年级实习期间，在公司努力做事，主动向师傅请教各种专业问题和职场知识，下班后经常看报纸、上招聘网站，周末去招聘会，还不时找班主任、已毕业的师兄、已工作的亲友聊天，了解了很多职业信息，制定了求职计划。毕业前夕，王力强对收集到的招聘信息进行整理，进一步分析自己的优势与不足，把精心制作的求职简历投向了几个目标单位。

随着毕业日期的临近，王力强顺利与家之友电子商务公司签订了就业合同，而张云飞此时才开始仓促地找工作。

1. 张云飞与王力强的案例对你有什么启示？
2. 在就业之前，我们应做哪些方面的准备？

知识链接

一、职场的呼唤—做好从"学校人"到"职业人"的角色转换

从高等职业学院毕业后，我们中的大部分人会步入职场，开始新的生活。职场是我们发展与获取成功体验的重要场所。但学校与职场在活动内容、行为方式、人际交往等方面有很多不同，可能导致一些毕业生在短时间内难以适应新的环境，甚至影响了职业生涯的顺利发展。能否顺利地完成从"学校人"到"职业人"的角色转变，能否迈好职业生涯的第一步，这对每一个高职生来说都非常重要。

（一）认识"职业人"

简单来说，职业人就是指有职业的人或是从事职业活动的人，也可以说是职业活动领域中的人。职业人是作为职业活动的主体和基础要素而存在的人，他处于职场中，与职业岗位相联系，通过自己具备的职业知识和职业技能，完成相应的工作职责，并获得一定的经济报酬。此外，职业人还应具有职业精神。行有行规，职业人从事哪种职业，就应遵守哪种职业的基本准则和约定俗成的规则。

从职业人的含义，我们可以看到，"职业人"角色和"学校人"角色之间存在着很大差异。我们步入工作领域，需要及时从"学校人"角色转换为"职业人"角色，只有角色转换成功，才能尽快适应社会、融入社会，否则必然在社会中碰壁。如何成为成功的"职业人"？

要想将自己塑造成为成功的"职业人"，就要做到德艺双修。

1. 要具备优良的道德品质

在日常生活中严于律己、宽以待人、诚实守信；在工作中认真负责、爱岗敬业。

2. 要具备高超的技艺

掌握一门精湛的技术有利于我们个人职业生涯的发展，若没有高超的技术，就会缺乏竞争和发展的优势。

在日常生活中，无论是文化课学习、专业课实训还是社会实践活动，我们都要把自己当作"职业人"，做到"敬业为德，学艺求精"。日积月累，习惯成自然，"职业人"的角色便会逐渐内化于我们的心灵之中。这样，当我们真正成为"职业人"、从事职业工作的时候，就能应对自如、从容不迫。

（二）角色转换的四个重点

从"学校人"到"职业人"，既是人生非常重要的角色转换，也是一次人生的跨越，是职业生涯发展的跳板，对高职生迈好职业生涯的第一步非常重要。

1. 成长导向向职业导向的转变

"学校人"的主要任务是努力汲取知识，德、智、体、美全方面发展，掌握在职业生活中奋勇搏击的本领，是一个接受教育、储备知识、培养能力的成长过程。"职业人"以特定的身份去履行自己的职责，依靠自己的本领为社会服务，完成社会分工中自己应尽的职责。对一个"职业人"来说，承担并履行职业责任是非常关键的。责任心强不强，是用人单位考核员工的重要内容。

承担角色责任是从"学校人"向"职业人"角色转换的基础。为顺利完成这一转换，高职生在学生时代应把每一项实验、实训当作真正的职业活动来完成，有意识地培养自己的责任感。毕业后步入职场，在面对琐碎、单调、重复的工作时，要调整不安心工作的心态，尽快熟悉新环境，找准角色定位，爱岗敬业。

2. 个性导向向团队导向的转变

学校中的人际关系简单，学生以完成学习任务为主，虽然在集体中生活，但学习活动主要由个人完成。在多种形式的学习活动中，学校鼓励学生主动地发展自己，个性发展在学校教育中受到特别的重视。而步入工作岗位，人际关系会变得相对复杂，这时，团队意识就成为"职业人"应具备的素质之一。

只有融入团队，才能在团队中得到发展。因此，在学生时代，我们应该热爱集体、融入集体，积极参加集体活动，在活动中培养集体主义精神，在实践中提高自己的团队意识。毕业后进入职场，要积极熟悉所在团队的特点，使自己尽快进入角色。

3. 思维导向向行为导向的转变

"学校人"的学习活动以思维为主，主要特点是"想"。思维活动是用头脑去想、去记、去理解的活动，主要表现在意识领域，即使思维出了问题，一般也不会产生较严重的后果。"职业人"的职业活动以行为为主，主要特点是"做"。有行为就有相应的后果，基本上不允许犯错，因为一旦犯了错就将带来不良后果。

行为不允许出错，是对"职业人"的基本要求。高职生在学生时代，应该在学习理论知识和实操训练时，养成一丝不苟、精益求精的习惯，为思维导向向行为导向的转变做好铺垫。

4. 智力导向向品德导向转变

"学校人"以学习为主，虽然学校工作以德育为首，但智力高、学习好的学生往往是人们心目中的佼佼者。"职业人"以职业为主，企业效益的提高，更多的是依靠员工对企业的忠诚，依靠员工之间的精诚合作，因此企业十分重视应聘人员如何处理"做人"和"做事"的关系。

职业道德是用人单位最看重的品质。高职生在学生时代不应重智轻德，而要学习如何去做人，为职业生涯的顺利起步做好准备。毕业后初入职场，要珍惜职业生涯中的第一份工作，尽快了解行业职业道德行为标准，并以此来规范自己的行为，尽快适应工作，在做事之中按职业要求做人。

如果我们能在学生时代为上述角色转换做好充分准备，又在就业后为之努力，就能较好地完成角色转换，迈好职业生涯第一步。

二、塑造符合社会需要的"我"——做好适应社会、融入社会的准备

适应社会、融入社会的能力，是我们在社会中生存所必须具备的基本能力，也是我们职业生涯顺利发展的前提。如果缺乏这种能力，即使在其他方面再优秀，也会遭到社会和职场的排斥，因而无法从社会中获得自身发展所需要的资源，更无法获得施展抱负的空间。适应社会、融入社会的能力可从下述几方面来培养。

（一）在学习中训练

知识是能力的基础，但不等同于能力，将知识运用于实践才能成为能力，要有一个转化过程，这个过程的完成需要训练。学校安排调查、试验、实习等实践类的课程，就是为

了使学生把知识转化为能力。在校期间，我们应当积极、主动地完成这个转化过程。

（二）在日常生活中训练

社会能力的提高要靠日常生活中的训练。平时就要注意穿衣得体，训练自己的言行举止，争取给人留下良好的第一印象。

当你和同学发生矛盾的时候，要努力控制自己的不良情绪，久而久之，控制力就提高了，个人修养也提升了。有的同学平时只顾自己学习，不愿意承担社会工作，其实承担一些社会工作是训练组织能力和执行任务能力的好机会。用人单位招聘时，往往会关注毕业生在校期间担任过什么职务，借此评估学生的团队精神、组织能力和执行任务的能力。

（三）在社会实践中提高

尽管在学校生活中可以训练自己的能力，但学校生活毕竟有一定的局限性。学生时代的人际关系并不复杂，遇到的问题和矛盾容易解决。因此，还需要通过社会实践来提高自己的社会能力。高职生对社会的适应应该积极主动，在校期间既要多参加各种活动，也要多参加各种社会实践，只有这样，才有利于社会能力的提高。

三、找工作有诀窍——掌握求职的基本方法

做事要讲究方法，只有掌握了行之有效的方法，才可以收到事半功倍的效果。求职也不例外，从开始求职到求职成功，每一步都有方法可循。

（一）收集和整理信息

信息是决策的重要依据，全面、准确的职业信息，能够确保我们做出正确的职业决策。如果求职者耳目闭塞、信息不灵，择业就如同盲人骑瞎马，很难找到理想的工作。因此，我们要重视信息的收集和整理。

收集职业信息的渠道主要包括：职业介绍机构，招聘洽谈会，报刊，网络，自己的观察，亲友、邻居、校友的介绍，以及学校就业指导部门。在收集完信息后，我们还需要对信息进行分类整理，找出有价值、可利用的信息，摒弃那些无用的、冗余的信息以及错误的、虚假的信息。

职业信息有哪些内容？

（1）招聘单位的基本情况，包括招聘单位所属的行业、组织机构、业务范围和内容、所在地区、产权性质等。

（2）需求岗位的工作内容，包括上下级关系、工作职责、工作权限、考核方式、工作时间、工作场所、工作环境等。

（3）招聘单位的薪酬待遇，包括工资、奖金、津贴、福利以及医疗、养老保险等。

（4）招聘条件，即招聘单位对求职者的具体要求，包括学历、专业、职业资格、能力以及心理素质、身体素质要求等。

（5）招聘数量与报名办法，包括用人单位有哪些岗位要招人，每种岗位招聘人员的数量，

报名的时间、地点、方式，应准备哪些证件和材料等。

（二）了解求职途径

求职途径因人而异。我们可以通过以下几种途径进行求职：

1．学校推荐

职业学校设有专门为学生提供就业指导的部门，负责毕业生的就业工作。就业指导部门的老师有丰富的就业指导知识，也能够给我们提供针对性强、适配度高的职业信息。

2．实习就业

学校一般都会组织毕业生到一些单位去实习。在实习期，不少学生因为工作努力和认真学习而被用人单位选中。在高职生的就业中，实习是一条"顺风直航"的就业途径。

3．参加招聘会

现场招聘会举办众多，这是我们求职的重要途径之一。除了参加学校组织的校园招聘会外，我们还可以根据自身情况，有选择地参加一些社会招聘会。

4．网络求职

在网上求职范围广，无区域和时间限制，快捷、高效、省时、省力、费用低，种种优势使得网络求职越来越受到求职者和招聘单位的青睐。

5．社会关系

在现代社会，沟通和交往非常重要，社会关系网络对求职者来说，可能也是就业机会。父母、亲友往往能提供有用的职业信息，而且比较准确、可靠。此外，已毕业的师兄师姐、学校的专业课程老师也能够提供不少有用的职业信息。

（三）学习撰写简历

简历是一种个人重要信息的汇集。我们在未来求职时所用的简历，主要包括个人基本情况、学业情况、实习经历、专业特长和求职意向五部分内容，如表5-1所示。

表5-1 简历的内容

项目	具体内容
个人基本情况	列出自己的姓名、年龄、性别、籍贯、政治面貌、学校和专业等基本信息，此外还有健康状况、爱好与兴趣、联系方式等。
学业情况	写明各阶段学习的起止时间，所学的主要课程及考核成绩，在班级所担任的职务，在校期间所获得的奖励和荣誉，考取的职业资格证书等。
实习经历	包括实习单位的名称、实习内容、实习时间、从事工作的内容和性质等。

项目	具体内容
专业特长	写出专业学习中的亮点（如有哪些专业设计的成果）、专业比赛中的成绩（如获得某个竞赛项目的奖项）、实习中的亮点（如参与了师傅的哪些创造与发明），以及与招聘岗位相关的个人特长。
求职意向	写明自己求职时希望得到什么样的工种或岗位，还可以写明自己的发展目标等。

知识拓展

如何撰写一份吸引人的简历？

简历相当于一份推销自己的说明书。它不可能把求职者所有的信息和细节都告诉招聘者，但应当引起招聘者的兴趣。具体来说，简历的撰写要注意以下几点：

1. 要条理清楚。把自己的学习、实习与实践、获奖等情况进行全面的梳理，并形成条目式的清单。

2. 要有针对性。要针对自己选中的目标单位，构思一份有针对性的简历，写完简历后，要认真检查，看其是否真的适用于选定的目标单位。

3. 要简洁精练。用最简洁、最准确、最客观、最有吸引力的文字对自己做一个客观而精彩的介绍，以便迅速吸引招聘者的"眼球"。

4. 要突出重点。挑出适合目标单位和职位的最有说服力的成绩，并用适当的文字把它们表达出来。

5. 要注意细节。撰写完简历后要重新检查一遍，调整简历的版面和篇幅，使它尽量简短而美观。

（四）掌握面试技巧

求职面试的时间一般都不长，甚至只有三五分钟，但它是一个非常关键的过程，可能影响一个人几年甚至几十年的命运。若想求职面试获得成功，就要在有限的时间内充分展示自己的特点和优势。面试的三个阶段如表5-2所示。

表5-2 面试的三个阶段

阶段	主要任务
第一阶段：面试前的准备阶段	这一阶段的主要工作是做好各项准备，包括：形象准备，如衣着、礼仪等；知识准备，如公司信息、专业知识等；心理准备，如保持轻松、愉快的心情等。

（续表）

阶段	主要任务
第二阶段：面试进行阶段	这一阶段是面试的核心阶段。开始时，应聘者要尝试通过最初的接触给面试官留下好的印象。当转入具体谈话时，要保持积极向上的心态，认真思考和回答面试官提出的各种问题。面试进入尾声时，面试官对应聘者的技能和兴趣已经有了一定的了解，这时应聘者可以向面试官提出问题，如询问一下得到面试结果的时间等。
第三阶段：面试结束后的追踪阶段	这一阶段主要是做总结。面试者应当回顾一下面试过程中自己的表现，并记录相关信息，做好总结，这可以帮助我们积累面试经验，为下一次面试提供借鉴。

第三节　创业是就业的重要途径

案例分享

"小师傅"点心坊初露锋芒

广西某市职业二中的"小师傅"点心坊，是由10位中西点专业的二年级学生开办的，启动资金仅为1000元，由每位学生出资100元。对于这个校园创业的"新生儿"，学生和教师们都是尽心呵护。每天下午4点，校园里蛋糕飘香，不少学生都前来光顾"小师傅"；生意一时间很红火。

开业一个月后，这个创业团队产生了一些内部矛盾，师生们都对它的命运感到一丝忧虑。这群十六七岁的孩子，每天面对购料、半成品加工、销售、卫生清理等一系列高强度的工作，以及成本控制、新产品研发等多方面的管理问题，感到了压力。令人欣慰的是，这些高职生坚持了下来，他们已经学会了工作，并且正在进行是否扩大市场的思考。

"小师傅"点心坊创办一年后，成员都大换班了，一年级中西点专业的14位同学接手，经营范围从原来的西点扩大到中西点，品种增加到几十个，而且形成了比较成熟的营销理念。目前，点心坊每天的营业额可达到1000元左右。

1. "小师傅"点心坊的创业经历给你什么启发？

2. 你如何看待自主创业？

一、事业由我开创创业的重要意义

创业就是创办自己的事业。创业是利国、利己、利他的好事。对国家来说，自主创业意味着减轻社会就业压力；对个人来说，创业在使自己拥有一份工作的同时，激励和开发了自己的潜能；同时，创业还能为他人提供就业岗位。

（一）创业是提高个人素质的途径

创业是一项比较艰辛和充满挑战的活动，创业者可能会遇到许多挫折和风险，但也是饱含着喜悦与憧憬、充满了振奋与激情的过程。创业是自我学习和探索的过程，是磨炼和提升的过程，也是发挥个人潜能的良好途径。创业成功，能给人带来信心，从中体验快乐与喜悦。即便创业一时失败，也会使人懂得很多道理，使意志在挫折中得到磨炼，变得坚强，还能够为职业生涯的进一步发展积累经验，为未来的成功奠定基础。

（二）创业能促进职业生涯目标的实现

每个人都在寻求达到自己职业生涯目标的道路。高职生走创业之路，有利于按照自己的意愿实现职业生涯目标。创业者有充分的自主性，可以按照自己的想法选择经营项目，按照自己的思路运作企业，从而成为自己事业的主人。创业者可以结合自己的兴趣、爱好设计职业生涯发展目标，如果创业成功，不但能获得一定的经济收益，还会向自己的职业生涯目标迈近一大步。即使创业失败，也能在创业过程中锻炼自己的能力、磨炼意志、积累经验，为实现自己未来的职业生涯目标奠定基础。

（三）创业有利于社会的发展

创业不仅能充分展示一个人的价值，实现职业生涯"质"的飞跃，而且是全面建成小康社会的需要，是提高社会科技水平的需要，也是提高社会就业率的需要。

1．创业有利于缓解和解决就业问题

现代经济是以现代化、高科技为主导，新兴产业迅速发展和竞争激烈的经济，中小企业随着社会需求的日益多样化会快速增加。在这样的大环境下，创业就成为解决就业问题的一种行之有效的办法，对缓解整个社会的就业压力起到一定作用。

2．创业鼓励竞争，有利于社会资源更加合理地配置

从行业发展角度来讲，新创办企业的加入和成功，会使行业竞争加剧，造成优胜劣汰的局面。而竞争的加剧有利于经营效益良好的企业脱颖而出，有利于社会资源的合理配置，从而促进市场经济的快速发展。

3．创业伴随着创新，有利于推动科学技术的进步和社会生产力的发展

提高企业竞争力的关键之一就是技术创新，而创业往往伴随着创新。新技术、新方法对全社会科技水平的提高有着不可替代的作用，而社会的发展也因创新企业的成功而被注入了新的活力。

创业梦想的实现

李文在商贸职业学校就读时，曾立下志向——运用所学知识遨游商海，创出一番事业来。走出校门的李文，先后从事过酒店服务、专卖店营销、电脑公司业务员等工作。他边工作边学习，提高自身素质，为实现心中的创业梦想做着准备。工作后的第三年，李文被调到交通运输部下属的一个汽车检测设备计量检定站工作，虽然他干得不错，得到了师傅和领导的认可，但他觉得这终归是为别人打工。

一天，《电脑报》上发布了一则"市场缺少刻录机"的信息，这给了李文灵感，"我要试试，我要创业！"。经过市场调查和反复思考，李文逐渐形成了"开发影像VCD"的思路，于是，他找了几个朋友，合伙开办了一家属于自己的公司。公司运营得不错，半年后初见成效，赚了5万元，还解决了15人的就业问题。紧接着，李文又创办了文昌缘信息咨询有限公司，为20多人提供了就业岗位。

回想自己的创业历程，已经是两家公司总经理的李文很欣慰："我走的是自己选择的

职业生涯发展道路，我在为自己的事业拼搏。"李文计划明年还要进一步拓展他的事业。

二、成功需有才创业者应具备的素质和能力

创业能否取得成功，受到创业者的内在因素和环境等外在因素的影响。不过，创业环境作为外因，归根到底还是要通过创业者自身的内因起作用，所以，真正起决定性作用的是创业者的创业意识、综合素质和应用能力等内在因素。

（一）创业意识

创业意识是创业成功的前提，是创业素质的重要组成部分，因为它支配着人们要创业的态度和行动力度。如果没有强烈的创业意识，就很难克服创业道路上的重重困难。成功往往属于有准备的人，创业的成功是思想上长期准备的结果，属于有创业意识的人。

创业意识主要包括以下三个方面：

1．创业动机

创业是一个艰难的过程，也是一项具有挑战性的工作。在创业的过程中，必然会遇到数不尽的困难，若没有强烈的创业动机，就没有对事业执着追求的精神，也就不会有创业的激情和热情，创业的梦想只能是昙花一现，最终的结果只能是放弃。有强烈的创业动机，才能有执着的努力，才能不畏艰难，取得创业成功。

哪里有水呢？

一个挖井人，在一个地方挖了很久都没有挖出水来，他以为选错了地方，于是换一个地方继续挖，结果还是没有成功。实际上，他已经接近成功了，只要再挖几下就可以挖到水，可惜他放弃了。在我们身边，几乎每天都发生着这样的事情，由于缺乏执着的精神，最终与成功擦肩而过。创业与挖井相似，只有经过不懈的努力才能取得成功。

思考：挖井人的故事给我们什么启发？

2．风险意识

创业是"从头做起"的工作，是有风险的，开始的时候不能保证最后一定会成功。因此，若要成为成功的创业者，就必须要有风险意识。当然，为了提高创业的成功率，要进行全面的思考、正确的筹划和细致的准备。

3．是责任观念

创业是我们为自己开创的有前途的事业，既然存在风险，就有可能要付出一定的代价。因此，我们要有责任观念。

此外，要创业，还应当有吃苦耐劳、不怕挫折和敢于尝试的精神。

（二）综合素质

创业是一种开拓性的工作，对高职生来说，更是一个全新的领域。一名成功的创业者，必须具备以下素质：

1．专业技术知识

内行创业会事半功倍。有创业意向的学生，要努力学好专业课程，目标明确地选修相关专业的课程，有意识地捕捉与创业有关的信息。此外，还可以利用假期到企业进行亲身体验，在实践中锻炼自己。

2．是经济、法律与政策知识

国家针对社会经济活动制定了大量的法律、法规，出台了许多方针、政策，这有利于规范社会经济行为，为企业提供公平竞争的环境。创业者必须具备有关的法律知识，为自己的创业提供有效保护。

3．经营管理知识

要创业，必须掌握一定的企业经营与管理知识。具体来说，这些知识包括需要什么样的技术和人才、需要多少资金，还包括在企业注册和经营活动中，应当掌握和运用的产品质量、安全生产、环境保护、劳动合同等知识和法律、法规等。

4．创新思维

创业是一个发现机会、捕捉落实、创造出新产品、提供新服务、开拓新市场的过程。创业者若要获得成功，应开动脑筋，勇于探索，不拘泥于现成的东西，从不同的角度看问题、想问题，走别人没走过的路。创新是创业者成功的法宝。

我也能做到

有一个著名的营销故事叫做"把梳子卖给和尚"，乍听起来，觉得这是不可思议的，仔细想想，其实是可以做到的。将全班分成几组，尝试做一个"把冰箱卖给居住在北极的爱斯基摩人""把羽绒服卖给居住在赤道附近的非洲人"的创意营销方案。各组派代表介绍自己的方案，并评选出最有创意的方案。

思考：这个活动对你有什么启发？你认为应该如何培养和激发创新思维？

5．眼界和悟性

这体现在创业者对市场的判断和经营决策的选择上，主要解决企业的市场定位是什么、生产经营的具体产品或服务是什么的问题。善于学习，勤于实践，对社会多加观察，对市场进行多角度的思考，有利于提高自己的悟性。

（三）应用能力

创业者需要具备较强的应用能力。应用能力包括如下几个方面：

1．学习能力

创业者必须具备一定的学习能力，通过学习创业知识如法律知识、财务知识、市场知识等来完善自己的知识结构，以做出正确决策。此外，还应当有学习行业知识与技术知识的能力。

2．实践能力

创业过程是创业者将创业计划付诸实践的过程。在这一过程中，需要创业者具备一定的实践能力，不能眼高手低。高职生要通过有针对性的实践，从日常参加实习和各种活动入手，逐渐提高自身的实践能力。

3．管理能力

一般来说，管理能力包括计划能力、组织能力、领导能力、控制能力和协调能力等。创业者有效地运用管理技巧来增加对企业的掌控是必需的。另外，管理能力也不仅仅局限于对企业的管理，还包括对自身的管理。所以，提升管理能力，可以避免成为一个失败的创业者。

4．协作能力

对创业者来说，要想创业成功，需要具备很强的协作能力，主要包括人际交往能力、谈判和营销能力、协调能力、团队合作能力等。光靠单打独斗，不仅无法创业，在职场上也寸步难行。

5．服务能力

要想在当今激烈的竞争中脱颖而出，必须树立以客户为导向的服务意识，具备并不断提升自己的服务能力，以优质的服务水平吸引客户，获得竞争优势。

三、寸有所长高职生创业的优势

对于高职生来说，走创业之路具有独特的优势。近几年来，高职生依靠自身优势创业成功的事例不胜枚举，他们在为社会做出贡献的同时，也实现了自己的人生价值。

（一）年龄优势

高职生在毕业时还不到 20 岁，年轻就有梦想，年轻就有未来。年轻，可能不成熟，但最容易产生创业激情和创新思想。人们说，年轻不怕失败。因为年轻，未来的职业生涯道路还很长，对创业道路上的挫折承受力就强；因为年轻，精力充沛，乐于接受新事物，当今的信息时代正给了年轻人获取最新信息的良好条件。

（二）专业技能

高等职业学院不仅向学生传授专业知识，还十分重视专业技能的培养。高职生在校期间接受了系统的专业知识和职业技能培训后，毕业时就具备了一技之长。高职生的专业方向明确、具体，学习的课程既有专业性又面向某一职业群，就业的指向性强；同时，高职专业学习又具有实践性，强调操作，上岗即可熟练操作。专业知识与技能对高职生寻找创业项目、设计创业计划、实施创业活动、评估创业成效都很有帮助。

（三）实践经历

学校组织的社会实践、实训、实习等活动，为高职生更广泛地了解企业运作创造了条件；同时，高职生还能利用社团活动和寒暑期的社会实践，通过参与、体验，提高自己的组织能力、协调能力。我们到企业实习过，身怀专业技艺，进入社会后，可能比别人更快地发现可供创业的好商机。

（四）社会帮助

目前，国家大力提倡在高等职业学院中开展创业教育。为了鼓励高职生创业，国家还提供了相关创业资源，尤其是政策上的支持。不仅如此，学校老师及家长也能为高职生创业提供技术、资金、信息、设备、人脉等资源，并出谋划策。高职生加入创业大军

上海某职业学校学生小朱毕业了，升学考试的失利让他在家待业。对前途充满困惑的小朱，想到了在校期间学习过的创业课程和参加过的创业实践，他毅然走进了网络经营的圈子，每天在无声的网络天地里耕耘。经过不懈努力，换来了顾客的信任和认可，也换来了较高的成绩和知名度。短短几个月的时间，小朱的淘宝小店已经达到五颗钻了。

目前，热衷于创业的高职生越来越多，总体来看，高职生的创业项目集中于服务业，因为这一行业成本低、风险小，且回报期短，很快就能盈利。凭借在学校学习到的知识和技能，他们能够很好地利用专业技术和网络等资源，使得创业的成功率不断提高。

现在，很多高职学校开设了就业与创业指导课程，建立了校内创业教育基地、创业实践平台，并定期举办高职生创业大赛等活动。通过在校创业课程的学习和实践，学生们了解了企业家精神和经营管理的相关知识，在亲身创业的学习实践中领悟到了创新意识、吃苦精神和诚信理念的真正内涵。

四、编织理想——在校期间的创业准备

高职生若要创业、尽早地实现创业，在校期间就要了解创业的各种知识，提前做好相应的准备。

（一）熟悉创业流程

熟悉创业流程是进行创业活动的基础。创业的基本流程包括进行市场调查、分析经营环境、确定具体目标、准备创业条件、进行工商登记、开始生产经营等。我们要了解每个环节的具体操作办法，以便在创业过程中顺利地实施，提高创业活动的效率。

（二）了解市场行情

了解市场行情，就是要了解拟创业项目所在行业的经营管理特点、顾客需求的特点、原材料和人力资源等的供给渠道、竞争对手的情况、行业的发展趋势等。进一步来说，还应当了解企业运作过程中需要与哪些企业、哪些单位打交道，并思考怎样打交道。了解市场行情，既为今后创业做了铺垫，又是自己学习知识、提高能力的重要过程，是我们在校期间为未来创业做准备的重要内容。

为了了解市场行情，我们要做有心人，充分利用专业学习、实习、社会实践等各种机会，或者通过网络等媒体收集相关信息，同时有目的、有意识地到相关企业顶岗实习，学习和摸索企业运作经验。

创业出新政

2013年10月召开的国务院常务会议上,推出了一系列有利于企业的创立及经营的新政策。其中,颇受关注的是:第一,放宽了注册资本登记条件,取消有限责任公司最低注册资本3万元、股份有限公司最低注册资本500万元的规定;第二,放宽了市场主体住所(经营场所)登记条件,由地方政府具体规定。这两项改革,可以说解决了创业者注册公司的两个最大困难,能减轻创业负担,有利于"草根"创业者和小企业的发展。

查一查:你所在的地区出台了哪些支持创业者的具体政策?

(三)积累人脉资源

每个企业的经济活动都有"上家"和"下家",大家都处于一个庞大的社会系统之中。我们在高职学校学习的过程中,要有意识地与相关的组织接触,并建立起联系;同时,还要注意维护师生、朋友、家人、亲戚关系,这不仅可以加深双方的情感与友谊,也可为今后的创业积累人脉资源。积累人脉资源是一个挖井的过程,付出的是一点点汗水,得到的将是未来的成功和财富。

(四)构思创业方案

我们在高职学校学习期间,就可以开始考虑未来的创业,结合自己的职业生涯总体方向,对市场进行了解,思考创业的方向和具体方案。在构思创业方案时,具体内容主要有:自己未来创办的企业将为社会提供什么产品或服务?未来的顾客应当是哪些人?这可以帮助我们在开始经营企业前,就能够明确自己的细分化产品和目标市场。

在构思创业方案时,要注意小而精,而不要贪大求全,要本着"他人不做,我做;他人没有,我有;他人做不到,我做得到"的思路去设计。创业方案的策划,还要本着既积极大胆、又务实稳妥的原则来进行。

蓝天陶艺厅校园创业计划书

蓝天陶艺厅是由湖云市职业学校学生主办、学生管理的一家校园模拟创业公司。

1.市场定位

蓝天陶艺厅在校园里主要经营瓶、罐、杯、碟等各种陶艺产品的艺术设计、制作加工、陈设销售,并且承接有关的培训指导业务。本陶艺厅还提供DIY个性服务,可以让顾客尽情发挥设计才能,制作独一无二的个性化产品,以满足现代青年发挥想象力、追求艺术实践和对个性化生活用品的需求。

2.创业环境分析

S(strength)——优势。广告语是"我这款是最新的""我是艺术家",产品制作过程全程透明,广大师生随时可以来观看各式产品的设计和制作全过程,使光顾本陶艺厅的同学和其他顾客获得个性化产品的制作和指导服务,这会非常吸引年轻人。

W(weaknes s)——劣势。经验不足是我们最大的劣势,尤其是在原料采购、财务管理、产品烧制方面没有经验。

O (opportunity)——机会。国家大力扶持职业学校的实训基地建设，这给我们创建陶艺厅带来更多的机会和可能。我们的主要参与群体是正值青春期、爱动手和对新鲜事物十分好奇的在校高职生。

T (threa t)——威胁。我们的营业时间主要集中在下午4点至5点和7点以后，在这个时间段，一些同学已放学回家了，潜在顾客受到影响。校园内的纪念品门市部以及其他手工艺品经销点是我们的主要竞争对手。

3. 拟订方案

具体项目内容包括：（1）产品设计；（2）资金来源；（3）人员分工；（4）设备技术；（5）经营场地；（6）销售渠道；（7）经营效益。

4. 项目可行性分析

首先，结合学校所设专业，对学生的爱好进行了调查，发现许多应用美术专业的学生追求新款产品，愿意自己设计，喜欢动手制作。其次，通过对非应用美术专业师生进行问卷调查，了解到广大师生对DIY产品有浓厚的兴趣。

最后，分析这个项目存在的潜在风险，并提出解决办法，以应对各种变化。

5. 调整实施

拟从应用美术班学生和文秘班学生中，组织15人作为蓝天陶艺厅的员工，每人出资300元，并从学校创业贷款办公室贷款5000元，作为项目启动资金。任命主管1人，原料采购人员1人，产品设计人员和DIY指导人员5人，会计人员1人，生产人员6人，卫生人员1人。

思考：本创业计划书的优点有哪些？不足有哪些？应进行怎样的调整？

（五）着手创业准备

有了明确的产品和目标市场，就要进一步了解具体的经营管理环节，筹措资金、寻找场地、聘用人才、培训员工、组织进货等。创业必须有前期的经济投入，要想办法筹集资金。取得创业资金的主要途径有家庭出资、亲友的经济支持（或帮助）、政府的创业贷款、社会的资助等。

（六）进行创业体验

创业是一个亲身历练的实践过程，只有亲身体验了，我们才能有深刻的了解和感悟。在学校读书期间，也可以进行创业体验，这时的创业体验能为我们未来进行真正的创业，积累经验和引发思考。

进行创业体验时，可以采取模拟创业或者体验式创业的形式。模拟创业，即由同学合作建立模拟企业，并模拟经营。体验式创业，即利用学校的环境和条件，进行小规模创业的尝试，如在校园内外开设小花店、小影楼、小书摊、冰点屋、复印社、洗车房等。进行体验式创业应争取得到学校和老师的支持，结合自己的专业进行创业体验，对于学习创业和理解专业知识都很有益处。

创业模式一：网络创业

网络创业具有传统创业不具有的优势。它不但可以利用现成的网络资源，而且门槛低、成本低、风险小、方式灵活，特别适合初涉商海的创业者。像易趣、阿里巴巴、淘宝等知名商务网站，都有较完善的交易系统、交易规则、支付方式和成熟的客户群。在互联网上注册设立网络商店是比较适合高职生创业的形式。

创业模式二：加盟创业

加盟创业很普遍，典型代表是麦当劳、成都小吃、阿呀呀、酷啦啦等。加盟创业的好处与最大的特点是利益共享、风险共担。创业者只需支付一定的加盟费，就能借用加盟商的金字招牌，得到专业指导和配套服务，创业风险有所降低。对于高职生来讲，这也是一种比较适合的创业选择。但是，要小心加盟商的跑路、倒闭。

创业模式三：寄生式创业

寄生式创业也称为"借鸡下蛋式"创业，这种模式很普遍，其形式为在别人已经开张的公司或店铺中，插入自己的创业项目。如在小区内出租DVD影碟店中开立一个缝纫店；在超市里设置一个维修手机的拒台；在学校附近经营休闲食品的店铺中开一个公用电话亭等。这种模式的好处是"自己"与"他人"互为补充，可多方面吸引顾客，充分利用门面空间，相对降低门面租金，不需要另外开拓消费群体，从而减少投资风险。

1. 案例分析

从老照片中发现商机

小潘是一位学计算机专业的女孩。一天，她在和母亲收拾屋子的时候翻出几本老相册，发现里面的许多照片都已经严重褪色，有些画面已经破损，非常可惜。小潘利用自己在学校学过的计算机知识，把那些破旧不堪的老照片制作成一本精美的相册，将其作为结婚纪念日礼物送给父母。

相册在父母的好友中流传，大家纷纷请小潘帮忙制作相册，而且还送给她不薄的礼物或报酬。面对着每天的忙碌和报酬，小潘灵机一动：既然这样也可以赚钱，我何不干脆从"业余"转入"专业"？

在经过市场调查后，她更坚定了自己的想法。由于这种特别的服务在社会上并不多见，但需求量不小，因此她很快赢得了不少客户，也获得了不少经济收入。目前，她最大的愿望就是开一家专门制作各种怀旧纪念册的小店。

讨论：小潘能创业成功得益于她的创业意识、综合素质与能力，她的成功创业对你有什么启示？

2. 思考题

（1）创业者需要具备哪些素质和能力？

（2）如果你选择了创业，有哪些素质、优势和能够挖掘的资源？

第六章 掌握技巧 学会礼仪

本章主要介绍如何制作简历与求职信、求职礼仪、笔试基本类型与应对技巧、面试基本类型与应对技巧等内容，旨在帮助毕业生能够成功获得就业机会。

第一节　求职材料的制作

案例分享

[案例1]

简历内容应当突出重点吗?

大学毕业后,小张进入一家民企做市场策划,后又调到营销部做销售主管。5年后,小张成了公司华东区的销售经理。两年前,因为生孩子,小张暂时离开职场,抽空重返校园参加了MBA课程的学习并拿到学位。现在孩子慢慢长大了,小张迫切希望重返职场并谋求更大的发展。为了求职,小张精心设计了个人简历。个人简历有五六页,装帧精美,着重强调了专业技能和以往取得的销售业绩,并且附上了所有的证书复印件,每份成本达40多元。小张对这份简历很有信心,可投了N份,回音却寥寥无几。小张很困惑:自己能力不错,学历也够格,为什么连次面试机会都没有呢?

图6-1 求职

点评启示:小张的个人简历装帧精美,能看出求职态度的诚恳,但有三点不足。其一,小张花了大量篇幅介绍自己的专业技能,对工作技能的描述却十分单薄,事实上,面试官更关心后者。其二,小张应聘的是销售总监,但只列出了一些销售业绩,没有说明这些业绩是如何取得的,建议补充一些如何管理销售团队、开拓销售渠道的案例。其三,个人简历中没有提及小张对客户资源是如何进行维护的,而这是销售职业经理人必不可少的能力。

为了增加个人简历的反馈率以及面试机会,小张的个人简历应从内容到形式都重新策划。形式上,以一至两页为好;内容上,全力突出小张的销售能力和团队管理才能,抓住以往工作中的亮点进行包装,表现出小张应聘销售总监的优势,让企业"一见钟情"。

[案例2]

精美封面,需要吗?

简历需要设置封面吗?毕业于福建某高校的小赖,至今也没有弄明白这个问题的确切答案。当初，他制作的第一份简历与其他同学的一样，设计了一个彩色打印的精美的简历封面。但是，在具体的应聘过程中，小赖发现简历的封面并没有多大的效果，有时反而是一个累赘。后来，他干脆放弃封面。

点评启示：给简历设置封面，越来越不被公司的人事部门认可。这种在求职者看来"用心良苦"的制作，在公司的人事部门看来却是多余的，既浪费了公司的人事部门的时间，又浪费了纸张。但事情也并不是绝对的，如果你是学设计的，一个设计精美的封面往往又成了你简历的"杀手锏"。

[案例 3]

一份简历包打天下吗？

小周是一位计算机专业毕业生，他的职业目标首选高校教师，其次是高校辅导员，最后是 IT 公司工程施工人员。为此，他设计了三份简历，应聘高校教师的简历突出自己的科研成果，应聘高校辅导员的简历突出自己的学生工作经历和学生管理能力，应聘 IT 公司工程施工人员的简历就突出自己的施工实践经历。三份简历投往不同岗位，他认为，这样才能有的放矢。

点评启示：人力资源专家指出，千万不要用同一份简历去投递所有的职位，要讲究针对性，针对每一个公司和职位制作不同的简历。在简历中重点列举与所申请公司及职位相关的信息，弱化对方并不重视的内容，这样才能脱颖而出。

[案例 4]

是否需要出奇制胜？

"符伟凤药品说明"，一名女生借着这样一份简历，冲进了浙江工业大学的"模拟招聘会"。在简历里，这名叫符伟凤的药学院大三女生把自己变成"oct 药物"，成功得到了面试机会。

这份《OCT 药物简历》上写着：药品通用名称：符伟凤；英文名称：SummerFu；药物分子式（本人的两寸照）；药物性状：女、外向开朗；适应症则是"销售"……接下来，符伟凤在"临床试验"一栏，描述了自己的社会实践经验。

这是 2016 年浙江某大学团委组织的一场"模拟招聘会"，虽说是模拟，也有传化集团等 4 家企业的人力资源部负责人到场。要想获得面试机会也不容易，先通过学校"简历大赛"，老师打分，取前几名。于是，符伟凤直接拿着"药品说明书"来到现场，没想到，考场里几名人力资源部负责人看了这份简历后，一致同意小符进入模拟面试。

点评启示：面试官对她的简历做了以下评价：简洁、重要信息一目了然。虽然形式比较"怪异"，但在短短两页不到的内容中，开门见山提供了求职方向，列举了相关实践经验，让招聘单位获得明晰的印象。

[案例5]

一封失败的求职信

尊敬的校领导:

您好!

真诚的感谢您在百忙之中浏览这封求职资料,我有一颗热情而赤城的心,渴望得到您的了解与帮助,在此,请允许我向您毛遂自荐。我叫王XX,即将于2018年7月毕业于XX大学社会体育专业并获学士学位,我仰慕贵校尊重知识、尊重人才的优良传统,希望能够成为贵校一员,为贵校教育事业倾尽全力,在这人生宝贵的四年中,我认真学习各门功课,全面学习了社会体育的相关理论与实践知识,掌握了多种体育运动技能与健身方法,同时积极参加了学校和社会的各项实践活动,在学校实习期间,本人的教学能力得到了实习单位的认可。

知识的积累让我满怀希望和信心,本专业所学的理论与实践知识使我有了较强的组织协调能力和团队合作精神,实习经历培养了我吃苦耐劳、积极进取的工作作风。我为人谦和大方,乐于助人,充满活力,富于幽默感,具有良好的团队协作精神和集体主义荣誉感,工作认真负责,做事细致严谨,生活态度积极乐观,坚韧向上,对生活和工作充满了热情和信心,我明白大学培养的只是一种思维方式和学习方法,因此我将在今后的工作中虚心学习、不断钻研、积累工作经验、提高工作能力,久闻贵校深值依赖且深具成长潜力,我神往已久,因此随信附上简历一份,冒昧求职,希望贵校给我一个发挥才能的机会。

如果我被录用,我会以一颗真诚的心、饱满的工作热情、勤奋实务的工作作风和快速高效的工作效率回报贵校,即使贵校认为我还不符合条件,我也将一如既往地关注贵校的发展,并在此致以诚挚的祝愿!

手捧菲薄求职之书,心怀自信诚挚之念,我期待能成为贵校的一名体育教师!

此致

敬礼!

求职人:王XX

点评启示:此自荐信的失败之处在于以下几点:

(1)求职信的内容与简历互补,不应成为简历的文字描述。

(2)文字、用词和标点符号的运用要标准。

(3)抬头(开始称呼)要明确到你所要应聘的单位,避免千人一面,给用人单位的感觉是在应付。

(4)"您"和"你"的运用前后要一致。

(5)不要在内容中,使用"本人"之类的词语。一律以第一人称的口吻写,可以少量用"我"

(6)求职信中的落款都没有写日期。

(7)记住:你在求职,不是在求得用人单位的怜悯,也不是你给用人单位的施舍。

(8)避免使用哗众取宠的渲染语句。

建议采用五段式。一是抬头和问候得当；二是一两句话概括介绍一下自己、了解到用人单位的渠道及应聘此用人单位的理由；三是你的特长；四是对结果的态度和追踪；五是结束语和落款。

知识链接

一、简历

简历是自己生活、学习、工作、经历、成绩的概括集锦。简历的真正目的是为了让用人单位全面了解自己，从而为自己创造面试的机会，最终达到就业的目的。简历一般作为自荐信的附件，呈送给用人单位。

1.简历基本内容

（1）个人基本情况：姓名、性别、出生年月、籍贯、政治面貌、婚姻状况、身体状况、兴趣爱好；

（2）教育经历：毕业学校、专业、学历学位、辅修、培训等；

（3）主要专业课程：与应聘职位有关的主要课程；

（4）主要能力：计算机、外语等方面的能力；

（5）工作或社团经验：实习、社会实践、志愿工作者、学生会、团委工作、社团等其他活动。切记不要列入与自己所找的工作毫不相干的经历；

（6）荣誉和成就：包括"优秀学生""优秀学生干部""优秀团员"及奖学金等方面所获的荣誉；

（7）求职意向：应聘职位和其他意向、工作期望、目标、工作地点等；

（8）联系方式与备注：固定电话、手机、电子邮箱、家庭住址（视实际情况而填写）等；

（9）照片：根据应聘岗位选取合适的照片；

（10）附件：个人获奖证明，如优秀党、团员，优秀学生干部证书的复印件，英语四、六级证书的复印件，计算机等级证书的复印件，发表论文或其他作品的复印件等。

2.简历基本格式

一般常用的简历格式有两种。一种是表格式，即以表格形式分栏目介绍有关情况，按年月顺序，列出自己的学习工作经历，列表式显得清楚简洁，一目了然；另一种是条款式，如同自传，可以比较详细、完整地叙述自己的经历、个人特长、学习与工作成就等。两种形式各有利弊，可以根据个人经历的复杂情况选择使用，一般以表格形式居多。但对于刚从大学毕业的求职者来说，采用第一种表格式更好。

3.简历撰写技巧

《简历前沿》负责人林锦添认为一份同时具有针对性强、言简意赅、突出重点、强化优势、格式方便阅读、逻辑清晰、层次分明、客观真实的简历可获得更多的面试机会。

（1）针对性强

企业对不同岗位的职业技能与素质需求各不一样。因此，建议在写作时最好能先确定求职方向，然后根据招聘企业的特点及职位要求进行量身定制，从而制作出一份具有针对性较强的简历，忌一份简历"行走江湖"。

（2）言简意赅

一个岗位可能会收到数十封甚至上百封简历，导致HR查看简历的时间相当有限。因此，建议求职者的简历要简单而又有力度，大多数岗位简历的篇幅最好不超过两页，尽量写成一页。

（3）突出重点，强化优势

一是目标要突出，应聘何岗位，如果简历中没有明确的目标岗位，则有可能直接被淘汰；二是突出与目标岗位相关的个人优势，包括职业技能与素质及经历，尽量量化工作成果，用数字和案例说话。

（4）格式方便阅读

目前网络上有很多简历模板，只能起到参考作用，毕竟每个人的情况各不一样，那些模板未必适合你。因此，建议求职者应该慎用网络上面提供的简历模板及简历封面，而是应该根据自身的情况进行合理设计。正常情况下，一份简历只要包含：个人基本信息，求职意向，职业技能与素质，职业经历四大部分即可，个人可视具体情况添加。

（5）逻辑清晰，层次分明

要注意语言表达技巧、描述要严密，上下内容的衔接要合理，教育及工作经历可采用倒叙的表达方式，重点部分可放在简历最前面。

（6）客观真实

诚信是做人之根本，事业之根基。一个不讲诚信的人，很难在社会上立足。同理，如果你在简历中弄虚作假，将会失去更多的机会。即使你能侥幸获得面试机会，但有经验的HR在面试过程中一般都可以看穿，只要被发现有一处作假，就会觉得你处处作假，你将被拒之门外。一个连诚实都做不到的人，企业拿什么信任你？因此，建议求职者在写简历时一定要做到客观、真实，可根据自身的情况结合求职意向进行纵深挖掘，合理优化，而非夸大其辞，弄虚作假。

4.简历撰写注意事项

（1）要仔细检查已成文的个人简历，绝对不能出现错别字、语法和标点符号方面的低级错误。最好让文笔好的朋友帮你审查一遍，因为别人比你自己更容易检查出错误。

（2）个人简历最好用A4标准复印纸打印，字体最好采用常用的宋体或楷体，尽量不要用花里胡哨的艺术字体和彩色字体，排版要简洁明了，切忌标新立异，排的像广告一样。当然，如果你应聘的是排版工作则是例外。

（3）要记住你的个人简历必须突出重点，它不是你的个人自传，与你申请的工作无关的事情要尽量不写，而对你申请的工作有意义的经历和经验绝不能漏掉。

（4）要保证你的简历会使招聘者在 30 秒之内，即可判断出你的价值，并且决定是否聘用你（简历约 200 ~ 300 字为宜）。

（5）要切记不要仅仅寄你的个人简历给你应聘的公司，附上一封简短的应聘信，会使公司增加对你的好感。否则，你成功的几率将大大降低。

（6）要尽量提供个人简历中提到的业绩和能力的证明资料，并作为附件附在个人简历的后面。一定要记住是复印件，千万不要寄原件给招聘单位，以防丢失。

（7）一定要用积极的语言，切忌用缺乏自信和消极的语言写你的个人简历。最好的方法是在你心情好的时候编写你的个人简历。

（8）个人资料里的联系方式一定要齐全，包括手机号码，宿舍固定电话，暂住或家庭地址，E-mail 等，方便招聘单位第一时间通知你参加面试或发布面试结果。

（9）简历照片不宜五花八门，应以一至两寸的彩色半身职业近照为佳，男士穿白衬衫、单色领带和黑色西装外套；女士可穿带衣领的白色或浅色衬衫加单色小西装或者外套，以便给 HR 一个好的第一印象。

（10）不要写上对薪水的要求。很多学生都对简历上该不该写对工资、待遇的要求存在疑惑，一般的人力资源经理都认为简历上写上对工资的要求要冒很大的风险，最好不写。

二、如何写好求职信

求职信也叫自荐信，主要用来表达个人愿望及要求，有目的地自我介绍，带有明显的自我营销色彩。求职信的直接目的，就是为了使用人单位能对自己感兴趣，引起重视，最终被自己中意的岗位录用。那么，什么样的求职信才能够引起用人单位的青睐呢？如何能够通过一封好的求职信把自己在第一时间内介绍给公司的招聘经理并留下好的印象，是每一个青年学子的愿望，这需要掌握写求职信的基本方法，而且要做到知己知彼，提高求职信的针对性，只有表现出你就是符合公司招聘岗位素质要求的最佳人选时，你就向成功求职迈出了第一步。

实际上一封好的求职信很难有统一的标准。如何让一个素不相识的人透过一封求职信而了解你、喜欢你，最终做出让你参加下一步笔试、面试或者初步录用的决定呢？写一封好的求职信应该掌握以下基础知识。

1.求职信的结构与内容

求职信一般由开头、正文、结尾、附件四部分组成。

（1）开头部分

信的开头，先写收信人的称谓，要注意表示尊敬、亲切并符合收信人身份。称谓一般对组织负责同志问好，诸如"XXX 人事处负责同志""尊敬的 XXX 经理先生"都是代表单位的。称谓一定要准确，在第一行顶格书写。称谓和简短的问好，要表示出尊重，称谓要用尊称，问好要用"您好"的字样。

接下来可以交待写信的缘由和目的。通常求职信大都针对报刊及网络上的招聘信息而写的，这可以表明你对该单位已具有初步的印象，留露出对对方或公司恰当的溢美之词，会拉近你与招聘方的情感距离，增加对方对你的好感，同时要表现出希望到该单位从事某方面工作的愿望。

（2）正文部分

正文是求职信的主体和重点，主要包括以下内容：

第一、个人基本情况。首先要简单介绍你的个人基本情况，包括姓名、性别、年龄、学历、就读学校、专业、政治面貌及主修、选修课程及成绩等，勤工俭学、课余打工、社会实践、教学实习也非常重要。基本信息和与应聘工作或者公司要求相关的重要信息一定要写清楚。

第二、申请的工作岗位。写清楚你要应聘的工作岗位，否则对方无法回复你。如果不知道用人单位需要什么样的人才，可以说自己希望申请哪一类工作岗位，为了扩大求职范围，可以附带说明，除某类工作之外，还愿意并能干何种工作，总之，要使看信人一目了然。

第三、胜任工作的条件。这是求职信的核心部分，主要是向对方说明自己的知识、专业技能、实践经验、特长、性格和能力等与工作要求相符合，就是让对方感到，无论从哪个角度看，你都能胜任这一工作。在介绍时，要力求简明，关键是要突出自己的个性和长处，不落俗套，起到吸引和打动对方的效果。

第四、表示面谈的愿望。信的结尾要表示希望对方给予回复，并且热切地希望有一个面谈的机会。需要注意的是在表达面谈的愿望时既不要给对方施加压力，也不必过于谦虚，求职信自始至终要注意刻画自己良好的形象。

（3）结尾部分

结尾部分包括结束语和落款（署名、日期）两部分。

结束语要写得自然，带有情感，如"恭候您的回音""盼复""盼赐答""如蒙赐予栽培，不胜铭感"等。在表示祝愿或敬意时写"此致""敬礼"。

在结尾最好留下求职者的通讯地址、联系电话和 E-mail 等便捷的联络方式（也有写在署名和日期下面的）。

（4）附件

由于求职信的篇幅限制，不可能把所有材料都写进去，但为了证明你的能力，还可以准备一些材料，作为附件随求职信一起寄给对方。附件大体分为：

学历证明、各种资格证书和获奖证书的复印件；发表过的文章、出版过的著作或虽未发表但有一定水平的论文及有关专家的评价材料或资料；社会名流及有关专家的推荐书等。

2. 求职信的撰写要符合的原则

（1）目的要明确。根据对方要求来选择和组织材料，不能没有重点泛泛而谈，所有的材料都能支持你的应聘，也就是说并不是所有材料的堆积，而是由重点的材料的支撑。

（2）材料应真实可靠。明明白白做人，认认真真做事，是大学生做人的品格，求职信应给用人单位留下真实可靠的第一印象。

（3）语言要符合规范，用词要恰当。要用书面、书信语言，不能用方言。文字通畅、字迹工整，现在一般为打印稿，所有要求排版整齐。

（4）称谓得体，问候热情，祝颂真诚。

3．求职信的写作技巧

（1）态度真诚，摆正位置

美国前总统肯尼迪曾经说过："各位美国人，你们国家并不向你们索取什么，但请你们扪心自问，你们能为自己的国家做些什么？"写求职信时，要写什么内容，请想想这句名言，首先应该想公司要我来干什么？或者换句话，不应该写自己需要什么，获得该职位对自己有什么好处，而应该写自己能为公司做些什么。有了这样的态度，才能摆正位置。另外在写求职信时，要诚恳礼貌，事实求是，切忌自吹自擂，炫耀浮夸。

（2）整体美观，言简意赅

求职信的整洁美观容易引起用人单位对求职者的好感，相反如果字迹潦草，龙飞凤舞，则会给用人单位留下不好的印象。现在有很大一部分毕业生的求职信都用计算机打印出来，但如果你的毛笔或钢笔字写得很好，建议你用手工工整整的写书，这样能给人以亲切之感，同时也向用人单位展示了你的特长。其次，不管手写还是打印，都应注意言简意赅。一般而言，求职信以 A4 的纸张一页为宜。如果确实有内容，则不宜超过两页，其他的作为附件或面谈时再说。求职信当然不能太短，太短则显得没诚意，说不清问题，自然难以引起注意；太长不但会浪费阅读者时间，也会引起反感。所以在写求职信时应打草稿，反复推敲：意思是否清楚，用词是否得当，内容是否简练完美等。

（3）富于个性，有的放矢

求职信的重要目的是力求吸引对方，引起对方兴趣。所以求职者在开头应尽量避免过多客套话、空话，要以一句简朴"您好"，直接切入主题，如"从光明日报得到贵单位招聘人才信息，"这能使单位主管感到单位名声在外，广告费没白花，无形中增加了好感。要不就用一两句富于新意的语言吸引阅读者。比如一位在外地求学的毕业生给家乡所在单位写求职信时用"请接受一名家乡籍在外求学的学子对您的问候！"一下子就拉近了与用人单位的距离。求职信的核心部分是自己胜任工作的条件，但是这并非多多益善，而是要有针对性，有的放矢。所以在求职信之前要着眼于现实，对应聘单位情况要有所了解，以事实与成绩恰如其分、有针对性地介绍和突出自己特长。

（4）以情动人，以诚感人

语言有情，更有助于交流思想，传递信息，感动对方。那么怎样做到以"情"动人呢？关键在于摸透对方的心理，然后根据你与对方的关系采取相应的对策。如果求职单位在你的家乡，你可以充分表达为建设家乡而贡献自己聪明才智的志向；如果求职单位在贫困地区，你就要充分表达为改变贫困地区面貌而奋斗的决心；如果求职单位是教学单位，你就要充分表达献身教育事业的理想……总之，你要设法引起对方的共鸣，或者得到对方的赞许。这样，你就有可能收到意想不到的效果。在注重以情动人的同时，还要以"诚"感人，以"诚"取信。即要态度诚恳、诚实，言出肺腑，内容实事求是，言而可信，优点要突出，缺点不隐瞒，恭敬而不拍马，自信而不自大。只有"诚"才能取信于人，得到用人单位的重视。

4．求职信范例

尊敬的 ×× 公司 × 经理：

您好！

首先衷心感谢您在百忙之中浏览我的自荐信，为一个满腔热情的大学生开启一扇希望之门。我希望应聘贵公司技术人员这一岗位。

我叫 ××，是一名即将于 2018 年 06 月毕业于 ×× 大学计算机应用专业的学生。大学期间，我吸取了丰富的专业知识并锻炼了自己的能力。通过在大学的学习，我掌握了 C 语言、Java 语言、VB 语言、SQL 语言，数据库原理，并对面向对象的 C++ 和 VC++ 等有所了解。作为一名计算机专业的学生，能够熟练运用 Office 等办公自动化软件，课外，我还自学了 CorelDRAW，Photoshop 平面设计软件，在这期间考取了"电子商务师"证书。

自入校以来，我充分利用业余时间广泛地参加社会实践活动。在我校安全文明科技大赛获得个人第一名的成绩。过去并不代表未来，勤奋才是真实的内涵，对于实际工作我相信，我能够很快适应工作环境，熟悉业务，并且在实际工作中不断学习，不断完善自己，做好本职工作。

真心希望贵公司能给我一个机会，我愿意与贵公司同甘共苦、共创未来！如需材料及进一步了解请函告或与我联系，愿意等待您给我的面试！

期待您的回复！

联系地址：

邮编：

电话：

此致

敬礼

××× 敬上

×××× 年 × 月 × 日

态度养成

求职简历和求职信等求职材料是用人单位与毕业生信息交流的载体和敲门砖。毕业生准备求职材料的直接目的，是为了引起用人单位对自己的兴趣，使自己能够最 终被录用。用人单位多数情况下不采用直接面试的形式，而是要求求职者先寄送求职材料，由他们进行比较、筛选，然后再决定求职者是否面试。由于用人单位最初是通过求职材料来了解求职者的信息，因此，求职材料的质量，对于用人单位是否与该求职者做进一步的接触，起着不可估量的作用。

实训策略

读一读：网上投简历的诀窍

现在主要有两种招聘方式：一种是招聘会，另一种是网络招聘。这里主要介绍如何在网上投简历，助你敲开名企大门。

1．简历要与大公司沾边

当人事经理搜索人才时，一般会以关键字"知名企业名称＋职位名称"。比如消费品行业可能喜欢可口可乐及宝洁的人，人事经理会这样搜索，例如："可口可乐＋销售经理"，系统会搜索到简历中出现以上关键字的求职者。如果你的简历里出现知名企业名称的字样，就可以被搜索到，例如："我在 xx 矿泉水公司工作，成功地令竞争对手——可口可乐旗下的天与地矿泉水在当地的市场份额减少……""我在可口可乐的广州白云区经销处工作"等，提高了人事经理浏览简历的机会！

2．经常刷新简历

当人事经理搜索人才时，符合条件的简历是按刷新的时间顺序排序，而一般只会看前面一、两页。很多求职者其实并不知道刷新简历可以获得更多求职机会。因此每次登录，最好都刷新简历，刷新以后，就能排在前面，更容易被人事经理找到！

3．不要只应聘最近三天的职位

一般求职者认为刚刚发布的最新的招聘信息肯定是成功率最大的，其实不然。因为很多企业人事经理没有及时的登记刷新刊登的职位，所以求职者在搜索职位时刚刷新的职位会排在前面，这些职位应聘的人多，竞争大，相反，一些职位已经是半个月甚至两个月的，应聘的人少，成功率反而高。

4．让你的邮件永远在最前面

你要知道每天人事经理都看求职者邮箱，他们其实是很懒的，100 多页简历邮件他们最多只看前 5 页。你现在应该知道为什么你的求职简历永远没有回应！

所以发邮件到企业指定的邮箱时，怎样才能让你的邮件永远排在最前面，让人事经理每次打开邮箱都首先看到你的邮件？只要在发邮件前，把电脑系统的日期改为一个将来的日期，如 2019 年，因为大多邮箱都是默认把邮件按日期排序，所以你的邮件起码要到2019 年以后才会被排在后面！

5．新颖的邮件标题

人事经理每天收到大量的求职电子邮件，求职者一般会按企业要求把邮件题目写成：应聘 xx 职位。怎样才能吸引人事经理的眼球，让他先打开自己的邮件？可以在邮件题目上做文章。人事经理一天收到几百封邮件，只有标题新颖的才有机会被打开。

例子：我的一个朋友发了100多封邮件求职都没有任何反应，因为应聘做文员的太多了，而我这个朋友做过空姐，我将她的邮件标题改为"空姐来广州找工作"，结果三天之内有30多个人事经理的通知面试，3个月找不到工作的她变成3天找到十几份工作。你现在知道邮件标题的重要性了吧。

6．求职信"骂"对方公司往往会带来意想不到的效果

一般人认为在求职信中称赞对方公司会引起好感，其实不然。如果先指出这家公司的缺点，往往会引起关注，语不惊人死不休，"我认为贵公司创新不够，市场表现过于常规化；我以消费者心态观察贵司，发现贵司客户服务还有许多待改进的地方；我发现贵司品牌形象还有可能做得更好……如闻其详，可面谈。"

7．自己要学会让简历与职位匹配

有两个观念都是有效的。一个是不要太在乎对方职位要求的描述，很多职位描述只是随便写写，连经理都不知道要招什么样的人，如果你看到对方职位要求本科，你是专科就不敢投递简历，那就失去机会了。如果你看到对方要求有5年经验，你只有3年经验，你也不敢投，那完全没有必要。因为人事经理对职位只是例行公事，千万不要当真！

另外一个匹配观念就是他的职位如何描述，你就改变你的简历换一个说法与之匹配，如他说要求领导能力强，你的简历也说具有领导才能；他要沟通能力一流，你的简历也说我最擅长沟通。你的简历表面匹配度最高，也可以多增加机会。你可将简历改为他的职位描述完全量身定做的简历。

其实求职者有更多的面试机会，不但可以增加成功求职机会，还可以增加自己的信心，工资越叫越高还可以积累面试经验。很多优秀的求职者网上发了很多简历没有回应，以为自己不行没有竞争力，只好自动降价，实为可惜！要知道现在网络求职的成功率一般是发200份简历，有8份面试，2份成功，一个是你不想去，可能只有一个是你满意的。所以网络求职的朋友千万不要对自己失去信心。

练一练1：根据某公司的招聘广告，结合自身实际制作一份简历。

1．表格式

表6-1　个人简历

姓名		性别		
民族		籍贯		相片
出生年月		身体状况		
政治面貌		身高		
学历		所学专业		
毕业学院		毕业时间		
联系方式		QQ		电子邮件

邮编		通信地址	
求职意向	工作性质	全职、兼职等	
	单位性质	机关、事业、国企、外企等	
	目标职位		
	目标地方		
教育经历			
获奖情况			
社会实践			
自我评价			

2. 条款式

基本信息：×××，男（女），×岁，身体状况××，身高××厘米，党员（团员），×省×市×区人

所学专业：

外语水平：英语（CET-4）

电脑水平：一般或者精通

通信地址：某市×××中学，（邮编）×××

手机号码：×××××

电子邮箱：×××

求职意向：××××××

教育经历：20××年×月—20××年×月就读于某市×××中学

20××年×月—20××年×月就读于×××××大学

实习实训:20×× 年 × 月,×× 课程实训 × 个月,× 月 ×× 课程实训 × 个月,......;20×× 年 × 月 ×× 实习,......

专业技能:

所获奖励:

个人特长:

自我评价:

练一练 2:根据某公司的招聘广告,结合自身实际撰写一封求职信。

第二节　求职礼仪

案例分享

[案例1]

有一批应届毕业生22个人，实习时被导师带到北京的国家某部委实验室里参观。全体学生坐在会议室里等待部长的到来，这时有秘书给大家倒水，同学们表情木然地看着她忙活，其中一个还问了句："有绿茶吗？天太热了。"秘书回答说："抱歉，刚刚用完了。"林然看着有点别扭，心里嘀咕："人家给你倒水还挑三拣四。"轮到他时，他轻声说："谢谢，大热天的，辛苦了。"秘书抬头看了他一眼，满含惊奇，虽然这是很普通的客气话，却是她今天唯一听到的一句。

门开了，部长走进来和大家打招呼，不知怎么回事，静悄悄的，没有一个人回应。林然左右看了看，犹犹豫豫地鼓了几下掌，同学们这才稀稀落落地跟着拍手，由于不齐，越发显得零乱起来。部长挥了挥手："欢迎同学们到这里来参观。平时这些事一般都是由办公室负责接待，因为我和你们的导师是老同学，非常要好，所以这次我亲自来给大家讲一些有关情况。我看同学们好像都没有带笔记本，这样吧，王秘书，请你去拿一些我们部里印的纪念手册，送给同学们作纪念。"接下来，更尴尬的事情发生了，大家都坐在那里，很随意地用一只手接过部长双手递过来的手册。部长脸色越来越难看，来到林然面前时，已经快要没有耐心了。就在这时，林然礼貌地站起来，身体微倾，双手握住手册，恭敬地说了一声："谢谢您！"部长闻听此言，不觉眼前一亮，伸手拍了拍林然的肩膀："你叫什么名字？"林然照实作答，部长微笑点头，回到自己的座位上。早已汗颜的导师看到此景，才微微松了一口气。

两个月后，同学们各奔东西，林然的去向栏里赫然写着国家某部委实验室。有几位颇感不满的同学找到导师："林然的学习成绩最多算是中等，凭什么推荐他而没有推荐我们？"导师看了看这几张尚属稚嫩的脸，笑道："是人家点名来要的。其实你们的机会是完全一样的，你们的成绩甚至比林然还要好，但是除了学习之外，你们需要学的东西太多了，修养是第一课。"

点评启示："礼多人不怪"，适当的礼仪，可以为你的人生职场加分。

[案例2]

品学兼优的毕业生小胡，从年前开始就为毕业后的出路四处奔波。一家外资企业的总经理约定时间对他进行面试。那天，因为前一天晚上玩得太晚，早上睡过了头，以致他迟到了20分钟，就随便编了个理由说公交车堵车了。面试过程十分顺利，无论专业知识，还是质量管理方面的大胆设想，都赢得了总经理频频点头，小胡离开的时候颇有点踌躇满志。

第二天，小胡就接到了外资企业的电话通知："实在对不起，我们这次对你的求职申请，暂不予考虑，实在抱歉。"他事后经多方打听，才知道总经理对他做出了这样的评价："不守时，不诚实。"什么是不诚实？小胡自己心里当然很清楚。原来那天面试他是骑自行车去的，他原以为自行车停在公司门外没人会注意到，没想到却碰巧被老总在办公楼上看到了。

点评启示：细节中的不诚实也会让求职者付出代价，失去了渴慕已久的工作。一个人即使拥有非常杰出的智慧与才干，但如果缺乏诚实的品质，是无法获得事业成功的。

[案例3]

凯恩集团正在招聘职员，小林马上就要毕业了，对此她信心百倍，因为她专业对口，而且其他条件也非常符合。面试当天，小林为了给招聘单位留下好印象，决定好好打扮一下自己。在寝室忙了半天，她最后选中了一条大花的连衣裙，穿上高跟凉鞋，戴上项链、耳环、手链，还化了现在最流行的闪亮妆，她想这样一定能在外形上取得优势。面试当天，小林与其他面试者一起在办公室外等候。当看完发下来的题目后，小林更觉得胜券在握。她松松垮垮地站在门口准备上场，回头看见有一排沙发，便坐在沙发上，跷起二郎腿，悠闲地拿出化妆包开始补妆。面试时，小林看到题目有点陌生，忍不住挠头抓痒，在座位上扭来扭去。面试完毕，结果可想而知。

点评启示：适当的礼仪装扮是需要的，淡妆即可。良好的面试形象加上真才实学和知识积累，会让你在职场走的更远。

[案例4]

一家公司招聘一名办公人员，有50多人前来应聘。公司经理在众多的应聘者中选中了一名普通的年轻人。其助手说："怎么选了他呀，他没有任何工作经验啊？"公司经理回答："他一定能适应这份工作，首先，他在进门之前妥善地收放好了自己的雨具，进门后随手关上了门，说明他做事很仔细。其次，在等候的时候，他不像其他应聘者那样在外面喋喋不休地谈论，当一名老年人向他咨询时，他礼貌耐心地为老人解答。进了办公室其他应聘者都没有注意到我故意倒放在门边的拖布，只有他俯身捡起并把它放在了墙角。最后，他衣着整洁，回答问题简明干脆。这些都足以证明他能够胜任这份工作。"

点评启示：你的言行举止影响着别人对你看法。细节、礼貌、素养、形象、谈吐等是职场的敲门砖。

知识链接

一、求职的形象准备

应试者的形象直接为推销自己服务。这里的"形象"是指应试者的客观形象，是个人仪容、仪表、行为举止等外显因素直接作用他人感官而产生的总体印象。

　　个人形象是最先进入主考官评价范围的求职要素,会极大影响主考的第一感觉,对形成良好的第一印象起着至关重要的作用。科学研究表明,个人感受到的对方形象的魅力同希望再次与之见面的相关系数是0.8,远远高于个性、兴趣等同等的相关系数。梅西商业集团大学公关部经理简尼说:"我总是能在五分钟内作出判断。这并没有什么可惊讶的,是他们的姿态、形体语言、态度和热心程度给我提供了依据。"因此每个应试者在参加面试前,必须塑造自己的最佳形象,以求给主考官留下良好的印象。那么,怎样塑造自己的客观形象呢?

　　第一印象,就是素不相识的双方初次见面时所形成的印象。它主要是根据对方的外部特征建立起来的初步形象。第一印象好坏,往往会影响我们对一个人的全面认识,影响对他以后的一系列行为的解释。有人曾经做过这样的实验:让两组大学生看同一个人的照片,在看以前,对一组大学生说照片上的人是一个屡教不改的罪犯,对另一组大学生说照片上的人是一位著名的学者,然后让两组大学生分别根据照片来说明这个人的个性特征。结果,大学生们对同一张照片作出截然不同的解释。第一组大学生说:深陷的目光,隐藏着阴险和凶恶,高耸的额头,是他顽固不化、死不悔改的标志;第二组大学生则说:深沉的目光,表现了他坚强的意志,高高的额头,是他学识渊博、才华出众的象征。可见,第一印象的好坏往往会影响我们对别人的评价。

　　第一印象主要是仪容、仪表给对方留下的初步印象。因此,树立良好的第一印象应从穿着打扮和精神面貌两方面着手。

　　穿着打扮、外形仪态会直接影响求职的成败。因为你的形象将不仅代表你自己,更重要的是还将代表公司。这种以貌取人做法似乎很肤浅,但这就是事实。我们生活在一个高度竞争的社会,每个组织都在力争上游。正因为如此,多数组织都力求找到能够提高组织形象的候选人,这些候选人不仅应能胜任工作,而且还应有良好的外形仪态,这就要求求职者设计好自己的仪态。

二、求职中服饰礼仪

1.男士求职服饰礼仪

（1）西装要笔挺

　　在现代社会的公关社交活动中,人们普遍认为"西装革履"是现代职业男士的正规服饰,就求职面试活动而言,穿西装也是最为稳妥的和安全的,因此,西装一般成为许多求职者的首选装束。

　　然而,穿西装也有许多讲究的:

　　第一、颜色的选择。应聘者最好穿深色的西服,灰色、绿色和深蓝色都是不错的选择,它们给人以稳重、可靠、忠诚、朴实、干练的印象。

　　第二、面料的选择。穿天然织物做的衣服。人造织物的光泽和质地给人一种廉价的感觉,通常不像天然织物做的衣服那样有种吸引人的"下垂"感。而且,这种面料常常留有人体的气味，不易去除。从更细微的角度来说，让人把你同"人造"联系起来总不太好，因为这会给人以虚假和缺乏深度的感觉。

第三、西装要得体。体瘦的人，如果着深蓝色或中粗竖条的西装，会露出其纤细、瘦弱的缺感，而穿米色、鼠灰色等暖色调，图案选用格子或人字斜纹的西装，就会显得较为丰满、强壮。瘦高的人，宜穿双排扣或三件套西装，面料选用质感和温暖感觉的，不要选用廓形细窄而锐利的套装。瘦矮的人穿西装时，可用胸袋装饰手帕，为增加胸肌的厚度，还可在内袋装入钱包、笔记本等物品。

体胖的人可穿深蓝色、深灰、深咖啡色等的西装，忌米色、银灰等膨胀色，如果是带图案西装，宜用 0.5 ～ 2 cm 的竖条。西装的款型可选用直线型的美国式，这会显得廓形锐利且苗条。

另外，双排四粒扣西装可掩饰微挺的肚子。矮胖的人也可穿三件套，这样显不出身体的分割线，并且口袋里尽量不装物品。高而胖的人，宜穿用三粒扣的西装和单件西装，V字部分长而显出潇洒。穿单件西装上衣时，宜穿深色上衣，配同色系的浅色长裤，这样既能掩饰缺点，又显得帅气十足。

男士西装十忌：

①忌西裤短，标准的西裤长度为裤管盖住皮鞋；

②忌衬衫放在西裤外；

③忌衬衫领子太大，领脖间存在空隙；

④忌领带颜色刺目；

⑤忌领带太短，一般领带长度应是领带尖盖住皮带扣；

⑥忌不扣衬衫扣就佩戴领带；

⑦忌西服上衣袖子过长，应比衬衫袖短1厘米；

⑧忌西服的上衣、裤子袋内鼓鼓囊囊；

⑨忌西服配运动鞋；

⑩忌皮鞋和鞋带颜色不协调。

（2）衬衫要理想

衬衫必须是长袖的。有些衬衣的袖口上有简单的链扣，给人以格外注重细节的感觉。衬衫应当是白色或淡蓝色，不带图案或条纹。印有交织字母的衬衫对你可能有利也可能不利，有些面试者会认为这代表有个性、成功及自信，而其他人则认为这是炫耀，甚至有点粗俗。最安全的办法就是避开印有交织字母的衬衫。

跟西服一样，衬衫的最理想布料也是天然织物。要穿那些经过精心缝制、专业洗涤、中度上浆（挺括）的全棉衬衫。

（3）领带要选好

在你跟面试者握手时领带首先受到关注。它可以使一套昂贵的西服显得很廉价，也可以使普通的穿着给人的印象提高一个档次。

领带的面料选用 100% 的纯丝即可。不要使用亚麻或毛料，前者容易缩水，后者显得太随便。合成织物显得廉价，而且打出的结也不美观。

如果穿白色或线蓝衬衣，就比较容易挑选与之相配的领带。领带应当为西服增色，且不能与西服的图案有任何冲突。领带的宽度随衣服款式的不同而不同。穿西服时，安全的着装规则就是领带宽度要接近西服翻领的宽度。

传统的图案如立体形、条纹、印花绸以及不太显眼的涡旋纹布等都是可以接受的。行政主管们一直喜欢立体宽条纹，因而这种布料被称为"权力条纹"。不过，要避开带有圆点花纹、图画（如动物、猎狗的头等）、体育形象（如马球棍和高尔夫球棒等）以及设计者徽标的领带。很多面试人员认为徽标尤其令人讨厌，它使人缺乏安全感，好像你需要设计者的认可才能证明你的着装品味。

给领带精心打结，这几年又开始流行小而紧的领结。系好的领带不要超过裤腰带。

（4）皮鞋要擦亮

注意使你的鞋面保持锃亮，鞋跟要结实，破旧的鞋跟会使人显得疲软而萎靡，系带的皮鞋一定要检查鞋带是否干净且系紧了，松开或未系的鞋带会给你带来不安全感甚或可能将你绊倒。另外，切勿把黑鞋与棕色西装搭配，这样会十分不协调。

（5）袜子要够长

如果选择的是一双鞋面较低的无带鞋，这对你尤其重要。无论如何，袜子的颜色应当和西服相配。通常应选蓝、黑、深灰或深棕色，不要穿颜色鲜亮或花格袜子。袜子要够长，使你在叠起双腿时不至露出有毛的皮肤，这样十分不雅观。而且要有足够的弹性，使他们不至于从腿上滑下或缩成一团。

（6）头发要干净、自然

求职者去应聘时要保持头发整洁，精心梳理，不要给人油光发亮、湿淋淋的感觉；发型应简单、朴素，稳重大方，不要留鬓角，最好不要留中分头；头发也不能压着衬衣领子；胡须最好刮干净，不要留仁丹胡、络腮胡。

（7）外套要便捷

厚重的上衣已经逐渐被轻便的新式样代替了，因为它几乎适用于所有场合且耐用。另外，人们潜意识往往对穿浅色上装的人投以更深的信任。好好注意一下便不难发现在电影里扮演正面角色的男人出场上衣定是浅色的，反之，反面角色定是深暗色。因此，假如想穿上装去面试，请选择浅色调，以示你是一位值得信任的人。

（8）公文包要简单

简单细长的公文包是最佳选择。如果适合你的职业，携带一个整洁的文件夹。避免带任何会使人想起推销员的皮包。还要注意看看包带或扣是否好使，把包拉上，看看是否能开合自如。当然，别忘了把必备的简历等资料装进去。

（9）注意手和指甲

手是人体中活动最多的部分之一，也常常是人们目光的焦点，因此，在面试考官看你之前，先看看自己的手，必使其洁净而不要留长指甲。

（10）小饰物要简单适宜

第一、皮夹。一件小巧的钱包不易使口袋鼓起变形。钱包里的东西应是必需品，千万不要把各种信用证、家庭生活照等塞在里面。

第二、手表。一块手表不仅是为了计时用，而且应是一件装饰品。在你支付能力范围内选择高质量的并和你的衣服相配的名牌。另外，也不应戴米老鼠之类的卡通手表。

第三、手帕。放一块折叠雅致的手帕在你的西装上部的小口袋中，不仅可增加一个男人的情调，而且还可在出现尴尬局面时用它作掩饰。

第四、项链、装饰别针、手镯、耳环等饰物都是男性求职者面试时十分忌讳的。

（11）注意个人卫生

身上的怪味应清除。面试时，应试人和主试人的距离一般不会很远，如果你身上散发出汗臭味、腋臭味、烟味等怪味，主试人闻到了肯定会厌恶，这会影响面试效果。因此，面试前务必把身上的怪味清除掉。清除怪味的办法有多种：一是面试前的那餐饭不要吃洋葱和大蒜，也不要喝酒，以免口腔怪味刺人，酒气熏天。饭后漱口，最好刷牙。二是面试前洗个澡，这既可以把汗臭味冲洗掉，把腋臭味冲淡，也可以使你更加精神抖擞。三是面试前别抽烟，烟味会萦绕不散。四是可以在身上适度地抹些香水，香水既可驱散其他气味，又可沁人心脾。香水需提前两三个小时抹，可擦在耳后、衣领处，及手肘内侧、手腕、胸前、膝盖内侧，不要把香水直接喷在衣服上。香水的味道应选择清淡型的，如玫瑰香型、米兰型和黄角兰型。具有性挑逗作用的香水切忌选用。

2. 女士求职服装礼仪

女人是爱美的天使，世界因为有了她们而更加绚丽可爱，在这个时尚开放的年代，女士服饰色彩缤纷，形态万千，因此，其着装问题就显得比男士更复杂些。

女士着装以整洁美观、稳重大方、协调高雅为总原则，服饰色彩、款式、大小应与自身的年龄、气质、肤色、体态、发型和拟聘职业相协调、一致。

（1）服装的选择要得体

女士求职服装一般以西装、套裙为宜，这是最通用、最稳妥的着装，不论年龄，一套剪裁合体的西装、套裙和一件配色的衬衣或罩衫外加相配的小饰物，会使你看起来显得优雅而自信，给对方留下良好的印象。

切忌穿太紧、太透和太露的衣服。袒胸露背一般是西方女士参加社交活动的传统着装，但在我国不一定适合；不要穿超短裙（裤），不要穿领口过低的衣服。夏天，内衣（裤）颜色应与外套协调一致，避免透出颜色和轮廓，否则，会让人感觉不庄重、不雅致，也给人轻佻之感，这是求职之大忌。大量的求职实践表明，不论应聘何种职业，保守的穿着会被视为有潜力的候选人，会比穿着开放的求职者更容易被录用。

女性求职者服装的颜色可有多种选择，有些女性认为面试时一定要穿黑色套装，这种穿法虽然十分稳重，但是现在社会已能接受一些较鲜艳的颜色。比如，谋求公关、秘书职位的女性穿黄色服装就容易被主试人接受，因为黄色通常表现出丰富的幻想力和追求自我满足的心理。红色能显示人的个性好动而外向，主观意识较为强烈而且有较强的表现欲望，这种颜色感染力强，容易打动主试人，令他振奋，使他印象深刻。不过，女性应该避开粉红色，这种颜色往往给人以轻浮、圆滑、虚荣的印象。

（2）鞋子要便利

女士如何穿鞋子也有学问，总的原则是应和整体相协调，在颜色和款式上与服饰相配。面试时，不要穿长而尖的高跟鞋，中跟鞋是最佳选择，即结实又能体现职业女性的尊严。设计新颖的靴子也会显得自信而得体。但穿靴子时，应该注意裙子的下摆长于靴端。

（3）袜子要便利

袜子不能有脱丝。时装设计师们都认为，肉色作为商界着装是最适合的。为保险起见，你应在包里放一双备用，以便脱丝时能及时更换。另外，不论腿型有多漂亮，都不应在面试时露着光腿。

（4）饰物要少而精

第一、公文包或手提小包。带一个即可，不要两个都带。在多数面试场合，携带公文包比手提小包体现更多的权威。可以把手提包的基本内容放进一个无带小提包，然后把它装进公文包内，但不要把它塞得满满的。如果你个子较矮小，则包不宜过大，这样会极不协调。

第二、帽子。不管是否戴帽子，你必须对此持谨慎态度。假如帽子与你全身很相配，就请选择一顶既无饰边也不艳丽却很雅致的帽子。一般有面纱的松软宽边的法式帽子在生意场上易使人心烦。

第三、首饰。首饰尽量少戴。应避免像吉普赛人一样几个手指都戴戒指。拇指戒指不为人接受。耳环应当小巧且不引人注目。为了使你感到舒适，注意力集中，戴的耳环不要过长，以免发出叮当的声响或者触及脖颈，甚至挂到衣服上。

朴实无华的项链就挺好，但别戴假珍珠或华丽的人造珠宝。令人喜爱的手镯是完全可以接受的，但镯子上的小饰物应当避免，其他刻有你名字首字母的首饰也应当避免。面试时一定不要戴脚镯。

总之，戴首饰的重要原则是：少则美。

第四、眼镜。眼镜会使一些人外表增色，也可能使一些人显得不协调。尽量选择适合自己的镜框，式样宜新。另外，千万不可戴太阳镜（护目镜）去面试，当然更不能戴反光镜。假如非戴眼镜不可，可选择隐形眼镜。

第五、围巾。一条漂亮的围巾有画龙点睛的妙用。一些女士喜欢蓝灰色服装，但穿蓝灰色衣服往往会使面部发暗，如果配上一条色彩浓郁、风格热烈的尼龙围巾，就能达到生气勃勃的效果。如果穿一套藏青色的西服，应围一条纯白的围巾，既能显托红唇黑眸，又能保持藏青色清爽如水的气质，衬托出女性的敏捷和果断。另有一些女青年，喜欢穿银灰色的衣服。银灰色是高雅大方的色彩，但若围巾搭配不当，便会显得呆板平淡。

第六、丝巾。丝巾飘逸清秀的特点最能烘托出女性的美，但选择丝巾时一定要注意与衣服的协调搭配。如花色丝巾可配素色衣服，而素色丝巾则适合艳丽的服装。

（5）发式要适宜

在选择发型之前，应该先分析研究一下自己的脸型，有了彻底的了解后，才能选择出最适合脸型的发型。一般来讲，掌握以下几个原则即可：

第一、高额角、低额角。如果你的脸型属高额角，发梢应向下梳，做刘海或波浪，让头发遮盖一部分前额：若是低额角，发梢应尽量离开前额往上梳，如果偏爱刘海，则必须要短，决不能低于发线，以免使额头看起来更低。

第二、宽额角、窄额角。宽额角，发梢应从两边向中间梳，用波浪遮掩住太宽的额角。对窄额角的年轻女士来说，情况正好相反，头发应沿两边向后梳，如果做了刘海，则发卷切不要让它伸延至太阳穴前。

第三、高颧骨、低颧骨。高颧骨，两鬓的头发往前梳，超过耳线，盖住颧骨，刘海不妨略长些，但不可梳中分式。至于低颧骨的年轻女士，两边的头发应往后梳，不要遮住耳线，两鬓可以做发卷，以中间分开更好。

第四、大鼻子、小鼻子。大鼻子，头发应梳高或向后梳，避免中分，因为中分会使你鼻子显得更大，最好不要蓄刘海。小鼻子的年轻女士头发绝不要往上梳，应让刘海下垂，遮住发线，但刘海不可留得过长。

第五、突下巴、缩下巴。突下巴，两边及额前的头发都应该向上梳，让发线显露出来，脑后微微往上梳。缩下巴，额前和两鬓的头发都应向前梳，宜盖刘海和波浪，脑后头发要低而丰满。

第六、粗短颈子、细长颈子。粗短颈子，头发四面向上梳，应蓄短发，永远不要让头发遮盖发线。细长颈子，头发要向后梳，避免选择较短的发式。

（6）化妆要淡而美

对于女性求职者，化妆一定要坚持淡的原则，切不可浓妆艳抹。

第一、嘴唇。嘴唇是脸部最富色彩、最生动的地方，也是最吸引人的部分，所以无论如何要使嘴唇显得有润泽感。年轻女士宜用紫色口红，避免用大红或橙红，过于刺目的嘴唇会给人以血盆大口的印象，使主试人唯恐避之不及。唇线不可画得太深，那样会使你的嘴唇显得突出和虚假。

第二、眼睛。眼睛是心灵的窗户。因此，眼睛在面试时的作用是举足轻重的。为了使眼睛在面试时能动人而传神，面试之前就应稍加修饰，如女士可以描一描眉毛，使之更加妩媚。眼睛小的，可以在眼睛四周轻轻地描上眼圈，但不能描得太黑太深，不要露出修饰的痕迹。单眼皮者也未必一定要去拉双眼皮，有的单眼皮传达出的眼神更坦率、更亲切。如果有近视、斜视和眨眼之类的毛病，就有必要戴上一副眼镜去面试，不要让眼睛的毛病贻误了你取胜的机会。

第三、鼻子。修饰鼻子，并不是要你去整容。你可以在鼻梁上略施淡粉，因为面试时如果灯光太亮，会使鼻子出油发亮，如果天气太热，鼻梁上也容易出汗。有粉刺鼻、酒糟鼻和鼻炎者，最好提前到医院去诊治，以免妨碍面谈的效果。平常鼻毛长的人，面试前要格外注意修剪，如果鼻毛横行，主试人见了一定会感到恶心。另外，鼻端上或眼角里不要留有污秽积物。

第四、香水。选择香水要与自身的气质相配，香味宜淡，闻上去要给人舒畅的感觉。

（7）注意手和指甲

女人的手通常是气质外观的一个方面。为充分显示魅力，应保持干净，指甲应修剪好，千万不要留长指甲，也不要涂艳丽的指甲油。长指甲会使人联想起你是什么都不干的大小姐。

爱美之心人皆有之，但对于求职者而言，其服饰除了要符合一般社交场合服饰的共同要求外，更要注重和突出服饰的职业特点，使你的着装打扮与应聘的职业相称，给人一种鲜明的职业形象的感觉。如果拟应聘的职业是教师、工程师等岗位，打扮就不能过分华丽、过分时髦，而应选择庄重、素雅、大方的着装，以显示出稳重、文雅、严谨的职业形象；如果拟应聘的职业是导游、公关等岗位，就可以选择华美、时髦的着装，以表现活泼、热情的职业特点。

三、面试中握手礼仪

握手是人们见面和离别时的礼节。此外，它还含有感谢，慰问，祝贺和相互鼓励的意思。

握手的标准方式是行至距握手对象 1 米处，双腿立正，上身略向前倾，伸出右手，四指并拢，拇指张开与对方相握。握手时用力适度，上下稍晃动三四次，随即松开手，恢复原状。与人握手，神态要专注、热情、友好、自然，面带笑容，目视对方双眼，同时向对方问候。

面试中握手作为一种礼节，还应掌握四个要素。

1. 握手力度

握手时为了表示热情友好，应当稍许用力，但以不握痛对方手为限度。在一般情况下，握手不必用力，握一下即可。男方与女方握手不能握得太紧，西方人往往只握一下妇女的手指部分，但老朋友可以例外。

2. 先后顺序

握手的先后顺序为：男女之间，男方要等女方先伸手后才能握手，如女方不伸手，无握手之意，男方可用点头或鞠躬致意；宾主之间，主人应向客人先伸手，以示欢迎；长幼之间，年幼的要等年长的先伸手；上下级之间，下级要等上级先伸手以示尊敬和尊重。握手时精神要集中，双目注视对方，微笑致意，握手时不要看着第三者，更不能东张西望，这都是不尊重对方的表现。

3. 握手时间

握手时间的长短可根据握手双方熟悉程度灵活掌握。初次见面者，一般控制在 5 秒钟以内。切忌握住异性的手久久不松开，即使握住同性的手，时间也不宜过长，以免对方欲罢不能。但时间过短，会被人认为傲慢冷淡，敷衍了事。

4. 怎样握手

面试双方见面，通常会相互握手。除非面试官没有意图跟你握手，否则你应该等面试官伸出手来，你才迎上去，握手时间应为 3~5 秒，不可太久，尤其对方是异性时。

握手的时候，必须注意以下三点：

（1）手要清洁，指甲经过修剪；

（2）手心温暖，没有汗水；

（3）力度适中，且面带微笑。

四、面试中微笑礼仪

笑容是一种令人感觉愉快的面部表情，它可以缩短人与人之间的心理距离，为深入沟通与交往创造温馨和谐的气氛。于是，有人把笑容比作人际交往的润滑剂。

在笑容中，微笑最自然大方，最真诚友善。人们普遍认同微笑是基本笑容或常规表情。在面试中，保持微笑，至少有以下几个方面的作用。

（1）表现心境良好，面露平和欢愉的微笑，说明心理愉快，充实满足，乐观向上，善待人生，这样的人才会产生吸引别人的魅力。

（2）表现充满自信。面带微笑，表明对自己有充分的信心，以不卑不亢的态度与人交往，使人产生信任感，容易被别人真正接受。

（3）表现真诚友善。微笑反映自己心底坦荡，善良友好，待人真心实意，而非虚情假意，使人在与其交往中自然放松，不知不觉地缩短了心理距离。

（4）表现乐业敬业。主考官会认为你能在工作岗位上保持微笑，说明你热爱本职工作，乐于职守。如在服务岗位，微笑更是可以创造一种和谐融洽的气氛，让服务对象倍感愉快和温暖。

真正的微笑应发自内心，渗透着自己的情感，表里如一、毫无做作或矫饰的微笑才有感染力，才能被视作"参与社交的通行证"。

由此可见，笑容是所有身体语言中，最直接有利的一种，应好好利用。在面试中，要把握每个机会展露自信而自然的笑容，但是切忌不要呆笑。

五、面试中自我介绍礼仪

在日常生活和工作中，人与人之间需要进行必要的沟通，以寻求理解、帮助和支持。介绍是最常见的与他人认识、沟通、增进了解、建立联系的方式。

在社交活动中，想要结识某人或某些人，而又无人引见，此时可以向对方作自我介绍。

面试时，进行自我介绍要简洁、清晰、充满自信，态度要自然、亲切、随和、语速要不快不慢，目光正视对方。在社交场合或工作联系时，自我介绍应选择适当的时间，当对方无兴趣、无要求、心情不好或忙于处理事务时，切忌去打扰，以免尴尬。

六、面试中聆听礼仪

在面试过程中，主动的交谈传递出主考官需要的信息，展示出你的能力和风采，而"聆听"也是一种很重要的礼节。不会听，也就无法回答好主考官的问题。好的交谈是建立在"聆听"基础上的。聆听就是要对对方说的话表示出有兴趣。在面试过程中，主教官的每一句话都可以说是非常重要的，你要集中精力认真地去听。要记住说话人讲话的内容重点，并了解说话人的希望所在，而不要仅仅注重说话人的长相和语调。

即使说话者的谈话确实无聊、乏味，你也要改变自己的想法，认真听对方的谈话或多或少可以使自己受益。在聆听对方谈话时，要自然流露出敬意，这才是一个有教养、懂礼仪的人的表现。

一个好的聆听者会做到以下几点：

（1）记住说话者的名字。

（2）用目光注视说话者，保持微笑，恰当地频频点头。

（3）身体微微倾向说话者，表示对说话者的重视。

（4）了解说话者谈话的主要内容。

（5）适当地做出一些反应，如点头、会意地微笑、提出相关的问题。

（6）不离开对方所讲的话题，巧妙地通过应答，把对方讲话的内容引向所需的方向。

七、面试中站与坐礼仪

"站有站相，坐有坐相"是对一个人行为举止最基本的要求。

在面试中，正确的站姿是站得端正、稳重、自然、亲切。做到上身正直，头正目平，面带微笑，微收下颌，肩平挺胸，直腰收腹，两臂自然垂，双腿相靠站立，两脚靠拢，脚尖呈"V"字形，女子两脚可并拢。

站立时，如有全身不够端正，双脚叉开过大、双脚随意乱动、无精打采、自由散漫的姿势，都会被看作不雅或失礼。

坐姿包括就座的姿势和坐定的姿势。入座时要轻而缓，走到座位前面转身，轻稳地坐下，不应发出嘈杂的声音，女士应用手把裙子向前拢一下。坐下后，上身保持挺直，头部端正，目光平视前方或交谈的面试官。

坐稳后，身子一般只占座位的 2/3。两手掌心向下，叠放在双腿之上，两腿自然弯曲，小腿与地面基本垂直，两腿平落地面，两膝间的距离，男子以松开一拳或两拳为宜，女子以两膝两腿并拢为好。

无论哪一种坐姿，都要自然放松，面带微笑。面试过程中，不可仰头靠在座位背上或低着头注视地面；身体不可前仰后仰，或歪向一侧；双手不应有多余的动作。双腿不宜敞开过大，也不要把小腿搁在大腿上，更不要把两腿直伸开去，或反复不断地抖动，这些都是缺乏教养和傲慢的表现。

八、面试中应避免的动作

当着人挖耳朵、擦眼屎、剔牙缝、擦鼻子、打喷嚏、用力清喉咙都是粗鲁与令人生厌的小动作。在面试时应该努力避免这些令人难堪的小动作。只要你意识到这些小动作会误了自己的大事，想避免这些小毛病是完全可以做到的。可以将双手交叠在膝上，用拇指指甲抚弄着另一只手的掌心，这样你的双手就会被服帖地管制住。即使喷嚏难以抑制住，打过之后你也应该脱口说一声对不起。这样，被喷嚏所破坏了的谈话气氛又可以马上恢复过来。扮鬼脸也是一种不雅的小动作。

有些人总爱在脸上表露出对别人说话的反应，或惊喜，或遗憾，或愤怒，或担忧，表达这些情绪时，他们总是歪嘴、眨眼、皱眉、瞪眼、耸鼻子，这就是扮鬼脸。这种鬼脸在平时人与人的交往中或许有好的效果，但在面试时却是有害无益，应加以克服。还有一类小动作就是为了掩饰内心的紧张和不适而去抓头皮、弄头发、搔痒痒。

克服这类毛病并不难，保持轻松自在的坐势，如果带有公文包，可用手握着包，或手提也行。另外，不要嚼口香糖，也不要吸烟。

九、面试后礼仪

许多求职者只留意应聘面试时的礼仪，而忽略了应聘后的善后工作，而这些步骤亦能加深别人对你的印象，面试结束并不意味着求职过程就完了，也不意味着你就可以袖手以待聘用通知的到来，有些礼仪你还是要遵守的。

1. 感谢

为了加深招聘人员对你的印象，增加求职成功的可能性，面试后两天内，你最好给招聘人员打个电话或写封信表示谢意。

（1）感谢电话要简短，最好不要超过 5 分钟。

（2）感谢信要简洁，最好不超过一页。感谢信的开头应提及你的姓名及简单情况，然后提及面试时间，并对主考官表示感谢。感谢信的中间部分要重申你对该公司、该职位的兴趣，以增加你对求职成功有用的事实内容，尽量修正你可能留给主考官的不良印象。感谢信的结尾可以表示你对自己的素质能符合公司要求的信心，主动提供更多的材料，或表示能有机会为公司的发展壮大作出贡献。

面试后表示感谢是十分重要的，因为这不仅是礼貌之举，也会使主考官在做决定之时对你更有印象。

2. 不要过早打听面试结果

在一般情况下，主考官每天面试结束后，都要进行讨论和投票，然后送主管部门汇总，最后确定录用人选，可能要等 3 至 5 天。你在这段时间内一定要耐心等候消息，不要过早打听面试结果。

3. 调整心情

面试结束后，只是你完成求职的一个部分。如果你向几家公司求职，则必须调整心情，全身心投入准备第二家的面试，因为，未有聘书之前，仍不算成功，你不应该放弃其他机会。

4. 问询结果

一般来说，如果在面试两周后或在主考官许诺的通知时间到了，还没有收到对方的答复时，就应该写信或打电话给招聘单位或主考官，询问是否已做出了决定。

5. 做好再次冲刺的思想准备

应聘中不可能个个都是成功者，万一在竞争中失败了，也不要气馁。这一次失败了，还有下次，就业机会不止一个，关键是必须总结经验教训，找出失败的原因，并针对这些不足重新做准备，再次求职。

态度养成

注重求职礼仪，打开事业之门。

随着高校的扩招，大学生数量逐年增加，企业的选择余地更大，对学生的要求也就越来越高。用人单位在招聘过程中除了重视文凭以外，更加重视对人才综合素质的考察。怎样找到一份称心如意的工作已成为困扰当代大学毕业生的主要问题。然而，在求职时，仅靠专业知识和热情是不够的，掌握一些礼仪惯例和技巧是必要的。知书达礼之人，总会有更多的机遇，谦谦君子总会给人留下美好的印象。所以，作为一个求职者，在求职过程中首先就要注重求职礼仪，注意自己的行为举止，表现出自己的良好素养。

礼仪体现了我们在长期社会生活中形成的交际交往习惯、思维定势和行为定势，而求职礼仪则是个人礼仪在求职过程中的具体体现，是求职者在与招聘单位接触时应具备的礼貌行为和仪表形态规范，是求职应聘时必须掌握必须应用的交际规则。心理学家奥里·欧文斯说："大多数人录用的是他们喜欢的人，而不是能干的人。这种说法虽然有些片面，但却道出了求职礼仪的重要性。现在企业用人特别注重其礼仪素养，一些商家已经将礼仪作为录取新职员的条件之一，用人单位通过层层考核、考试、面试既保证了公平，又可以对求职者的各个方面有全面的了解，其中面试考查的就是求职者的综合分析能力、语言表达能力和礼仪素质。礼仪能规范你的举止，防止因小节而误事；借助礼仪可以展现自己的文化素养，体现自己的道德水准，反映自己的个性，顺利完成面试的全过程；礼仪能给人以美的享受，使用人单位愿意与你交谈，有兴趣和耐心进一步了解你，让用人单位喜欢你，甚至招聘者发现你与其他应聘者相比有欠缺的地方时，也能给予理解、关怀和鼓励，从而使你的求职事半功倍，脱颖而出。

古人云"见微而知著"，礼仪体现在我们生活中最细微的举足之间，招聘者总是于最细微处观察和认定我们的礼仪层次，进而推断我们的修养，在求职中我们的细微举止都会影响用人单位对我们的评价，因此，我们必须从平时做起，注意一言一行，长期的修养积淀能使我们在关键时刻每一个细节都自然流露。

实训策略

读一读：

面试礼仪模拟

公司名称：××生物科技企业集团

考评面试官：人力资源总监邓小姐（Q）

应征部门：企划部

应聘职位：营销企划专员

应征者简介：

姓名：方小林　　　　　　性别：男

年龄：22 岁　　　　　　　婚姻：未婚

工作经历：无 专业：××大学市场营销专业

小林在经过一轮激烈的笔试竞争后，终于接到了××生物科技企业集团的面试通知，时间是 201×年 4 月 18 日上午 10 点 30 分，地点就在位于繁华商业中心的 D 大厦的公司总部。××生物科技集团是本地著名的高科技企业，能进入这样的企业工作是小林长久以来的心愿，他决心抓住这次难得的机会，好好准备，把自己的长处和优点全都表现出来。

请问：

1. 小林应该如何给自己塑造一个良好的求职形象？

2. 小林应该注意哪些面试礼仪？

3. 求职后小林应该怎么做？

4. 请根据以上情境编排成为面试礼仪模拟情景剧，并在全班进行表演。

[参考答案]

4 月 16 日，小林专门花 10 元人民币在发廊剪头发，师傅的手艺不错，原本凌乱的头发经过一番修饰之后，小林的精神面貌看上去大不相同。他又带着简历、身份证、大学六级英语证书等所有与面试有关的资料到文印室，将它们每样复印了三份。

4 月 17 日，吃过晚饭，小林又检查了一次公文包，看看所需的资料是否已经准备完善，又查阅了一些关于该公司的信息。接着，小林开始准备第二天的着装。先修剪了手指甲，保证指甲看上去整齐而且不留任何污垢在指甲缝里，然后从衣柜里挑出了一件蓝色带竖条文的衬衫，让自己看上去稳重而不失活力，选了一条相称的领带，一套深色的西装和西裤。看到衬衫有些皱褶，小林拿出熨斗用不太熟练的技术将衬衫熨平整（场外音：其实在求职期间，有时花几元钱送到附近的洗衣店熨整齐也是值得的），然后用衣架将这些衣物挂起。当然，小林也没忘记将皮鞋擦干净。

处理完这些事情以后，小林冲了凉，晚上 10∶30 左右就上床就寝，在床上又将有关面试和××生物科技企业集团的资料重新看了一遍。闭上眼睛后，脑子里像过电影一样，把学校就业辅导中心老师提到过的面试应该注意的礼仪问题重温了一遍，才沉沉地睡着。

4月18日，小林早上7：30起床，梳洗完毕，吃过早餐后，穿上衬衣和早已准备好的西裤，打领带时，还精心打了一个较为正规的双面结，与他一身深灰色的西装很相称，显得大方而稳重。接着，小林又对着镜子将头发梳理整齐，又换上灰色的袜子，黑色的皮鞋，整个人看起来精神抖擞，神清气爽，显得年轻精干，又信心百倍。

9：00整，小林在出发前再次检查了所有应该携带的材料，确保没有一样东西遗漏。公文包里的笔记本、笔都放在自己熟悉的夹层里，一切都准备妥当。

上午10：20，小林提前10分钟抵达××生物科技集团公司总部。

10：30，小林被前台小姐领进人事部，面试开始。

Q：你好！请坐，我是××生物科技集团的人力资源总监，我姓邓。

A：邓总，您好！很高兴能有机会与您面谈。

小提示：

第一印象产生——决定性关键因素。

注意眼神接触，保持微笑。

注意礼貌。

Q：从你的简历和求职信来看，你各方面的条件都不错，能不能谈一下你在大学求学期间有没有什么相关的社会活动经验？

A：我学的是××大学市场营销专业，与社会接触比较多，平时也比较喜欢参加学校团体活动和社会实践活动，在一年级的时候就是班级的××干部，连续两个暑假参加了加拿大安美森公司主持的国际商务论坛，在该公司做过兼职的市场助理，做一些相关的联络工作。……

小提示：

回答问题要诚实中肯，切忌撒谎和浮夸。

力争引起对方的共鸣。

Q：Please tell me in English, what's your best achievement?

A：Well, in my memory, I have a lot of cases dealing with marketing. The best achievement is a case, when I was a part-time Customer Service Representative of Enrisun International, the marketing department wanted me to finish a proposal of Economic Forum Presentation within 3 days. That's a big project, but I did it

小提示：

越来越多的公司用英语进行面试，流利的英语口语可以给用人单位留下深刻印象。

在英语的口语交谈中，不必太拘泥于语法，大胆表达清楚自己的意思即可。

Q：为什么想到我们公司工作呢？

A：我在××看到贵公司的招聘广告，对贵公司刊登的职位信息做了一些研究，觉得我所学的专业与贵公司的职位要求相符，我还在贵公司的网站上看到贵公司将在三年内大幅度扩大营销队伍的新闻……

小提示：

搜集公司情报，了解职务内容。

把握机会充分展示自己。

Q：如果你获得这个工作机会的话，你可不可以想象 5 年后的自己？你有没有考虑过自己的职业生涯规划？

A：虽然这个社会有很多不可预测的事情，但我还是认为自己在这 5 年里会随着公司一起成长，我在生物技术领域的知识一定会紧紧跟随公司的最新进展，而我在营销策划上一定已经在较高层次上取得了较大的进步……

小提示：

充分表达出自己对工作的热忱和对自己的未来的信心。这是任何个性的人力资源经理都喜欢的。

Q：你觉得你有足够的能力来完成这份工作吗？

A：有。即使有某些经验不足的地方，但我相信当我逐渐熟悉公司的业务计划和操作环节后，我一定能……

小提示：

回答应表现出高度的自信心及魄力。

Q：你所期望的待遇可能超过了我们公司的预期，我们无法满足你的要求，你能接受吗？

A：我所提出的期望待遇与国内这个行业的职位薪酬标准相比是属于中等偏上的，当然具体的待遇标准还要由贵公司评估我的表现及资历来最后确定。我愿意在双方达成一个共识的基础上，在一定时期内按贵公司新进员工待遇标准……

小提示：

回答这类问题的方法有很多钟，要根据当时面谈的气氛和具体的情境来灵活回答，但基本原则是：

勇于为自己争取公正的待遇，诚实而不欺瞒。

以双赢的心态去协商。

保持弹性，让一切充满可能性。

Q：你有没有什么要问的？

A：有。请允许我询问关于……方面公司的策略是什么？

小提示：

切忌回答"没有问题"。

传达出争取工作岗位的决心。

搞清楚有待了解的部分。

Q：方先生，由于时间的关系，我们今天的面试就到此为止。由于有不少候选人要进行这一轮面试，所以我们要在对所有参加面试的候选人中进行全面比较权衡后，才决定合适的人选。有进一步的消息，我们会及时通知你的。谢谢你。

A：十分感谢邓总抽出宝贵的时间和我面谈，我从中受益匪浅。希望下次有机会再当面请教。再见（与邓总握手道别，并将椅子放回原处后离开。）经过前台时，和引导他进入人事部的钱小姐说："谢谢你，再见。"）。

小提示：

注意，直到离开公司所有人的视线后，你的面试才结束。

传达完美的人际关系能力。

注意：如果公司门口有张纸片或小块杂物等，不要视而不见地走过，而要将它捡起来扔到垃圾桶。因为这很可能是公司故意设计的面试细节，看看候选人是不是具有过人的观察力和从我做起的精神。

4月18日下午，小林按照××生物科技企业集团的地址给人力资源总监邓总发了一份感谢信，表示通过面试更进一步了解了××生物科技企业集团的企业文化和高效率，表达了自己仍然很想为该公司服务的愿望，也有信心做好营销企划的工作，希望有机会向邓总监多多学习。

小提示：

求职礼仪事实上是每个人在求职的过程中所表现出的由里到外的一种涵养，外表的礼仪是对招聘单位和招聘人员最起码的尊重，而内在的礼仪更是一名当代大学生所必备的修养。

要记住：凡事预则立，不预则废，有充分的准备，方能战无不胜，攻无不克！

第三节 笔试基本类型与应对技巧

案例分享

某广告公司招聘策划，考生笔试答案雷翻了面试官

图6-2 某广告公司策划情况

点评启示：猛然看上去还以为是漫画，后来才发现这是某人在应聘某广告公司的笔试答卷。就算不看画的内容是什么，能想出这种答题方式的人，就足以让他／她得到"试走偏锋"的"80后神人奖"了。看这个面试者面试的职位是"策划人员"，我想这么雷人的试卷，

除了成为大家的争议焦点，也不失为是一种很好的个性展示，或许会博得面试官的一票。

知识链接

一般来说，招聘单位在对应聘简历进行收集、筛选后，就会确定应试人员名单，接下来的程序就是笔试了。笔试是决定求职者能否成功的第一个关键环节，而这其中有着一定的规律和技巧，需要应聘者认真了解和掌握。

所谓笔试，就是用人单位以文字为载体，采用书面形式对应聘者所掌握的专业知识、专业技能和文化素质等进行的测试。测试的结果可直接用来对求职应聘者进行考查和评估，判定应聘者是否具备招聘公司要求的一些基本能力和素质。

一、笔试基本类型

1.按笔试内容分类，可分为技术类和非技术类

技术类考题类别主要包括专业技能类和专业知识类两大部分。前者题型一般有程序设计题、机械制图、设计、文案等；后者题型一般有程序语言，数据库理论，机械设计、制造工艺理论，艺术设计、美学理论等。

非技术类考题类别主要包括语言能力（阅读理解、语言表达、写作）、数字处理能力（数字计算题、简单应用题、数字推理题、数谜题）、逻辑推理能力（图形推理题、解难推理题、语言推理题、智力题）、综合能力（案例分析、情景模拟、图标分析题、报告写作）、知识域（政策法规、文化、历史）、英语测试等。

2.按笔试考察的目标分类，可分为辅助测试、综合能力测试和英语测试

辅助测试一般包括性格测试、职业能力倾向测试等，通常在应聘者投递简历、网上申请时进行。这类测试的目的是寻找符合公司文化、具备职位要求的个人特质的理想求职者，如果应聘者不符合相应标准，即使其他方面达标也会被淘汰。如：花旗，一套卡特尔十六因素人格测试，共225道题，40分钟内完成。

综合能力测试是考察应聘者各方面的综合素质和能力。如电子、通信、机械、土木等专业，在招聘技术人员时，就会着重考查逻辑推理能力、数字计算能力及行业相关综合知识。

英语测试，越来越多的企业，尤其是外企，在笔试环节对应聘者英语能力的考查越来越严格，要求也越来越高。形式上不仅采用英文试卷的笔试题来考查应聘者的阅读、写作能力，根据需要还会考察英文听力水平。

二、笔试的准备

1.了解笔试类型，做到有的放矢

不同的笔试类型，有不同的考试内容，毕业生在考前应做详细的了解，针对不同情况

做出相应的准备。比如公务员考试就有明确的考试范围，并有制定的参考书，考生复习相对有针对性。而一些用人单位的笔试则相对灵活，范围也比较大，没有明确相关的参考书。毕业生可围绕用人单位划定的大致范围翻阅一些有关的图书资料。笔试成绩与平时的积累有很大关系，如果应聘者兴趣广泛，平时就注意吸收各种信息，考试时就能得心应手。

2. 笔试的知识准备

首先，准备笔试时看资料要注意学以致用，理论联系实际。现在企业越来越注重应聘者的实际操作能力，所以在笔试中多会考核应聘者对知识的运用能力，而非一味的理论题。因此，应聘者在复习的过程中，要注重理论联系实际，多思考知识如何应用到实际中，如何解决现实面临的种种问题，处处要突出一个"用"字。

其次，要提纲挈领，系统掌握。应聘笔试往往范围大、内容广，存在着一定的随意性和盲目性，所以，应聘者在复习过程中要将知识系统化，提纲挈领，系统掌握，这样才能应对多变的笔试。

最后，要多读多练，提高阅读能力。提高阅读能力，对拓宽知识面和回答应聘考试的各类问题有极大的益处。尤其是在语言类笔试（言语表达、阅读理解、写作）中，通过多读多练，不仅可以提升阅读能力，而且可以提升做题效率和准确度。所以，复习要经常做一些阅读训练，对问题仔细揣摩、认真思考、分析比较、综合归纳。

3. 保持良好的身心状态

笔试应高度重视，但在紧张的复习准备过程中，要劳逸结合，注重休息，不要给自己太大的压力；同时适当参加一些文体活动，从而使高度紧张的大脑得到放松休息，以充沛的精力去参加考试。

三、笔试的应对技巧

笔试成绩的好坏，不仅与自己的实际水平、考前复习有关，还与自己的答题技巧有关，所以，参加笔试时要注意以下事项：

一是精心审题。笔试时要认真弄清题目要求，逐字逐句地弄清题意，然后按要求回答。尤其是论述题或写作题，落笔更要三思而后行，切不可下笔千里，离题万里。

二是融会贯通。笔试中试题有难有易，且多是对求职者运用知识分析问题解决问题能力的考查，面对难度较大的试题时，应聘者要沉着冷静、积极思考、广泛联想，将学过的知识联系分析，找出正确答案。

三是先易后难。笔试题型多、内容涉及范围广、时间有限，因此，先易后难、先简后繁便是答题的首要原则。如有时间，再去细细斟酌较难的试题。

四是注意时间管理。要有策略地做题，在规定的时间内合理安排整张试卷，保证答题率和正确率。

五是注意考试纪律，营造良好的考场环境。一定要遵从监考人员的指示，关闭通讯工具，按指令翻阅试卷，否则，很有可能被取消笔试资格。笔试不仅仅是一场考试，也是求职过程中的一个环节，考场上得表现很可能会影响到你之后的面试。

在答完试卷后，要进行一次全面复查，特别注意不要漏题，跑题。要纠正错别字、语法不通、词不达意等错误。特别值得注意的是卷面必须做到整洁、字迹端正。因为招聘单位往往从卷面上联想应聘者的思想、品质、作风，字迹潦草、卷面不整的人，招聘单位先不看他答的内容，单从他的卷面就觉得他不可靠；而那些字迹端正，答题一丝不苟的人，招聘单位认为他态度认真，作风细致，对他更加青睐。

态度养成

良好的笔试成绩来自于平时的努力学习。大学生应具备的思想素质、知识素质、能力素质及心理素质此时此刻正好派上用场。而良好素质的取得，是与平时的学习和积累分不开的。因此，一个大学生，从进校的第一天起，就应该十分明确地认识到自己在大学阶段的任务，努力提高自己各方面的素质。

参加笔试之前，还应当针对考试内容适当地做一些准备，以便充分发挥出自己的水平，争取好的成绩。这里要强调的是，录用考试有别于平常专业学习的考试，死记硬背的东西不多，以需灵活分析的题目为主，靠的是迅速的反应、敏捷的思维、优美的文笔，而这些又建立在应试人扎实而广泛的知识基础上。因此，参与笔试前要认真复习，做适当的准备。比如，国家机关公务员考试中的时事政治部分、历史部分等，都是可以做适当准备的。

（一）保持良好的身心状态

就业前的焦虑、笔试前的紧张复习，都会给毕业生的身心带来一定的负面影响。此时毕业生要学会调节情绪，注意饮食，保证必要的休息，防止身体出现不适。用愉悦的心情、健康的身体去争取最好的成绩。

（二）克服自卑

笔试怯场，大多数时候是由于缺乏自信心所致。客观冷静地对自己进行正确评估，就能克服自卑，增强信心。应聘笔试同高考不同，高考是"一锤定音"，而求职应聘考试则有着多次机会。

（三）有备无患

提前熟悉考场环境，有利于消除应试的紧张心理，还应看看考场注意事项，尽量按要求做好。除携带必备的证件外，一些考试必备的文具（钢笔、橡皮等）也要准备齐全。考试前要有良好的睡眠，以保证考试时有充沛的精力和良好的状态。

实训策略

练一练 1：

笔试题目精粹

1.请写一篇短自传介绍自己，请分别用

（1）诗歌

（2）散文

（3）记者的角度

2.选出一份杂志或报纸上的广告，请用 100 字做以下陈述

（1）你认为其针对对象是谁？

（2）你认为其目的是什么？

（3）你认为其对消费者承诺是什么？

3.X 部门打算买一台计算机，请你写出一份请示报告

4.X 地准备召开营销经验交流会，请你写出一份会议通知

5.因为有人，所以有人胜。

6.树得以发芽，是因为有水源

7."智者千虑必有一失，愚者知虑必有一得"，此话在工作中如何运用？

8.5S 的 5 个 S 是什么的略写，其含义是什么？

9.说明下列词的含义（指什么样的人）？

（1）人在：

（2）人罪：

（3）人才：

（4）人财：

10."善行无辙迹"，如何将其运用到工作中去？

11.在太平洋的一个小岛上生活着土人，他们不愿意被外人打扰。一天，一个探险家到了岛上，被土人抓住，土人的祭司告诉他，你临死前还可以有一个机会留下一句话，如果这句是真的，你将被烧死；是假的，你将被五马分尸。可怜的探险家如何才能活下来？

12.怎样种四棵树使得任意两棵树的距离相等。

练一练 2：

1.以独具匠心的创意写一篇自我介绍。（形式、内容、字数不限。）

2.评述一位你喜欢的广播电视节目主持人。（国籍不限。有事例、有体验、有感受最佳。字数不限，文体不限。）

第四节 面试基本类型与应对技巧

案例分享

[案例1]

杨婉君的成功面试

我叫杨婉君，很多人都以为这个名字是抄袭琼瑶的，不过，的确是先有我这个"婉君"，然后才有了琼瑶的那个"婉君"。但是，同学们觉得叫我婉君有点别扭，所以都叫我杨万君(慢而重地读出)，您瞧，在这儿（顺便指着简历上的名字）。

点评启示：如果你的名字很特别，可以简单介绍一下名字的来历，这样不仅满足了面试官的好奇心，而且可以使面试的氛围变得轻松起来。杨婉君把自己的名字巧妙地跟琼瑶小说联系起来，并且指了指简历，与面试官进行了互动和沟通，拉近了彼此之间的距离。

我来自广东潮汕地区，会讲潮州话，由于妈妈是客家人，我也会讲客家话，希望在工作当中能够用得上。

点评启示：把自己的家乡告知面试官，很有必要，一方面出于礼貌；另一方面，假设面试官和你是老乡，对你的求职有好处。

在今天的候选人当中，我是唯一的非名牌大学毕业生。实际上，我没有考上名牌大学的原因是偏科，高考时数学没及格，可我的文科成绩，在班里一直是前几名。一路走来，虽然经历了很多艰辛，但有很大的收获，所以无论今天能否通过面试，我都非常感谢你们给了我这次面试的机会。

点评启示：虽然不是出自名牌大学，但实事求是地说了出来，而不是一味寻找借口。人无完人，自暴其短，适当予以补救，转移对方的注意力，幽默地展示自己又不失尊严，乃是锦上添花之举。

在学习方面，我拿过两次三等奖学金。在学校做过新东方职业教育课程的校园代理，我的业绩在20多个学生代理中一直排在前三名，当然了，这和我的危机意识比较强、热爱学习是有关系的。

点评启示：分类介绍亮点，突出自己的优势，用数字说话，用事实打动人，说服对方。如果没有业绩突出的经历，就不必面面俱到。

我觉得大学生活使我学会了与人沟通，可能您会觉得，十个大学生有九个会强调自己善于与人沟通，不过我依然觉得这是我大学里面最大的收获。您从简历上看得出来，我大学时在学生会工作了两年半，从干事一直到副主席，这使我有机会同年龄和背景完全不同的人进行交流，从学生到老师，从学校的领导到校外公司的高层，每一种沟通的方式和方法都不同，从而锻炼了我的言语表达能力和与人沟通的能力。

点评启示：这个回答对于介绍大学生活的收获虽然不够全面，但至少具备了两个优点：有说服力，个性化！

今天我来申请这个职位，主要是因为适合我的专业和兴趣，我喜欢做销售，在大学我卖过手机卡，推销过英语课程，觉得推销成功以后很有成就感。还有，我觉得自己具备推销员的素质，前面我说过，我在大学的推销记录一直是不错的。总的来说，我认为自己非常适合这个岗位的要求，希望能给我一个机会。

点评启示：具体陈述申请该职位的原因，而不仅仅是抽象述说。另外，关于来该公司求职的原因以及自己适合该职位的特点，也要点到，但是不宜长篇大论。

[案例 2]

提前进入角色

学校举行招聘会，学法律的我去应聘一家公司的法律顾问一职。面试时女主考官问我最后一个问题："请问假如我们在前三个月每月给你两百块你会干吗？"这道题很棘手，我不明白考官葫芦里到底装的什么药，而且每月仅两百块钱，伙食费都不够，谁愿意干呀？

稍微想了一下，我笑着说："主考官不但人长得漂亮，开玩笑也同样漂亮。这不是叫人为难吗？我只想说，根据国家劳动保障法有关规定，工资不能低于社会最低的贫困保障线。两百块是否有点不妥？就算我愿意，法律也不愿意。如果公司是为了考验我的诚意，我愿意免费为贵公司服务一个月，也不能让你们一不小心违法啊！"

漂亮的女考官露出了漂亮的微笑："没想到你一下子就进入了角色！看来，你正是我们需要的法律顾问了！"

点评启示：提前进入角色，适时展露你的专业度；可用幽默的沟通方式化解一些棘手的问题。

[案例 3]

合作带来双赢

一家公司的策划部要招聘两名白领职员，不少人前去应聘，经过初步筛选，最后留下十人角逐那两个岗位。

测试开始了，主考官把大家带到一排房子前面，对大家说："每个房间里面都有一个很重的木箱，你们可以运用各种方法，包括使用房间里的所有工具，把箱子移到指定的区域。测试时间为十分钟，最先完成任务的两个人将留在公司。"十个竞聘者迅速跑进各自的房间。他们发现，房间里除了一个大木箱外，还有木棍、绳子、锤子等很多工具；那个木箱的确很重，怎么也推不动，想搬起一个角都很困难。

测试结束了，除两个人提前把木箱推到指定区域外，其余八人都没能完成任务，有的甚至没有把木箱移动一点。

主考官问那两个提前完成任务的人："你们是怎么推动木箱的？"

他们回答："我们两人合推一个木箱，推完一个再合推另一个。"

主考官微笑着说："恭喜两位正式成为我公司的职员。这次测试的本意就是要告诉大家，只有善于合作的人才能获得成功，尤其是策划部更需要具有合作精神的人。"

点评启示：团结合作的团队才是好团队，公司也是如此。

[案例4]

李雨晴的失败面试

李雨晴正好碰上了一个赞美她名字的面试官："李雨晴，你的名字很好听呀！"对此，李雨晴的应答却不尽如人意："是嘛，谢谢！这个名字比较符合我的性格，雨是比较温柔的，晴是比较热烈的，我觉得我的个性既有顺从的一面，也有比较热烈积极的一面。"

面试开始的时候，制造一种放松和谐的气氛。李雨晴的回答却犯了一个典型的交流错误：失真。它听起来很"美"，却完全不真实，因为宝宝从妈妈肚子里爬出来时，完全看不出性格是温柔还是热烈！这样反映申请人急于表现自己的优点，结果却违反了最基本的"真诚沟通"的原则。面试官本来想放松一下，结果反而被申请人的自夸弄得浑身起了鸡皮疙瘩，觉得自己接下去要是不夸奖他（她）一番，简直就没法继续交流了。

"哦，我来自肇庆，您去过吗？"恰巧几位面试官都没有去过肇庆，当场气氛显得十分尴尬。

点评启示：一般来说，我们不鼓励申请人"反问"面试官，尤其是这种有关个人信息而不是商业信息的私人问题。

"其实我高中的成绩是可以进名牌大学的，但是高考时没发挥好。我虽然不是来自名校，但是我相信自己绝对不比那些名牌大学毕业生差，我一直非常刻苦，每一次作文的得分都是优，我发誓一定要比他们还要优秀……"

点评启示：为自己辩解，反而弄巧成拙，暴露了心理素质差，经不起失败的考验。并且，适当地夸奖自己是可以的，但是绝不可贬低别人抬高自己。

"我觉得我学会了与人进行沟通，学会了团队精神，也锻炼了自己的领导能力和组织能力。"

点评启示：李雨晴的回答看上去中规中矩，却犯了三个明显的交流错误：一是不全面，因为大学的收获绝不只是沟通和组织能力；二是缺乏说服力，短短一句话，说了自己的四种能力，没有任何事实和数字予以支撑，让人难以置信；三是不够个性化，这样的回答，与别的申请人"撞车"的可能性很大，估计十之八九会让面试官暗叹："又来一个善于沟通有团队精神的人！"

[案例5]

说错一句话我失掉第一局

小王，女，24岁　专业：会计

那时我接到了一家知名的高薪企业的面试通知。这让我既高兴又紧张，因为我从来没有面试的经验。我在图书馆里泡了好几个晚上，啃《面试轻松过关》《面试宝典》之类的书，看得头昏脑胀。

真正面试的那一天终于来到了。我走进考场后才发觉，与我一同面试的其他五个人都是男生。考场是一个很小的会议室，中间是一张圆桌。考官坐在圆桌一边，我们几个人坐在另外一边。服务员拿来六杯水，其他几个男生直接拿起自己面前的水杯就开始喝。我一转念，不对啊，几个考官都还没水喝呢，我们怎么可以抢先呢？于是很有礼貌地把杯子递给离我最近的一个考官。

"还是女孩子心细啊。"坐在中间的一位考官说，另几个正在喝水的男生立刻窘住了，面面相觑。我暗暗自得，不忘对考官们露出谦逊的微笑。

几位考官介绍了公司运营方面的具体情况，也聊了聊我们的专业和对公司的想法。由于刚才的"喝水事件"，另外几个男生都比较拘谨，反倒是我和考官们谈笑自如。这时，坐在正中央的主考官突然问了我一个意想不到的问题："你的简历上写着会跳舞，你会跳哪种舞呢？"我立刻懵了。小时候我的确学过一点舞蹈，后来就没再进行过舞蹈训练。要是说实话，多丢面子啊。于是我就扯个谎说会跳新疆舞，说完之后就觉得脸有些发热。谁知考官要求我随便摆个姿势看看。我窘极了，从头到脚都无所适从，只好站起来原地转了个圈。　好不容易面试结束，考官们走出会议室讨论了一下，把我叫了出去。"根据你的性格特点，我们想把你安排在外事部门，不过户口方面可能还需要再争取。"听到这句话，我愣住了："你们不是答应可以解决吗？"后半句被我吞进了肚子，我的感觉越来越不妙。要是户口解决不了，我也许根本就不会来应聘……我左思右想，轻轻咬着下唇说："要不，我跟爸爸妈妈商量一下。"

主考官也突然愣了一下，我马上意识到，自己似乎说错了什么。

"好吧。"他微笑着说，"不过要记得，以后你参加面试的时候，不要说'和爸爸妈妈商量'的话，因为这样会显得你没有主见，明白吗？"

我抬头看了看他的眼睛，他眼里满是真诚。我意识到，我错失这个机会了。

点评启示：面试时要表现你独立思考和处理问题的能力。这是一个人成熟和担当的表现。

[案例6]

把小动作留在面试场外

小李，女，24岁　　专业：法律专升本　　面试岗位：文秘

都说现在工作难找，招聘信息铺天盖地，好岗位却是大海捞针，所以我一开始就把目标定得很低，没想到这也会失败。大学读的是法律，又有两年医药工作的经验，应该说我的资本还是有一点的，去应聘一个文秘的岗位，总觉得是十拿九稳的事情，也就没把别的竞争者放在心上。

面试当天我把自己的简历熟悉了一遍，也没怎么准备就去了。到了现场一看，已经有几个应聘者在了，看样子都经过一番细心打扮，一个个嘴里念念有词，显然是在温习。看他们那个认真劲儿，我有了竞争的真实感。面试官有两位，看上去都非常严肃，被他们眼睛一盯，我就慌神，头不由自主地低了下去，事先准备的说辞全忘了，脑子里一片空白。

这时候比较年长的面试官让我作自我介绍，我几乎把自己的简历记得的都背了一遍，语调就像一根直线，声音也发虚，手又习惯性地去摸头发，一说完我就知道，这回完了。

另一个面试官问我，应聘这个岗位的优势在哪里。这本来是个好机会，只要我把自己的特长、经验说清楚，胜出的概率还是很大的。可偏偏一紧张，平时的那些小动作全出来了，一会儿摸摸头发、一会儿摸摸耳朵，擦鼻子……我都不知道手该往哪儿摆，两位面试官看着我直皱眉头，问了两个问题就叫我出去了。

点评启示：毕业生的我们面试要沉稳，要重视不要紧张，要自信不要自负，认真正确对待岗位。

通过上文成功与失败的案例分析，我们对于成功者的面试技巧如能加以灵活运用，同时避免踩入失败者面试的雷区，那么，我们在面试中就会轻车熟路，轻巧取胜。

知识链接

面试是用人单位对应聘者进行的当面考核与测试。通过面试，用人单位可以直观地了解档案资料和笔试所反映不出来的一些情况，如求职者的仪表、气质、性格、品德修养以及语言表达能力、逻辑思维能力和应变能力等方面的综合素质。为了能够在面试时有备作战、应对自如，求职者很有必要提前熟悉用人单位通常所采取的面试方法及其面试内容。

一、面试考查的主要内容

1. 仪表风度

这是指应聘者的外貌、气色、衣着举止、精神状态等。对于应聘者来说，在面试过程中要做到仪表端庄、衣着整洁、举止文明，这样才能给面试官留下做事有规律、注意自我约束、责任心强的良好印象。

2. 专业知识

企业会了解应聘者掌握专业知识的宽度和广度，其专业知识更新是否符合招聘职位的要求，作为对专业知识笔试的补充。面试对专业知识的考查更具灵活性和深度，所提问题也更接近空缺岗位对专业知识的需求。

3. 实践经验

企业一般会根据应聘者的求职材料中所提供的实习实践经历作相关的提问。主要查询应聘者有关背景及过去的实习实践经历情况，以补充、证实其所具有的实践经验。

4. 口头表达能力

考查的主要内容包括：表达的逻辑性、准确性、感染力、音质、音色、音量、音调等。不同的公司、不同的职位对于口头表达能力的要求也不同。对于外企来说，英文的口头表达能力几乎是面试过程中的必考项目。

5.综合分析能力

考查应聘者是否能对主考官提出的问题,通过分析抓住本质,并且说理透彻、分析全面、条例清晰。

6.反应能力与应变能力

主要考察应聘者对主考官的问题理解是否准确,回答是否迅速等;对于突发问题的反应是否机智敏捷、回答恰当,对于意外事情的处理是否得当、妥帖等。

7.人际交往能力

通常主考官会通过询问参加那些社团活动、喜欢跟哪种类型的人打交道等了解应聘者的人际交往能力。或者主考官会通过具体场景的模拟来判断应聘者的人际交往能力。

8.自我控制能力和情绪稳定性

自我控制力对于一些特定岗位来说是非常重要的。一方面,在遇到上级批评指责、工作有压力或个人利益受到冲击时,能够克制、容忍、理智地对待;另一方面,今后的工作中会有耐心和韧劲。

9.工作态度

主考官一般会了解应聘者对过去学习、工作的态度;对于所应聘职位的态度。在过去的学习或实习实践中态度不认真,做好做坏无所谓的人,在新的岗位也很难做到勤勤恳恳,认真负责。

10.上进心、进取心

招聘单位大多倾向于有上进心、进取心的应聘者,因为上进心、进取心强烈的人,一般在事业上有明确的奋斗目标,并会为之而积极努力,且工作中经常有创新,这对于企业的发展而言极其有利。

11.求职动机

了解应聘者为何希望来本公司工作,对哪类工作最感兴趣,在工作中追求什么,判断本公司所能提供的职位或工作条件等能否满足其工作要求和期望等。

二、面试类型

按照面试的开展形式及手段、面试的内容、面试考核的重点等,面试类型主要有以下几种:

1.电话面试

多数企业在从简历中筛选出合适的申请人之后,在正式面对面的面试之前,通常会采用打电话的方式进行首轮面试。电话面试一般在 10 ~ 30 分钟左右,其主要目的是核实应聘者的相关背景、语言表达能力。

2.小组面试

小组面试俗称"群面",一般有 5 ~ 8 个应聘者组成一个小组,共同应对一个需要解决的问题。小组成员以讨论的方式，经过各种观点和思想的碰撞、提炼，共同找出一个最合适的答案或结果。这类面试特别适用于评价应聘者分析问题、解决问题以及决策问题的能力、语言表达能力、沟通能力、应变能力、团队合作能力等。

3．案例面试

案例面试是指在面试中用一些较简单的商业案例问题来考查应聘者的应变能力、逻辑分析能力以及考虑问题的全面性等的面试类型。这种面试一般是一对一的，面试官给你一个商务案例，让你当场分析，找到解决办法或者提出决策建议。

4．评价中心

通过无领导小组讨论、公文筐、角色扮演、个人演讲、管理游戏等情景模拟技术，加上一些传统的测试方法，对人的知识、能力、个性、动机进行全面考核。是大多数外企招聘是常用的人才测评方式。

5．行为面试

行为面试是外企招聘时最常用的面试方式，通过一系列基于具体行为的问题，来考查应聘者特定方面的素质及能力。用类似"这件事情发生在什么时候？""您当时是怎样思考的？""为此您采取了什么措施来解决这个问题"等问题，来考查应聘者在过去某种特定事件中的具体表现，进而推测应聘者今后在工作中的行为表现。

6．压力面试

压力面试是指有意制造紧张，以了解求职者如何面对工作压力的一种面试形式。比如，面试人通过提出不礼貌、冒犯的问题，或者用怀疑、尖锐、挑衅的语气发问，使应聘者感到不舒服，其目的是考查应聘者对压力的承受能力、应变能力和人际关系处理能力等。

7．结构化面试

结构化面试是一种标准化的面试方式。面试官会事先设计一套"标准化"的面试问答卷，在进行面试时，面试官会依照规定的流程及事先拟定好的面谈提纲对应聘者逐项提问，对各要素的评判也按设定好的分值结构来界定。结构化面试各方面标准化程度都很高，是一种结构严密、评分模式固定且层次性很强的面试形式。

结构化面试一般有 5 ~ 9 名面试官组成，其中会设一名主考官，负责向应聘者提问并把握面试的总体进度。时间因面试题目的数量而不同，一般在 30 ~ 60 分钟不等，每个问题的问答基本上为 5 分钟。

三、面试结构

尽管面试的类型千变万化，面试风格也会因招聘人员个人的偏好有所差异，但是一个典型的结构化的面试通常都会由以下四个部分组成。

1．自我介绍

这是应聘者与招聘人员建立互动关系的第一步。在 2 ~ 3 分钟的简短陈述中，招聘人员将会对应聘者的精神面貌、表达方式、对工作的渴望态度等进行初步的判断，从而形成至关重要的第一印象。

2．背景陈述

这个部分招聘人员将重点考核应聘者是否具备与未来工作要求相符或者略有超越的基本能力，故这个阶段的问题涉及各个方面。但总而言之，这部分的问题万变不离其宗，即"我们为什么要雇用你？"如果你都以这个中心问题作出明晰、肯定、准确的回答，即便不是"正确"的答案，也一定是最"准确"的答案。

3．交流讨论

这是任何一个面试过程中最为关键的部分。招聘人员将试图把你的资质和职业兴趣与组织可以提供的工作职位进行有机的对应。这个部分的内容可能是你未来工作中会遇到的难题，比如，"公司产品的价格标准是不可以改变的，如果这个标准不能得到客户的认可，你将如何说服客户接受？""如果某家企业有一笔应收账款没有收回，你应该怎么办？"也有可能讨论貌似与工作无关的宏观性战略问题，比如，"如果你是教育部部长，如何推动素质教育"等。显然，没有对工作职位的充分了解，没有对用人单位惯用的思维方式和表达方式的熟悉，是无法回答上述两类问题的。因此，任何一场与招聘人员进行的富有建设性和吸引力的对话，都是建立在对那些自己有兴趣并有信心可以胜任的工作机会充分调查的基础之上的。只有这样，才能使招聘人员相信，你正是他们在竭力寻找的非常合适而且立等可取的最佳人选。

4．结束阶段

一般来讲，招聘人员会利用面试的最后几分钟再对企业进行简要的介绍，回答你仍然留有困惑的问题。同时说明你将在什么时候得到面试的结果，并介绍接下来的考核方式（如第二轮面试、公司参观等）。

四、高校毕业生到中小企业就业的优势

1．中小型企业是吸纳毕业生就业的最大空间

当前中小企业在我国的经济中占有十分重要的地位，对人才的需求越来越旺盛，就业灵活，他们的发展，提供了更多的就业机会，成为大学生就业的重要渠道。

2．在发展阶段的中小企业创业氛围浓厚

个人施展才华的空间大，个人综合素质能够得到多方面的锻炼，可以成长比较快，为今后选择更好的就业创业机会可以积累丰富的经验。

行为养成

面试是公司挑选职工的一种重要方法。面试给公司和应招者提供了进行双向交流的机

会,能使公司和应招者之间相互了解,从而双方都可更准确做出聘用与否、受聘与否的决定。面试是主考官和应试者之间的一种双向沟通过程。在面试过程中,主考官可以通过观察和谈话来评价应试者,应试者也可以通过主考官的行为来判断主考官的价值判断标准、态度偏好、对自己面试表现的满意度等,来调节自己在面试中的行为表现。所以面试不仅是主考官对应试者的一种考察,也是主客体之间的一种沟通、情感交流和能力的较量。面试可以考察到笔试人员甄选手段难以考察到的内容,可以综合考察应试者的知识、能力、工作经验及其他素质特征,可以弥补笔试的失误,并有效地避免高分低能者和冒名顶替者,面试可以测评应试者的多方面素质。因此,求职者必须高度重视并认真予以充分准备。

面试之前求职者需要做好以下七种准备:

1．了解和掌握所要工作的单位和职位

了解单位的性质、主要功能、组织结构和规模;人员结构,如年龄结构、专业结构、以及人际关系状况等;主要领导;面试官的情况;部门的历史沿革及正在所从事的工作重点。以及面试职位,如工作性质、基本的责任和权力、任职的专业要求等。

2．自我评估

自我评估包括以下几个方面:(1)知识结构(2)能力结构(3)心理特征(4)职业适应性和职业价值观(5)自我和所应聘职位之间的适配性。

3．面试问题的准备

(1)应试者个人信息主要是有关应试者自身的基本情况,个人根据自身情况可以有多种回答,但应注意以下几点:第一,要与个人简历上的一致,如果前后矛盾,就会使考官怀疑你的诚信,从而埋下失败的种子;第二,尽量避免谈及与做好所面试工作无关的东西,即使是你的特长和优点;第三,要谦虚地表现自己的实力,而不要表现得野心勃勃,唯我独尊,这样会令考官厌烦。

(2)教育和培训情况在面试时,考官一般会验证你在简历中所说的是否属实,你所受的教育和培训是否有利于完成你准备应聘的工作。对自己所受的教育和培训要如实回答,不要把自己拔得太高,回答时要谦虚,不可旁若无人,夸夸其谈。

(3)求职动机,弄清面试者的求职动机,是考官的基本任务之一。大凡有经验的考官,都不会放过考查、验证应试者求职动机的任何机会。对于名利、金钱绝不能表现出崇拜、贪婪的心态,否则,你将被淘汰掉。但也不能显得过于清高,把物质利益贬得不值一提,这样也容易被判定为虚伪或不通人情而被刷掉。

(4)工作经验,用人单位一般会坚持这样的原则,即在素质能力相当的情况下,工作经验优先。在这部分问题中,考官想知道的是你过去的经验对你要应试的工作之间的匹配性和建设性,所以,你必须把有利于你做好应试工作的经验说清楚,特别要突出和强调其对于做好所需职位的关系,而不要谈论无关紧要的东西。

(5)未来计划和目标,用人单位总是很关心新进人员的心态和打算,特别想知道他们能否全身心地投入到工作中去。这类问题不是很好回答,需要认真考虑,全面分析,最好

结合你所了解的实际情况来谈自己的打算，尽可能提出具有可行性的计划和方案，这样就会在面试中给考官留下用心思考的好印象。

4.面试的语言准备

（1）普通话力求标准，不可讲错字念错音，方言最好不要使用。发音清晰，语调得体，声音自然，音量适中，语速适宜，恰当使用语气词、口头语 。（2）准确地选用词语。（3）恰当地运用语句。（4）语言练习，包括站立不语练习（练心）、随便说话练习（练口）、命题演讲练习（表达练习）、即兴演讲练习（全面练习）。

5.面试的心理准备

（1）切忌苛求完美。（2）修炼平常心。（3）时刻保有自信心。

6.面试的形象准备

塑造良好的职业形象。在面试时，着装方面应注意：男士最好以西装为主要服饰，避免穿着过于休闲的服装，那会给人以不稳重的感觉。女性服装以职业套装为主，避免穿过于花哨或奇异的服装，否则，会给人以轻佻的印象。

7.面试预演

应试者可以在自己的大脑里，想象自己面试的全过程。这种脑中预演越逼真、越清晰，就越有助于你在实际面试时有最好地表现和发挥。

实训策略

读一读：

面试的应对技巧。

1.倾听的技巧

倾听是一种重要的交流信息的技巧。面试的实质就是主试者与应试者进行信息交流从而获得全面评价的过程，形式上充分体现在"说"和"听"上。应试者注意听，不仅显示对主试者的尊重，而且你要回答主试者的问题就必须注意听，只有通过专心致志地听，才能抓住问题的实质，否则，就可能不得要领，答非所问。

面试中应注意以下几点：

（1）目光要专注，要有礼貌地注视主试者，并且要不时地与主试者进行眼神交流，视线范围大致在鼻以下胸口以上，千万不要东张西望；

（2）尽量微笑，适时爽朗微笑令气氛活跃，但决不可开怀大笑；

（3)用点头对主试者的谈话做出反应，并适时说些简短而肯定对方的话语。如：对、可以、是的、不错等；

（4）身体要稍稍向前倾斜，手脚不要有太多的姿势。如果漫不经心，表情木然则必然伤害主试者的自尊心。

在面试中，应试者除了注意倾听主试者的提问，同时要注意察言观色，从而做到知己知彼，有针对性地应付。

察言观色首先要求细心、敏锐，能捕捉到有价值的信息。其次，能解读和"破译"这些体态语的真实含义。

其一，应密切注意主试者的面部表情。如对方听了你的介绍，双眉上扬，双目上张，则是惊奇、惊讶的表现。可能表明，你就是他们理想的人选，有相识恨晚的感觉。这时你可能成功了一半，一定要锲而不舍。如果对方听了你的介绍后，皱眉，则表示不高兴或遇到麻烦无能为力等等；也可能表明你不是他们的意中人，你则可以采取其他途径进一步努力。

其二，要密切注意观察主试者的目光。对方听你自我介绍时，双目直视前方，旁若无人，则他的眼睛无声地告诉你：他是一个高傲的人，"了不起"的人，那么你讲话时就要力争满足他的自尊心理。如果对方的眼睛眨个不停，则他的眼睛告诉你：他在表示怀疑，那么你就力争把问题解释清楚。如果对方眯着眼看你，则表示他比较高兴，那么你的介绍可能打动对方，再继续下去，就可能成功。如果对方白了你一眼，则表示他对你或你的某句话反感，这时你就要特别注意。总之，只要你认真观察，就会通过心灵的窗户——眼睛，把握对方的内心世界，力争主动权。

2. 语言表达技巧

准确、灵活、恰当的口语表达，是面试的关键环节。如果你的各方面条件都不错，但由于你表达能力差，不能将所要表达的内容充分表达出来，主试者会因难以了解而不录用你。在同等条件下，如果谁的表达能力强，善于宣传推销自己，谁就能在竞争中获胜。

语言表达技巧有两个方面的要求，一是要做到表达清楚准确，通俗易懂；二是要做到动听，富有美感和吸引力。

应试者在谈话中应着重掌握以下几种语言表达技巧。

（1）简明扼要。面试中的交谈，受时间和内容的限制，不同于平时闲聊，决不可漫无边际地"侃"。说话简明扼要，不完全是一个话语量多少的问题，即不能用说话的时间长短来判断。它包含了数量和质量的关系，就是用最少量的话语传递尽可能多的信息。通常要注意三个问题：一要紧扣提问回答；二要克服啰嗦重复的语病；三要戒掉口头禅。

（2）通俗朴实。通俗朴实是对应试者的语言风格的要求，即指应试者的语言要通俗易懂，朴实无华。如果应试者的言语不通俗朴实，主试者就可能听不懂，就无法理解你谈话的内容，进而影响对你的了解和评价。因此，应试者说话一定要注意突出口语的特点，努力做到上口入耳。在语言表达时，首先要通俗化、口语化，多用通俗词语，避免使用些文绉绉、酸溜溜或过于书面化的语言，既不亲切，又很难懂，往往事与愿违。其次要质朴无华。如果片面追求语言的新奇华丽，过分雕琢，就会给人以炫耀之嫌，必定会产生反感。所以语言贵在自然朴实、生动、表达真情实意。

（3）要善于运用形象和幽默风趣的语言。用形象和幽默风趣的语言有助于增强语言的吸引力，融洽和活跃谈话气氛。在面试交谈中，应试者要注意避免使用枯燥、干瘪呆板的语言，尽量使自己的语言生动、形象、富有情趣，给主试者以感染力，增强对你的好感和信用幽默风趣的语言来回答、解释对方的提问，可以活跃谈话气氛，消除尴尬，缩短双方之间的距离。当在面试过程中出现双方难堪局面的时候，你可用一句幽默的话岔开。说一句能引起对方发笑的话，就可以把双方不愉快的感情冲淡，使谈话能友好地继续下去。

（4）注意谈话的语速。面试时谈话的节奏快慢，会影响语言表达的质量和效果，这就是应试者不可忽视的语速问题。在现实生活中，你可能是个快言快语的人，也可能是说话慢条斯理的人。但在面试中，语速最好是不快不慢。一般来说，面试中的问答是平铺直叙的，如介绍自己的一些基本情况，谈谈对公司前景的看法等等。所以，没必要慷慨激昂，振臂挥舞。在语速上不必像朗诵诗歌般抑扬顿挫。按照你平时回答教师提问时的语速说话即可。口齿要清楚，说话时注意句与句之间的间隔，使人感到你思路清晰，沉着冷静。

（5）注意谈话的语气。面试时谈话的语气要平和，语调要恰当，音量要适中。语气是指说话的口气。语调则是指一句话的腔调，也就是语音的高低轻重配合。打招呼、问候时宜用上升语调，加重语气并带拖音，以引起对方注意，声音过小难以听清。音量的大小要根据面试现场情况而定。两人面谈且距离较近时声音不宜过大，集体面试而且场地开阔时声音不宜过小，以每个招聘者都能听清你的讲话为原则。

3. 应答技巧

应答是面试的主要形式。高明的应答技巧能提高面试成绩，获得理想的效果。

（1）实事求是应答。应考者在回答考官提出的问题时，应坚持实事求是的原则。首先，应当做到有问必答。不管是什么问题，都要作出回答。这是最基本的原则，对于考官的问题，有的虽然刁钻，但可能是测试你的应变技巧、反应能力，不管你反应能力如何，总得有一个答案，如果拒绝或者说："这个问题很难回答……"那么，你获胜的机会可能不大了。其次，应当做到坦率不掩饰。有些涉及到专业性很强的问题，而你又确实不懂，你就坦率承认，千万别说"我想想……"，再怎么想也没有结果，会给考官留下不懂装懂的印象，有时考官出这一类的问题纯粹是想验证一下你是否诚实，如果你坦白承认自己不懂，就正好通过了考官对你在这方面的测评。

（2）抓住要害应答。有的应考者以为，面试中只要多说点东西，总会有内容能"符合"考官的想法，得到好的评价的。而实际结果是，"言多必失"，如果所说的话与问题回答无关，那么结果也不理想，何况话多了还给人啰嗦之嫌，这就会更糟糕。理想的方法是，针对考官的提问，以简洁明白的语言，抓住问题的要害，清晰明确地表达自己想到的与问题有关的关键点。简洁可以反映于应考者的仪表，也可反映于应考者的言谈。开门见山、有话直说、通俗易懂、口齿清楚、表述准确，不过分讲究和刻意加工、不卖弄学问、不转弯抹角，这些简洁的语言风格同样具有相当大的表现力和感染力。我们时常能体会到，一个满嘴"名家名言"，谈话中术语、名词满天飞的人，有时还没有那些语言朴实的人表达得深刻。这就是藏巧于拙、大巧若拙的面试艺术。

（3）"外交辞令"应答。有些问题如果硬要回答会漏洞百出。比如，考官问你"如果把这个职位交给你，你有什么样的工作计划？"如果你有很熟练的相关工作经验或对这个单位状况的分析，也许能说出个ＡＢＣ来。否则，你就回答："我只有在接手这个职位后，才能根据实际情况制定相应得工作计划。"这样会给考官留下你不尚空谈，比较注重实际的稳重型人才的印象。

（4）侧面应答。有些问题要想正面回答等于是否定自己，因此要设法将可能否定自己的话，转化成肯定自己的话。例如，考官问你是否曾在食品厂工作过，然而你却只在酒厂工作过。如果你据实回答这个问题，答案只能是"没有"。你可以这样说："没在食品厂工作过。但我在酒厂工作多年，我认为酒厂与食品厂在某些工艺上有相似之处，而且企业管理应该是相通的。"这等于变否定为肯定的回答。

（5）"反戈一击"应答。有些问题太过刁钻，而且实在无法回答，不妨反戈一击，反问对方，也能起到意想不到的效果。例如，民国时期，某主考见一位朱姓考生知识渊博，思维敏捷，各类问题对答如流，突发奇想，抛开原定题目，出了一道偏题："《总理遗嘱》，每次纪念周会上都要诵读，请你回答一共多少字？"这下可真把朱某考住了。他暗想，主考出此题未免脱离常规，既然有意刁难，录取必然无望，就不管一切，大胆反问："请问主考官的尊姓大名，天天目睹手写，也已烂熟，请问共有几笔？"主考官想不到应考者竟会如此反问，一时愣住。事后，主考官十分赏识朱某的才能和胆识，于是亲自录用为县长。

（6）"大题小作"应答。招聘人员有时会问一些"很大"的题目，比如问"说说你自己"，至于说"你自己"什么，并没有限定，但他要的答案并不是"你自己"事无巨细的全部，因此，你必须"小"作，不要没选择、没目的地说起来。一般说来，"大"题"小"作的技巧是，围绕你应聘的职位来谈，以"说说你自己"的为例，"小"在与应聘岗位相关的知识、技能、经验方面即可，考官如果有兴趣再了解你的其他情况，他会发问的。这样的问题往往出现在面试开始时，考官等于不出任何问题，而让你先打开话匣子，因此，你必须有意识地把话题拉到你的能力、性格、学识、经验等方面上来，不能错过这样的好机会。

4. 提问技巧

在面试的过程中，一般都是以考官提问，应聘者回答的方式进行，但是到了最后，考官为了尊重并做进一步的了解求职者，会让应聘者提出相关的问题，给予解答。

这个时候，部分应聘者担心会因提问关系自己发展和利益的问题得罪面试官，不敢提问。其实，现在企业在招聘中非常看中信息对等，因为只有互相了解，互相选择，才可能做到双赢。应聘者在提问时应当针对不同身份的面试考官，以适当的时间、适当的方式和语气提出问题，那么面试提问环节问什么问题好？

（1）不问无关痛痒的问题。"公司是什么时候成立的？""有多少员工？"这类问题一问，招聘者就会发现你是个没有深度和远见，缺乏创造性的人。

（2）少问以自己为中心的问题。"××职位月薪多少？""公司有哪些方面的福利？""一年休假多长时间？""公司培训晋升制度是怎样的？"这些问题是以"我"为中心的问题，应该少问，或从侧面询问。否则会给人留下急功近利的印象。同时招聘者也会认为你们视野狭隘，即使是录用你后，也怀疑你在岗位上做不出多大的成就。

（3）多问与职位相关问题。比如："我懂得这个位置的首要职责，但您能不能告诉我一下其他的要求？"这个问题告诉了招聘者，你力图知道这份工作的完整描述。"在未来半年内，部门的工作目标是什么？""现场办公和出差的机率有多大？"这样的问题能反映出你的业务水平和分析思考能力，招聘者也会很主动加以解释和说明，并且会给他留下你是个有实力、潜力、肯动脑、有创造性的人之印象，会给应聘成功奠定坚实的基础。

5. 消除心理紧张的技巧

由于面试成功与否关系到求职者的前途，所以大学生面试时往往容易产生紧张情绪。有些大学生可能由于过度紧张而导致面试失败。因此必须设法消除过度的紧张情绪。这里介绍几种消除过度紧张的技巧，供同学们参考。

（1）面试前可翻阅一本轻松活泼、有趣的杂志书籍。这时阅读书刊可以转移注意力，调整情绪，克服面试时的怯场心理。避免等待时紧张、焦虑情绪的产生。

（2）面试过程中注意控制谈话节奏。进入面试场致礼落座后，若感到紧张先不要急于讲话，而应集中精力听完提问，再从容应答。一般来说人们精神紧张的时候讲话速度会不自觉地加快，讲话速度过快，既不利于对方听清讲话内容，又会给人一种慌张的感觉。讲话速度过快，还往往容易出错，甚至张口结舌，进而强化自己的紧张情绪，导致思维混乱。当然，讲话速度过慢，缺乏激情，气氛沉闷，也会使人生厌。为了避免这一点，一般开始谈话时可以有意识地放慢讲话速度，等自己进入状态后再适当增加语气和语速。这样，既可以稳定自己的紧张情绪，又可以扭转面试的沉闷气氛。

（3）回答问题时，目光可以对准提问者的额头。有的人在回答问题时眼睛不知道往哪儿看。经验证明，魂不守舍、目光不定的人，使人感到不诚实；眼睛下垂的人，给人一种缺乏自信的印象；两眼直盯着提问者，会被误解为向他挑战，给人以桀骜不驯的感觉。如果面试时把目光集中在对方的额头上，既可以给对方以诚恳、自信的印象，也可以鼓起自己的勇气，消除自己的紧张情绪。

6. 保持良好仪表和行为举止的技巧

仪表、礼貌、态度是面试中十分重要的因素。它不仅反映出你的人品、性格、教养、文化等，而且直接影响面试官对你的印象好坏，从而最终决定是否录取你。

进门时不要紧张，应主动热情地向面试官打招呼问好："您好，您早"这样可以在主试人和你之间创造出和谐的气氛。若无面试官的邀请，你切勿径自坐下。对方叫你坐下时，应表示谢谢。坐下时要放松自己，但要坐得挺直，切勿弯腰弓背，不要摇摆小腿。不要挪动椅子的位置。不要把随身携带的皮包、物品等压在桌子上，东西应放在膝盖上面。双手保持安静，不要搓弄纸片或其它分散注意力的物品。说话时眼睛要看着对方。如果面试官有二、三位，要看着首席的那位。让面试官结束面谈。不要在面试官结束谈话前表现浮躁不安、急欲离去或另赴约会的样子。最后结束时，谢谢面试官给予应试的机会，并礼貌地离开。

读一读：

中小企业面试提问特点及回答要领

面试特点 1：封闭型提问——选择性回答为宜

例：你愿意做技术工作还是做市场开发工作？

这类问题的回答一般具有确定性和唯一性，应试者只能做既定性的回答，回答力求简洁明白地从个人专业、兴趣和能力的角度说明个人选择的理由。

面试特点 2：开放型提问——用事实回答为宜

例：你的性格特点是什么？善于与人相处吗？

应试者可以根据自己的实际情况做出较为自由的选择和回答。回答得好坏，直接关系到录用与否。这是一个把握表现自己和推销自己机会的问题。与人相处的好要用典型事实说话，可以令面试官刮目相看，顿生爱才之心。

面试特点 3：假设型提问——沉思后回答为宜

例：如果让你来当我们公司的总经理，首先你会做几件事？

应聘者要知道这都是假设性的情况，目的是考察应试者的想象能力、原创能力、解决或处理突发问题的能力。所以，不要不经考虑急于回答。可以说"请允许我考虑一下"，给自己一个整理思路的机会。但切忌长时间的沉默。

回答最好针对要招聘的企业或应聘岗位，用管理学的 5W1H 法，说明 What 要解决什么问题？Why 为什么要做？Who 谁来做？Where 在哪做？When 什么时间做？How 如何做，为节省时间，可只讲前三个 W，其他如有追问再做补充回答，不要做长篇大论。

面试特点 4：倾向性提问——肯定性回答为宜

例：你以为我们的改革措施怎么样？

面试官对提问问题答案有一定的倾向性，希望能得到肯定的回答。对于应聘者来说，可以顺水推舟，给面试官一个较为满意的回答，但若你对这家公司的改革确实有见解，而且有特殊的理由，倒也可以谈出自己的看法，令面试官觉得耳目一新，出奇制胜。否则，最好的做法还是夸夸招聘单位，表明你对企业一了解和在管理观念上的共识。如果你不了解该企业的改革实际，可以反问：请你举一个具体改革的例子好不好？

面试特点 5：否定型提问——回答展示优势

例：我们要求的都是大学本科以上学历的，你只是专科，恐怕不合适吧？

这其实是面试官故意为之，目的是通过指出应试者的薄弱之处，使其陷入一种困境，考察在这种极端情况下，应试者的心理承受能力。这时应聘者切记恼羞成怒，甚至拂袖而去，这样只能反映出自己没有修养。只要你相信自己行，你就应该表达出这种自信，这通常是面试官期望看到的局面。最关键可以说：同样的工作，你比高学历的人会降低企业的成本。

面试特点 6：连珠型提问——挑能答的回答

例：你喜欢读书吗？业余时间都读什么书？经济类的书读得多吗？哪一种管理理论你较为欣赏？

面试官力图通过这一系列的问题，深入了解应聘者某一方面的情况。面对这种情况，应聘者一定要按顺序回答问题，也不一定每一个问题都回答，在表述中留心表现出自己与应聘相关的读书个性及优点既可。

面试特点 7：自由型提问——岗位针对性回答

例：你了解我们公司吗？

你要提前掌握该企业 10 件左右有关信息，重点谈与你应聘的岗位相关的企业现状。你如果有熟人介绍，可以提及是从他（们）那里得到这些信息，会增加可信度和亲近感。

面试特点 8：直接型提问——回答与简历一致

例（1）"请你自我介绍一下"

这是面试的必考题目，回答时内容要与个人简历相一致，重点说与应聘岗位相关的客观事实，尽量给人一种诚实、谦虚的印象，不要夸夸其谈。表述方式上尽量口语化；要切中要害，不谈无关、无用的内容；条理要清晰，层次要分明；事先最好以文字的形式准备一下，对客观性内容要背熟后再去面试。

例（2）"谈谈你的家庭情况"

这个问题是要了解应聘者的性格、观念、心态、人际等背景。回答时要简单地罗列家庭人口；宜强调温馨和睦的家庭氛围；宜强调父母对自己教育的重视；宜强调各位家庭成员的良好状况；宜强调家庭成员对自己工作的支持；宜强调自己对家庭的责任感等。有家庭经济困难和其他问题的学生，要说明这些事情对自己就业有利的一面。

例（3）"你有什么业余爱好？"。

招聘单位问该问题有时是要了解应聘者的生活态度和生活方式，有时大中型企业有工会活动需要充实有特长的人，加强企业文化。应聘者最好不要说自己没有业余爱好；不要说自己有那些庸俗的、令人感觉不好的爱好；最好不要说自己仅限于读书、听音乐、上网，否则可能令面试官怀疑应聘者性格孤僻；最好能有一些户外的业余爱好来"点缀"你的形象。有体育特长谈谈对于出差较多、艰苦行业的工作有利。

面试特点 9：观念型提问——回答道德取向

例（1）"你最崇拜谁？"

这个问题是从你崇拜的人中了解你的思想观念、价值取向和个性。不宜说自己谁都不崇拜；不宜说崇拜自己；不宜说崇拜一个虚幻的、或是不知名的人；不宜说崇拜一个明显具有负面形象的人；所崇拜的人最好与自己所应聘的工作能"搭"上关系；最好说出自己所崇拜的人的哪些品质、哪些思想感染着自己、鼓舞着自己。如果是本行业有影响力的人，教过你的老师、你的一个很优秀的朋友，你的亲戚，会更实在。

例（2）"你的座右铭是什么？"

这主要是了解应聘者的价值观，不宜说那些太抽象的座右铭；不宜说太长的座右铭；座右铭最好能反映出自己某种优秀品质（如："只为成功找方法，不为失败找借口"）等。反映你的工作态度、责任感和进取精神。

面试特点10：困难型提问—— 回答对应聘有利

例（1）"谈你有什么弱点？"

这时应聘者切忌说自己没缺点；不宜把那些明显的优点说成缺点；不宜说出严重影响所应聘工作的缺点；不宜说出令人不放心、不舒服的缺点；可以说出一些对你所应聘工作"无关紧要"的缺点，甚至是一些表面上看是缺点，从工作的角度看却是优点的缺点。如应聘会计工作、模具产品制造工作，说自己比较内向，不善言谈，对工作没有直接影响。

例（2）"你为什么选择我们公司？"

面试官试图从中了解你求职的动机、愿望以及对此项工作的态度；建议从行业、企业和岗位这三个角度来回答，阐明你看好贵公司所在行业的什么发展前景，贵企业对人才的管理你如何认同，你应聘的岗位如何适合你的专业或能力，你有什么个人对企业发展做贡献的考虑。

练一练1：面试演讲能力

练习者以抽签的方式来确定自己面试演讲的题目和内容，然后用10分钟左右的时间打腹稿，再开始演讲。

练一练2：面试解答问题能力

老师在班上模拟招聘单位在面试时提出的问题，让学生起来回答。老师评价归纳。

（1）你能和别人很好地相处吗？

（2）你在学校最喜欢的一门课程是什么？为什么？

（3）如果这次面试你失败了，你会怎么办？

（4）如果通过这次面试我们录用了你，但工作一段时间却发现你根本不适合这个职位，你怎么办？

（5）你为什么愿意到我们公司来工作？

练一练3：面试前的准备能力

吴涛今年大学毕业，向几家公司投了简历，其中一家公司通知他参加面试。吴涛非常重视这次的面试机会，但是他没有面试的经验，非常着急却不知道应该从哪些方面就此次面试进行准备。请各位同学帮助他一下。

要求：老师提示后，在班上展开讨论，请同学们说说具体的做法，并说出理由。

参考文献

［1］张星河．求职与就业指导 [M].北京：北京出版社，2015.

［2］乔得宝．学生就业与职业发展指导——启航职场 规划人生 [M].上海：同济大学出版社，2013.

［3］苗丽芬．学生职业规划与就业指导 [M].广州：华南理工大学出版社，2015.

［4］周航．学生就业与创业 [M].重庆：西南师范大学出版社，2016.

［5］熊毅，苏白茹，吴国胜．学生职业发展与就业指导 [M].厦门：厦门大学出版社，2016.

［6］胡列．学生职业生涯规划与就业指导 [M].武汉：华中师范大学出版社，2017.

［7］李建国．学生职业生涯规划与就业指导 [M].上海：上海交通大学出版社，2017.

［8］石海云，甘小燕．学生职业生涯规划 [M].北京：首都师范大学出版社，2017.

［9］黄才华．就业指导与创业教育 [M].北京：教育科学出版社，2014.

［10］刘基泽．学生职业生涯规划与就业创业指导 [M].北京：中国农业大学出版社，2016.

［11］孟宪青．学生职业生涯规划 [M].长沙：国防科技出版社，2013.

［12］王彩凤．学生职业生涯规划与就业指导 [M].北京：中国人民大学出版社，2016.

［13］刘永安．学生职业生涯规划与就业指导 [M].上海：上海交通大学出版社，2017.